CHINA

中共中央党校2015年度重点项目

世界大变局与中国的国际话语权

左凤荣 主编

图书在版编目(CIP)数据

世界大变局与中国的国际话语权/左凤荣主编.—北京：商务印书馆，2020(2022.2重印)
ISBN 978-7-100-19163-0

Ⅰ.①世… Ⅱ.①左… Ⅲ.①国际政治—研究 ②对外政策—宣传工作—研究—中国 Ⅳ.①D50 ②D820

中国版本图书馆 CIP 数据核字(2020)第 194148 号

权利保留，侵权必究。

世界大变局与中国的国际话语权
左凤荣　主编

商 务 印 书 馆 出 版
(北京王府井大街36号　邮政编码 100710)
商 务 印 书 馆 发 行
北京雅昌艺术印刷有限公司印刷
ISBN 978-7-100-19163-0

2020年12月第1版　　开本 710×1000　1/16
2022年2月北京第3次印刷　　印张 19¾
定价：68.00元

目 录

导言 ··· 1

第一编　世界百年未有之大变局及对国际话语体系的影响

世界面临百年未有之大变局与中国的机遇 ·························· 13
西方发达国家更新话语体系并重塑国际规则 ························ 29
国际话语权成为大国博弈的重要方面 ································· 40
十八大以来中国提升国际话语权的探索与举措 ····················· 56

第二编　中国的新理念提升国际话语权

世界应走向"人类命运共同体" ·· 71
反对冷战思维　倡导发展新型国际关系 ······························ 83
超越"修昔底德陷阱"　走和平崛起新路 ···························· 95
倡导新安全观　各国共享安全 ··· 107

第三编　中国制度性国际话语权建设的切入点

中国国际话语权建设的主要着力点 ··································· 121
构建保障周边命运共同体建设的地区安全机制 ···················· 133
积极参与全球贸易体制改革　争取贸易规则的制定权 ··········· 147
积极参与全球金融治理　提升中国国际金融话语权 ············· 164
中国参与全球气候治理的方案与路径 ································ 178
中国提高国际海洋治理话语权的目标与着力点 ···················· 191

第四编　国际话语权建设的经验与借鉴

美国塑造国际话语权的历程与经验 ··································· 209

苏联丧失"话语权"的历史教训 …………………………………… 222
印度争夺国际话语权的目标及主要举措 ………………………… 235
英国如何在脱欧中掌握话语主动权 ……………………………… 247

第五编　提升中国国际话语权的策略

"另起炉灶"和"借船出海"两种策略的灵活应用 ……………… 265
提高我国的国际话语权需发挥哲学社会科学的作用 …………… 274
提高国际传播能力的几点思考 …………………………………… 286
坚持文化与道路自信　提升中国国际话语权 …………………… 298

结束语 ……………………………………………………………… 311

后记 ………………………………………………………………… 314

导　言

左凤荣

当今世界正面临百年未有之大变局,国际格局的变化导致国际秩序在进行深度调整,这为正在由富变强的中国提供了新机遇。国际话语权的争夺是大国博弈的一个重要方面,这是因为国际话语权是衡量一个国家实力、国际影响力和感召力的重要指标,也是国家参与全球治理的重要抓手,掌握了国际话语权意味着在全球治理中掌握更多的主动权、发言权和影响力。在当今这个新媒体大发展和全球化日益增进的时代,话语权的重要性尤为突出,拥有话语权已经成为一个国家对内维护稳定、对外施加影响的重要手段和方式。2011年爆发的"阿拉伯之春"固然与当事国长期缺乏民主和社会腐败息息相关,但是能够在如此短暂的时间内连续颠覆几个国家的政权,维基解密、脸书(Facebook)、推特(Twitter)等新媒体对事件的传播、放大起了非常大的作用。此事证明,在资讯传播速度空前的今天,一件小事所发酵出来的能量可能带来极具颠覆性的影响,茶杯里的风波能掀起滔天巨浪,一只蝴蝶振动翅膀可能会导致一场飓风。因此,党的十八大以来,习近平总书记特别重视提升中国的国际话语权。2013年12月30日,他在中央政治局第十二次集体学习时强调,提高国际话语权,"要加强国际传播能力建设,精心构建对外话语体系,发挥好新兴媒体作用,增强对外话语的创造力、感召力、公信力,讲好中国故事,传播好中国声音,阐释好中国特色。"[①]2014年12月30日,十八届中央政治局就提高国家文化软实力进行集体学习,习近平指出,提高国家文化软实力,要努力提高国际话语权。改革开放40多年来,我国选择了一条在坚持社会主义的前提下融入国际体系的道路,获得了巨大的成功。然而由于历史与意识形态等因素的影响,国际上类似"中国威胁论"的观点一直阴魂不散,越来越成为影响我

[①]　习近平:《提高国家文化软实力》,《习近平谈治国理政》,外文出版社2014年版,第162页。

国和平发展的障碍和绊脚石。提出超越意识形态对抗和"修昔底德陷阱"的新理念,主导中国和平崛起的国际话语权,让越来越多的国家真诚地接纳中国的发展,分享中国的发展经验与成果,就成为中国崛起的重要工具。中国是否真正跻身世界一流国家之列的标志也是在国际舞台上是否拥有话语权。习近平在 2016 年新年贺词中指出:"世界那么大,问题那么多,国际社会期待听到中国声音、看到中国方案,中国不能缺席。"① 本书研究的主题是百年大变局对国际话语体系的影响和中国如何增强国际话语权的问题。

一、国际话语权的内涵及其意义

对于话语权,目前学术界并没有一个统一的定义。仅从字面上理解,话语权就是说话权、发言权,亦即说话和发言的资格和权力。这样的话语权往往同争取经济、政治、文化、社会地位和权益的话语表达密切相关。甚至有人将话语权简单地归结为对社会现象的"说话权""解释权"和"发表权",即控制舆论的权力,只要控制住了舆论,就可以赢得话语权。事实上,在全球化和信息化如此发达、自媒体传播迅速的今天根本做不到完全控制舆论。现实中,拥有较大话语权的国家往往是对媒体控制较少的国家。因此,如何正确理解话语权,是争取话语权的首要任务。

西方马克思主义者葛兰西较早从意识形态斗争的角度探讨话语及话语权的问题,他提出了文化领导权的概念,认为社会集团的领导作用表现在两种形式中:统治的形式和"精神和道德领导"的形式。前者表现为上层建筑的国家机器,后者则体现为文化领导权或曰话语权。在葛兰西看来,文化领导权是指阶级统治的非强制方面,即统治阶级利用社会化力量把其价值观和信仰加诸其他人的能力,通过一系列观念或制度赋予统治者的行为以合法性,同时使被统治者安于现状,使一个社会阶级拥有支配其他社会阶级的能力。葛兰西的研究突破了传统马克思主义经济基础决定上层建筑的理论,奠定了文化研究的基础。文化模式和实践对权力的社会经济结构具有相对的独立自主性。因

---

① 《国家主席习近平发表二〇一六年新年贺词》,《人民日报》2016 年 1 月 1 日。

此,大众流行文化是统治阶级和从属阶级进行阶级斗争一个关键场所。此后所有涉及话语权的研究,大多沿着葛兰西开辟的道路继续深化和探索,包括西方马克思主义及其法兰克福学派的批判理论,索绪尔、罗兰·巴特的符号学以及后现代各种文化理论。正式提出话语与社会权力关系理论的学者是法国后现代思想家米歇尔·福柯。1970年12月,福柯在就任法兰西学院院士时作了题为《话语的秩序》的演讲,提出了"话语即权力"这一著名命题。福柯认为话语权不仅仅是思维符号和交际工具,还是人们斗争的工具和目的。话语是"一个更具广泛意义和独立性的语言命题,既具有语言意义,还具有非语言意义",它已经"进入社会生活"的方方面面。福柯甚至认为人类的一切知识都是通过话语而获得的,任何脱离话语的事物都不存在,人与世界的关系是一种话语关系。"话语意味着一个社会团体依据某些成规将其意义传播于社会之中,以此确立其社会地位,并为其他团体所认识的过程。"所以,话语权不仅指有没有说话的权利,而且指隐藏在这些话语背后的权力关系。

无论是葛兰西,还是福柯,他们所说的话语和话语权主要反映的是一个国家内部的社会权力关系,我们所谈的是国际层面的话语权问题。随着中国与世界联系得越来越紧密,这些年我们切身的感受是在国际社会缺乏话语权带来了许多消极影响。如苏东剧变以来,中国在改革开放政策下取得了巨大成功,但国际舆论界对中国体制的攻击并未停过,仍把中国共产党和中国的社会主义与苏联共产党和苏联社会主义画等号,能够理性客观进行研究的成果并不多,中国国内发生的消极事情会被不断放大,影响中国的国家形象和国家软实力;中国是世界第二大经济体,但在现行的许多国际组织里,中国并未掌握与自身实力和地位相称的话语权,WTO的争端解决机制本来是解决国家间贸易争端的,但由于美国阻挠WTO争端解决机制上诉机构人员的遴选,致使该机构处于瘫痪状态,在中美发生贸易争端时,美国挥舞的是关税大棒和以维护国家安全为名的种种限制措施;在许多国际组织中美国和其他西方国家掌握着绝对的话语权,这没有反映出当今世界大变局背景下的国际力量对比的变化,显然是不公平和不公正的。类似的例子还有很多,因此,中国要抓住世界发生百年未有之大变局的机会,提高自己的国际话语权。

在这一背景下,国内学术界已经注意到话语权问题的重要性,并加强了对这一问题的研究。在学术研究中,研究话语权的主要是两部分学者:一部分是从事传播学的,重点研究的是如何有效发挥传播工具的作用和如何让所要传播的话语更容易被受众接受;另一部分是从事国际问题研究的学者,主要是从全球治理的角度对这一问题进行研究。在这些研究中,学者们公认的看法是,国际话语权的强弱是国家实力在国际舞台上的直接体现,是国家政治、经济、科技、军事等硬实力的综合反映。因此,一个国家的发展强大和走向世界,需要争取自己的国际话语权。

国际话语权涉及两个属性:权利与权力。首先,话语权是一种"权利(Right)",即在国际舞台上说话和发言的资格,根据《联合国宪章》的规定,各国都有平等的权利,都有对国际事务发表意见的权利,但事实上却有很多国家的声音是不被重视的。其次,话语权更是一种"权力(Power)",即影响国际社会的能力,话语的"权力"属性更为重要;国际话语权是国家实力的表现,包含着对言说者地位和权力的隐蔽性认同,其背后是国家的实力。国际话语权的本质,是掌控国际主导权、利用掌握的话语权优势,按照自己的价值观念、利益和标准,定义国际事务、法律规范和事件,制定游戏规则,并对事物的是非曲直按照自己的利益和逻辑进行解释,从而掌握主动权。国际话语权的竞争,说到底是围绕国际主导权的较量。从现实看,国际话语权掌握在哪个国家的手里,国际舆论流向、流量、是非的评判就掌握在这个国家的手里。掌握了国际话语权,就可以影响和引导国际舆论的走向,影响国际主流社会和主流媒体,进而让一国的主张变成通行的国际规则,为国家的发展创造良好的国际环境,让这个国家的声音成为世界政治舞台上的重要力量;掌握了国际话语权的国家能够先发制人,先入为主,并在解说纷繁复杂的国际现象、评说国际事件,甚至在制定和解释各种国际游戏规则的复杂竞争中占有优势,从而达到"不战而屈人之兵"的目的。因此,话语权不仅涉及是否"可以说",更涉及"说什么"以及"怎么说"。"可以说"是一种权利,是扩大话语权的基础,而"说什么"和"怎么说"则是使说话的"权利"变成一种可以驾驭和操纵的"权力",这是最终实现话语权的根本路径。因此,国际话语权是一个国家建构自己的国际身份或国际角色的重要手段,它关系到一个国家的国家地位、国家形象以及国家的"软实力"。

通过对国际话语权问题的研究,我们认为,国际话语权体现在政治、外交、经济、文化、传媒等各领域,反映的是一种国际政治权力关系,其主体是各种国际行为体,尤其是民族主权国家。国际话语权主要分为舆论性话语权和制度性话语权。舆论性话语权,是就话语内容的吸引力、影响力和感召力而言的,主权国家通过外交、媒体传播、民间交流等渠道,将蕴含一定文化理念、价值观念等因素的话语传播到国际社会,并得到其他国家和民众的接受和认同;制度性话语权反映的是一个国家在国际机制中的地位与作用,直接决定了一个国家在国际制度中的代表权、发言权、投票权等具体权利,如美国在国际货币基金组织和世界银行中占有高比例的投票权,也决定了其掌握着这两大经济组织的话语权,一个国家在国际组织中所起的作用越大,其制度性话语权也就越强,其国际影响力也就越大。舆论性话语权与制度性话语权是紧密联系、相辅相成的。

二、国际话语权的发展态势

在国际话语权背后起作用的主要是国家实力。增强国际话语权需要以国家实力为基础,一个国家是否具有足够的国际话语权与国家实力关系密切。国际话语权的发展态势反映的是国家实力的消长和国际格局的变化。国家实力的发展、国家利益向海外的延伸,要求提升国家的国际话语权,但国家实力不会自动带来国际话语权的提升,需要有一系列的策略运筹。

在人类历史上,由于工业革命和资产阶级革命都先在欧洲发生,很长一段时间是欧洲的强国有国际话语权。在18世纪和19世纪上半期,欧洲大陆的法俄普奥与率先开始工业革命的英国,长期主导着国际秩序,掌握着制度性话语权。同时,代表资产阶级的思想也开始主导国际舆论,英国利用其超强的工业生产能力,在世界上大力倡导自由贸易,对其形成日不落帝国曾经起过巨大作用。在20世纪,后起的德国两次用武力对英国主导建立的世界体系进行挑战,均以失败告终。当第二次世界大战打得不可开交,英国不得不求助美国之际,美国积极介入国际事务并争取话语权,《大西洋宪章》得到了当时反法西斯国家的普遍拥护,彰显了美国行为的正义性。在第二次世界大战结束前后,美国利用在二战中为打败法西斯做出巨大贡献的道义优势,以及在政治、军事、经济、文化等方面的绝对实力优势,成为在各领域都具有强势话语权的国家。美国和平取代英国,获得了国际话语的优势地位。与英国通过殖民地构筑自己的帝国体系不同,美国打着尊重各国主权的旗号建立了一系列由其主导的国际机制,进行全球战略布局,掌握了制度性话语权。在国际政治领域,联合国安理会里有美国、英国、法国这西方三大强国,经常使苏联处于少数地位。在世界经济领域,美国所设计的国际货币基金组织、世界银行和关贸总协定,确立了美元的世界货币地位,建立了以美国为核心的调解世界各国经济矛盾的机制。美国"凭借经济、金融和军事实力,照着自己的样子重塑了世界"①。

第二次世界大战前后美国积极取代英国成为世界霸主,构建自己主导的国际体系,享有比英国更多且更长久的国际话语权。这一方面是因为,美国的利益已经跟随美国大兵遍布世界,美国的利益扩展至全球;另一方面是因为美国有了超强的实力,在战争期间美国工业年均增长率超过15%,战争结束时美国的黄金储备几乎占世界总量的三分之二。第二次世界大战结束以来,美国在诺贝尔奖获奖数量、科学论文的数量和质量、接受外国留学生的数量、排名世界前100名的大学数量、世界500强公司的数量等方面都牢牢占据了世界第一的位置,这是美国维持其国际话语权的基础。

在当今世界面临百年未有之大变局之际,西方国家参与全球治理的意愿在下降。美国总统特朗普频繁"退群",但这也不能说明美国不重视国际话语权。美国仍以其超强的综合实力、遍及全球的媒体影响力,占据国际话语霸权地位。在舆论性话语权方面,特朗普以"推特"直接影响着国际话语与议题。在制度性话语权方面,特朗普在"退群"的同时,通过多个双边贸易协定构筑自由贸易联盟,试图塑造一个零关税的自由贸易体系,搞"发达国家超级自贸区",七个发达国家相互之间实现零关税、零补贴、零壁垒,这显然是向WTO机制发起的重要挑战。美国与加拿大、墨西哥已经达成新贸易协定,欧盟与日本签署了自贸协定,美国与日本也签署了自贸协定,美国与欧盟在商讨自由贸易问题。同时,美国也在努力保持在世界银行和国际货币基金组织中的优势地位。这表明,美国仍要主导未来的世界经济的制度性话语权。美国还频繁动用国内法对其他国家进行"长臂管辖",与全球治理中共商共建共享的原则

---

① 〔英〕冠世勋:《世界不是平的》,于展译,中信出版社2019年版,第54页。

背道而驰。

随着新兴市场经济国家的发展与崛起,国际格局正在发生百年未有的巨大变化。中国、印度、俄罗斯等国家的崛起与发展,他们对自身国际话语权的诉求,是对西方发达国家国际话语霸权的挑战。七十七国集团、二十国集团、金砖国家机制、上海合作组织等对提升发展中国家的国际话语权有很大帮助。党的十八大以来,习近平总书记提出的构建人类命运共同体、构建新型国际关系、正确的义利观、共商共建共享的原则、捍卫现行国际秩序等新理念,提升了中国的国际话语权,使中国在国际舆论界占有道义的优势。中国积极参与全球治理,提升全球治理话语权,在一些领域发挥建设性甚至引领作用,如全球经济治理、金融治理、气候变化等。中国努力推动国际货币基金组织和世界银行的改革,增加在联合国等国际组织中的话语权,积极创设上合组织、亚投行等国际组织和机构,具备了一定的制度影响力。但也应看到,欧美发达国家仍然具有国际话语权优势,新兴经济体国家和发展中国家增强国际话语权还有很长的路要走。

从未来的发展趋势看,新兴大国的国际话语权会逐渐提高。新兴大国在增强国际话语权的进程中,需要摒弃资本主义强国长期奉行的实力原则,在话语权问题上更应站在道义的制高点上,解决人类社会发展进程中面临的共同问题,如公共卫生安全、气候环境、世界的平衡发展等。未来并不是新兴大国要取代欧美国家掌握国际话语权,而是在相互尊重、共商共建共享的原则下,共同推进世界的和平与进步。

三、本书研究的问题与主要观点

2008年国际金融危机发生以来,世界经济的重心向亚洲地区转移的趋势明显,国际格局发生了很大变化,新兴经济体国家对世界经济增长的贡献率不断提高。2016年以来,世界上"黑天鹅""灰犀牛"事件不断,英国脱欧、特朗普当选、贸易保护主义和反全球化思潮的发展、美国不断"退群"等一系列事件不断涌现,给本就不确定的世界局势又增添了新变数。国际局势的变化,影响着国际秩序和各国的国际话语权。如何应对世界这一百年未有之大变局,正视机遇与挑战,增强中国的国际话语权,是一个需要深入研究的问题。党的十八大以来,中国对外话语体系建设取得了很大成绩,正在从被动转向主动。但也不可否认,在国际话语体系中中国的话语权还处于弱势地位。如何提高国际话语权、掌握国际话语主导权,是实现中国和平崛起中需要认真研究和解决的重大战略问题。本书以此为主题开展了初步研究。

第一,本书研究了世界百年未有之大变局及其对国际话语体系的影响。在这百年未有的大变局中,中国前所未有地开始对当今世界如何发展发挥影响,国际秩序的变化与重构、西方制度与模式面临的困境,都为中国增强国际话语权提供了前所未有的机遇。西方发达国家曾是建立现行国际秩序和国际规则的主体,但随着中国的发展,他们认为自己不再是这一秩序的受益者,正在更新话语体系,特朗普力图推动西方国家在"公平贸易"的口号下制定推广新的国际规则,这是需要我们重视的。当今的世界性问题很多,需要各国积极参与全球治理,但大国在这些问题上共识却在减少,从本国利益的考虑在增多,大国围绕国际话语权的斗争主要是为了自身的国家利益。作为新兴国家的代表,中国在参与全球治理和提升国际话语权方面,都取得了一定进展。

第二,中国的新理念提升国际话语权。党的十八大以来,以习近平同志为核心的党中央积极推进中国特色大国外交,提出了许多新的外交和国际关系理念,对提升中国的国际话语权起了重要作用。中国是以发展中国家的角色进入国际社会的,一开始就反对任何强权和霸权,提出了规范国家关系的和平共处五项原则,并得到了国际社会的广泛接受。改革开放以来,中国发展迅速,国际影响力不断提高。面对国际社会仍用西方强国的行事标准衡量中国,认为中国"国强必霸",有的国家为了维护自己的霸权对中国进行诋毁打压,许多人担心中美陷入"修昔底德陷阱"。在中国由富变强的背景下,中国面对国际社会的疑虑,对关于世界与中国向何处去的问题明确表达了中国的主张,提出了许多新的、符合历史发展潮流的理念。中国提出的最重要理念是构建人类命运共同体的新理念,引领世界走向美好的未来;人类要摆脱冷战思维的桎梏,需要倡导构建新型国际关系和发展伙伴关系,促进世界的和平与发展;中国要走大国崛起的新路,超越"修昔底德陷阱";中国倡导新安全观,反对军备竞赛,提倡各国共享安全。这些新理念占据道义制高点,并得到了国际社会的广泛认同。

第三,研究了中国提升制度性国际话语权建设的问题。中国作为世界上最大的贸易国,在制度性国际话语权建设方面,重点在国际贸易和投资规则的制定、金融领域的全球治理方面,中国提出的"一带一路"倡议成为推进全球治理的新模式。中国还通过构建保障周边命运共同体建设的地区安全机制、参与全球气候和海洋问题的治理等,为地区和全球的稳定做贡献。

第四,研究了其他国家在国际话语权建设方面的经验与教训。在历史上,有些国家曾经取得过成功,后来丧失了话语主动权,有些强国则长久保持着自己的国际话语优势,有的国家明明实力有限,却得到了超出实力的话语影响力,掌握着话语主动权。他们的经验值得总结,教训应该吸取。

第五,研究了提升中国国际话语权的一些策略,提出了一些建议。提升中国国际话语权要有相应的策略,需要灵活运用"借船出海"和"另起炉灶"两种策略,要发挥哲学社会科学在提高我国的国际话语权方面的作用。对外传播在提升中国国际话语权方面发挥着重要作用,构建中国对外传播话语体系,既要注重对外传播的内容,也要注重对外传播的形式。在国际传播中不要咄咄逼人或急于求成,要注意国内话语与国际话语的区别,要充分发掘中华优秀传统文化内涵,积极回应国际社会对中国话语的质疑。

本书只是选取了我们认为重要的问题,有针对性地回应了学术界的相关讨论,我们的研究不是按严格的逻辑进行的,因此,这并不是一部系统性著作。

第一编

世界百年未有之大变局及对国际话语体系的影响

当今世界处于第一次世界大战结束以来最大的变局之中。新一轮科技革命和产业变革正在积聚力量,催生大量新产业、新业态、新模式,给全球发展和人类生产生活带来了翻天覆地的变化。新兴市场国家和发展中国家迅速崛起,按汇率法计算,这些国家的经济总量占世界的比重接近40%,国际格局和力量对比加速演变,世界发展的版图比以往更加均衡。面对来自新兴市场经济国家的新挑战,传统西方国家的单边主义、保护主义愈演愈烈,多边主义和多边贸易体制受到严重冲击,全球治理体系深刻重塑。自近代工业革命以来,中国在很长一段时间里处于被动应对的地位,以往世界的变化与中国关系不大。经过40多年的改革开放,中国找到了适合本国国情的发展道路,并取得了举世瞩目的成就。在此次世界大变局中,中国的角色与地位已经发生了重大变化,可以说,中国是发生此次世界大变局的重要因素。中国是世界第二大经济体,是世界"最大的工厂",中国的发展模式和道路令许多后发展国家羡慕,自认为是世界霸主的美国把中国当成了战略竞争对手。中国与世界的互动性越来越强。因此,中国要关注国际话语体系的变化,研究国际秩序与规则的重塑,并努力发挥中国的大国作用,促进国际社会朝着有利于和平与发展的方向发展。

世界面临百年未有之大变局与中国的机遇

左凤荣

2018年6月,习近平在中央外事工作会议上指出,"当前,我国处于近代以来最好的发展时期,世界处于百年未有之大变局,两者同步交织、相互激荡。"①同年7月,中国领导人在出访南非参加金砖国家工商论坛时也提出了这一看法,9月在北京中非合作论坛上再次强调了这个论断。2018年11月,俄罗斯总理访华时,中俄双方签署的联合公报中写入了"双方认为,当今世界正处于大发展大变革大调整的转型过渡期,面临百年未有之大变局"。面对百年未有的大变局,习近平强调要用正确的历史观、大局观和角色观来观察世界。"所谓正确历史观,就是不仅要看现在国际形势什么样,而且要端起历史望远镜回顾过去、总结历史规律、展望未来、把握历史前进大势。所谓正确大局观,就是不仅要看到现象和细节怎么样,而且要把握本质和全局,抓住主要矛盾和矛盾的主要方面,避免在林林总总、纷纭多变的国际乱象中迷失方向、舍本逐末。所谓正确角色观,就是不仅要冷静分析各种国际现象,而且要把自己摆进去,在我国同世界的关系中看问题,弄清楚在世界格局演变中我国的地位和作用,科学制定我国对外方针政策。"②"百年未有之大变局"是中国领导人概括国际形势的新提法,这一说法确实比较准确地概括了当今的国际形势,已经成为广泛的共识。

---

① 习近平:《努力开创中国特色大国外交新局面》,《人民日报》2018年6月24日。
② 同上。

一、世界大变局的基础：世界经济重心东移

当今世界处于大变局之中，表现在多方面，可以从多个角度进行解读。① 不管"变"的表现是什么，其基础是世界经济重心的变化。从 20 世纪末开始，随着中国经济改革取得成功，世界经济的重心就开始从大西洋两岸向亚太地区转移，亚太地区成为世界经济最有活力的地区。进入新世纪以来，随着中国、俄罗斯、印度、巴西、南非等这些不同地区的发展中大国的整体性崛起，使在 2008 年国际金融危机中遭受重创的欧美发达国家经济实力相对下降。世界经济重心从西向东转移，世界经济这一重心之变前所未有。近代工业革命的重心在西欧，随着 19 世纪下半叶美国的崛起，大西洋的西岸也成了世界经济的另一个中心。第一次世界大战后随着西欧的衰落，美国成为全球最大的债权国和资本输出国，世界经济重心从大西洋东岸的西欧向大西洋西岸的美国转移，这次转移无疑也具有很大意义，结束了工业革命以来欧洲对世界经济的引领作用，但这次转移仍是在发达资本主义国家之间发生的。当前正在发生的这次经济重心从大西洋向亚太地区的迁移，无论其覆盖的范围，还是涉及的人口，都已远超以往。中国的 GDP 已占到全球 GDP 的 16% 以上并保持着上升势头，亚洲 GDP 总量占世界的三分之一强。正如 2019 年 10 月 3 日普京在瓦尔代会议上所说："亚洲国家在各个领域，特别是在经济领域的地位不断增强，全球三分之一的 GDP 来自该地区，人民的生活水平也在提高，超过世界平均水平，他们积极采用最先进的技术。一体化进程前所未有地涵盖各方面，全球化吸引了亚洲之外的重要玩家，以及周边次区域地区。""所说的亚洲的觉醒和该地区各国民族和文化的复兴在国际关系民主化中发挥了巨大作用。

---

① 有关研究参见中国现代国际关系研究院世界政治所课题组：《世界大变局深刻复杂》，《现代国际关系》2019 年第 1 期，《世界"百年未有之大变局"全面展开》，《现代国际关系》2020 年第 1 期；唐世平：《国际秩序的变迁和中国的政策选择》，《中国社会科学》2019 年第 3 期；刘江永：《百年大变局的实质与当代特征》，《和平与发展》2019 年第 3 期；陈向阳：《百年未有之大变局，"变"在哪？》，《人民日报》海外网 2019 年 8 月 22 日；张宇燕：《理解百年未有之大变局》，《国际经济评论》2019 年第 5 期；刘建飞：《世界政治变局下的全球治理与中国作为》，《探索与争鸣》2019 年第 9 期，等等。

今天,很明显,没有亚洲的参与,根本无法解决全球问题。"①根据世界银行发布的数据,从 2007 年到 2018 年,美国国内生产总值(GDP)在世界总量中所占比例从 27.13% 下降为 24.16%。国务院发展研究中心报告显示,新兴经济体崛起,发展中国家在全球经济中地位更加重要。全球经济增长的重心将从欧美转移到亚洲,并外溢到其他发展中国家和地区,美国、日本和欧盟仍将是全球主要的经济体,新兴经济国家实力将持续崛起。到 2035 年,发展中国家 GDP 规模将超过发达经济体,在全球经济和投资中的比重接近 60%。② 也有学者指出,1980 年"世界上的'发达经济体'占到了全球国民收入的 64%。中国、印度、俄罗斯和其他可能被称为新兴和发展中国家的经济体占了另外的 36%。2007 年,这两个国家集团的经济规模基本相当。2015 年,'发达经济体'仅占全球国民收入的 42%,其他国家占到了 58%"③。这些数据从不同侧面说明,欧美国家的实力在相对下降,美国已经不具备在第二次世界大战结束和冷战结束之时的超强国力。

  世界经济重心的变化与科学技术的进步直接相关,也与新兴国家的政策调整、积极融入经济全球化有关。中国、印度等国家的迅速发展,源于其重视科技并积极融入世界经济一体化进程,积极发展市场经济。以中国为代表的新兴工业化国家抓住历史契机,利用科学技术上的后发优势,提升了本国在全球产业链、供应链、价值链中的地位和影响力。自英国工业革命以来,世界强国都是能将科技优势转化为产业和军事优势的国家,但以往的几次科技革命和产业变革,都是由大西洋两岸国家唱主角,比如英国、德国和美国。现在与以往不同的是,虽然创新力强大的美国仍是主角,但非西方、非资本主义发展模式的中国在其中起了重要作用,中国对世界经济增长的贡献率超过了美国,年均超过 30%。"中国经济总量持续增大,将在 2030 年前后超过美国成为世界第一大经济体。与此同时,中国创新实力在快速提升,产业不断转型升级并加快向全球价值链中上游攀升,与发达国家的正面竞争加剧。一个人口规模

---

① Владимир Путин выступил на итоговой пленарной сессии XVI заседания Международного дискуссионного клуба 《Валдай》. http://www.kremlin.ru/events/president/news/61719

② 《国务院发展研究中心报告未来 15 年国际经济格局变化和中国战略选择》http://www.sohu.com/a/286219328_825056

③ 〔英〕简世勋:《世界不是平的》,于展译,中信出版社 2019 年版,第 118 页。

与现有发达经济体人口总和相当的新兴大国进入高收入社会,必将促进全球经济格局加速变革。"①也有人认为,"在某些方面,中国现在可以被称为世界上最大的经济体,数以亿计的中国人摆脱了贫困。"②新兴国家虽然整体科技实力不同美国,但其发展的经验对广大发展中国家有示范效应,在某些领域,如在人工智能、软件制造、核产业等方面,中国、印度和俄罗斯也有自己的优势。

与以往推动全球化的主体是国家不同,本次全球化的重要推动力量是跨国公司。跨国公司的发展使一个国家不再追求完整地占有一个产业,而是通过全球供应网络配置资源,最大程度地利用世界各地不同的成本价格优势取得最大利润。在科学技术迅速发展和全球产业链加速形成的背景下,一些后发展的国家充分享受到了全球化的积极成果,实现了跨越式发展。这一特点带来了两个明显的后果:一个是推动了全球化进程的持续深入发展,世界已经形成了"地球村"。新的国际分工和经济全球化推动各国经济相互依存与相互影响,世界经济的全球化也为解决发展问题提供了有利的条件,使人与人之间、国与国之间的距离大大缩短,相互联系更紧密,相互依存程度也更深,但世界经济发展不平衡的问题仍然存在。另一个是促进不公平的发展。在资本主义制度下,全球化主要惠及了精英阶层,那些追逐利润的资本家享受着全球化的最大红利,他们把企业和资金转移到劳动力成本更低的发展中国家以获得更大的收益,造成了老牌工业化国家产业的空心化,中产阶级收入下降,贫困阶层扩大和贫富差距拉大。据《21世纪资本论》的作者托马斯·皮凯蒂的研究,随着全球化的发展和发达国家资本向新兴国家的转移,欧美国家内部的收入不平等现象加剧。在21世纪第一个十年,在多数欧洲国家,尤其是在法国、德国、英国和意大利,最富裕的10%人口占有约60%的国民财富,在美国,最富裕的10%人口的财富份额竟达到70%。最令人震惊的是,在所有这些国家中,最贫穷的50%人口占有的国民财富无例外都低于10%。③ 发展的不公平为民粹主义的发展提供了土壤,全球化进程受到质疑。正是在这一背景下,世界上

---

① 《国务院发展研究中心报告未来15年国际经济格局变化和中国战略选择》http://www.sohu.com/a/286219328_825056
② 〔英〕简世勋:《世界不是平的》,第29页。
③ 〔法〕托马斯·皮凯蒂:《21世纪资本论》,巴曙松等译,中信出版社2014年版,第322—328页。

"黑天鹅""灰犀牛"事件不断,英国脱欧、特朗普当选,贸易保护主义和反全球化思潮的发展、大国竞争加剧、中美间贸易摩擦不断升级等一系列事件不断涌现。

二、世界大变局的重要表象:国际格局的变化

经济是基础,世界经济重心的变化自然会导致国际格局的变化。从国际格局的角度看,当今国际力量对比更趋均衡。冷战结束初期国际力量严重失衡的状况在改变,国际格局从"一超"独大向多极化发展。当然,这种多极化也不是传统意义上西方出现诸多强国的那种多极化,而是世界范围内的多极化,是许多非西方国家崛起的多极化。在 G20 这一当今世界最有经济影响的国际组织中,非西方、非发达国家占了一半,中国、俄罗斯、印度、巴西、土耳其、南非、墨西哥等发展中大国的影响力日益增强,传统的西方七国集团的影响日益下降。与世界经济格局变化相联系,国际权力格局也在发生百年之变。近代以来一直由西方大国决定着世界的发展,现在随着世界经济重心的变化,国际权力格局也在发生重大转变,不再单纯由西方强国主导世界。面对世界大变局,新兴大国求同存异、加强彼此协调,力图在引领全球治理、促进世界和平与发展问题上发挥积极作用。在金砖国家南非峰会上,五国发表联合声明,坚定支持经济全球化与自由贸易体系,宣布建立"新工业革命伙伴关系",推动新兴国家共同发展。① 这些举措增强了发展中国家的发言权,加强了世界的多极化。

国际格局的多极化还表现在发达资本主义国家不再像冷战时期那么团结了。虽然冷战时期的同盟还存在,但西方同盟的有效性在降低。由于特朗普顽固坚持"美国优先",对盟友也不客气,引发欧盟和日本的不满,美欧以及美日矛盾明显增多。在经贸问题上,美国公开威胁对欧日产品加征关税,试图以单方强压方式迫使欧日对其让步;美欧日虽就 WTO 改革达成协议,但美公然阻挠 WTO 上诉机构推选新成员等霸道行径也引发欧日不满,欧盟反对美国的单边主义,坚持多边主义。在安全防务问题上,特朗普一再施压欧洲成员国提

---

① 中国现代国际关系研究院世界政治所课题组:《世界大变局深刻复杂》,《现代国际关系》2019 年第 1 期。

高在北约内承担的防务份额,针对法国总统马克龙提升欧洲防务自主性与打造"欧洲联军"的计划,特朗普态度消极甚至公开反对;美国还要求日本和韩国更多承担美驻日韩的费用。从未来的发展趋势看,只要特朗普不改变"美国优先"的政策,美国与欧盟、日本的矛盾不会减少,欧盟就会加强团结,努力增强在国际舞台上的影响力,从而促进世界的多极化。

国际格局的多极化使大国力量向均衡化发展。在当今世界可被称为世界性大国的主要是美国、中国和俄罗斯,一定意义上也可以加上欧盟。尽管美国的国力相对下降,但其仍具有超强的实力。俄罗斯虽然经济状况不是很好,但其具有丰富的资源、辽阔的土地和超强的军事实力。欧盟虽然不是一个国家,但在日益加强军事与外交上的协调,欧盟的影响不会因为英国的退欧而减弱。当然最突出的还是中国。经过40多年的改革开放,中国实力增强,与世界的联系紧密,成为国际格局中的重要力量。在近代以来世界跌宕起伏的发展进程中,中国在很长一段时间里只是大国争夺的棋子,无法影响世界历史的发展进程。现在情况不同了,中国成了世界第二大经济体、第一大工业国、第一大出口国和第一大外汇储备国,世界上130多个国家最大的贸易伙伴。习近平在世界经济论坛2017年年会开幕式的主旨演讲中说,"预计未来5年,中国将进口8万亿美元的商品、吸收6000亿美元的外来投资,对外投资总额将达到7500亿美元,出境旅游将达到7亿人次。这将为世界各国提供更广阔市场、更充足资本、更丰富产品、更宝贵合作契机。"[①]这些数字突显了中国的影响力。中国成为拉动全球经济发展的重要引擎,在重大国际和地区事务中发挥着举足轻重的作用。

中国在国际格局中重要还有一个重要原因是中国的体制模式与美国和俄罗斯是不同的,中国仍然坚持走社会主义道路。中国共产党人用实践证明了落后国家建设社会主义是可行的,中国特色社会主义取得了经济上的奇迹。"我国国内生产总值由3679亿元增长到2017年的82.7万亿元,年均实际增长9.5%,远高于同期世界经济2.9%左右的年均增速。我国国内生产总值占世界生产总值的比重由改革开放之初的1.8%上升到15.2%,多年来对世界

---

① 习近平:《共担时代责任 共促全球发展》,《论坚持推动构建人类命运共同体》,中央文献出版社2018年版,第411—412页。

经济增长贡献率超过30%。我国货物进出口总额从206亿美元增长到超过4万亿美元,累计使用外商直接投资超过2万亿美元,对外投资总额达到1.9万亿美元。"①中国成为世界上GDP总额超过10万亿美元的两个国家之一,居发展中国家的首位。外界对中国崛起的反应那么大,中国议题成为当今国际会议的重要话题,与中国是共产党领导的社会主义国家有直接关系,这也是当今国际格局的新因素。美国想遏制中国的发展,保持"一超独大"的地位,但很难如愿,正如美国前驻华公使、尼克松总统首席中文翻译傅立民所说:"中国工业竞争力比其GDP更为出色。当前中国工业产值占全球1/4,超过美国、德国、韩国工业产值的总和,这一点比GDP能体现出的要重要得多。此外,在中国从事科学、技术、工程和数学类工作的劳动者已占到全球同类劳动者总数的1/4,是美国的8倍,而且增长速度也是美国的3倍以上。"②因此,美国想拉中国的邻国制约中国的发展比较困难,想遏制中国在世界上的发展更不可能,未来世界是多极和多种发展模式这一事实是难以改变的。

三、世界大变局的影响:全球治理与国际秩序的变化

在世界发生前所未有的大变局下,伴随世界经济和国际权力格局的演变,全球治理格局也出现了新的变化。全球治理主体更加多元,以中国为代表的一些新兴工业化国家在全球治理领域开始发挥更大作用。现行国际秩序遇到挑战,需要进行改革和创新。

全球治理和国际秩序正在经历深刻的历史性调整,变革国际秩序成了各方的诉求。对于新兴国家来说,现在的全球化是在不合理的国际经济政治旧秩序下发展的,未能反映新格局,代表性和包容性不够,从总体上看更有利于发达国家,扩大了发展中国家与发达国家的经济差距,富国越来越富、穷国越来越穷是当今国际社会的主要现象。据统计,19世纪初,在世界上最富和最穷的国家之间,人均实际所得的比率是3∶1;1900年是10∶1,到2000年则上

---

① 习近平:《在庆祝改革开放40周年大会上的讲话》,《人民日报》2018年12月19日。
② 《美国正造就一个可能无法战胜的敌人》,《人民日报》2019年7月24日。

升到60∶1。现今,世界人均国内生产总值(按购买力平价计算)约为6000美元,在最富国家是2.9万美元,而在最穷的国家仅为500美元。① 在欧洲、美国及许多发展中国家内部,贫富差距拉大的现象也很严重,成为诱发不安定和产生社会问题的主要因素。同时,新兴国家在许多原有的国际机制中发言权不够,希望扩大发展中国家的代表权和发言权。但是,在全球治理和国际秩序方面,起重要作用的仍是发达国家,当前国际秩序的变化也主要是美国和西方变了。随着实力地位下降,西方国家参与全球治理的意愿在下降,过去西方致力于自由民主和人权,致力于国际机构中的国际合作以应对气候变化等全球性问题,现在情况在改变。2020年2月10日,第56届慕尼黑安全会议发布第六版《慕尼黑安全报告》,以"西方的缺失"(Westlessness)为主题,认为西方无论从内部还是外部都充满着冲突和对抗。新兴国家参与全球治理的意愿与能力在增强,推动国际秩序的变革,成为未来世界大变局发展的重要力量。

现行的国际秩序是第二次世界大战结束前后,由美国、英国和苏联主导建立起来的,体现的主要是罗斯福"大国合作、主导世界"的原则。随着发展中国家的崛起,国际秩序也发生了许多改变,新建立了一些国际组织,但国际秩序由西方大国主导的根本并没有改变。现在这一秩序遭到了这些西方国家的质疑,他们认为这一秩序对中国等发展中国家有利,对他们自己不利,提出要修改这一秩序,但这种修改又是有选择的。美国并不想修改国际金融秩序,国际货币基金组织(IMF)和世界银行(WB)负责协调全球金融事务,发达国家掌握着其话语权。2008年金融危机后,西方不得不同意对这两个机构进行改革,2010年4月发达国家在WB框架下向发展中国家转移3.13%的份额,致其投票权重提高到47.19%,2015年11月IMF宣布人民币加入特别提款权(SDR)货币篮子,所占比重仅次于美欧位列第三,但这些都没有改变发达国家的主导地位。现在发达国家要修改的主要是贸易规则。美国所设计的国际贸易秩序的核心是自由贸易,美国相对于其他国家市场开放程度更高。但是,金融危机以后美国的实力相对下降,特朗普以让"美国再次伟大"为目标,搞"美国优先",不愿再承担国际责任和义务,以单边主义代替多边主义,以贸易保护主义代替自由贸易原则。美国还要退出那些要求其承担职责,又得不到经

---

① 《金融时报》2000年4月11日,转引自《世界经济与政治》2002年第3期第43页。

济好处的全球治理领域,如在国际安全领域,美国认为现行的一些协议限制了其行为,不顾中、俄、欧等方强烈反对,断然宣布退出《伊朗核协议》,分阶段重启对伊制裁,给中东地区安全与国际和平稳定带来巨大不确定性;退出《中导条约》,准备重新生产部署中程导弹系统,对国际战略平衡造成重大冲击,加剧了世界的不稳定和大国间的军备竞赛;在气候治理领域,美国单方面退出《巴黎协定》,使全球气候治理面临新挑战;一直以捍卫人权自居的美国,还于2018年6月20日宣布退出联合国人权理事会;在新冠疫情肆虐之际,美国宣布退出世界卫生组织。

国际秩序变革的焦点是贸易秩序。2019年9月24日,特朗普在联合国大会发表演说,公开宣扬反对全球主义、拒绝全球治理、强调国家主权等,继续捍卫自己的"美国优先"政策。特朗普还称,美国的军费支出使得世界更加和平,"如果你想要和平,就爱你的国家,真正睿智的领导人会将人民和国家的利益摆在首位。""未来不属于全球主义者,未来属于爱国者。这就是为什么我们美国人已经开始了一项令人兴奋的国家复兴计划。"[①]如果以为美国放弃全球治理,退回到孤立主义,这不符合事实。美国并不是要重拾"孤立主义",美国并不想放弃对世界的领导权,而是要重塑美国主导的国际规则与机制,想不受约束地凭借自己的力量重塑对自己有利的国际秩序。2017年11月10日,特朗普在APEC工商界领导人峰会上曾强调:"当美国和其他国家或者人民发展贸易关系时,从现在开始,我们希望我们的合作者忠实遵守和我们一样的规则。我们希望市场以相同的角度开放给双方,是私营工业而不是政府的计划者来指定投资方向。"[②]特朗普抱怨其他国家对美国"不公平"。美国为维护自身利益,打着追求"公平贸易"的旗号,强推保护主义政策,利用WTO一致同意原则,一再行使否决权以阻止其上诉机构大法官补充人选,使其功能陷入瘫痪。美国因此绕开WTO争端解决机制,依靠自己的实力解决问题。美国不仅把贸易大棒挥向中国,也挥向了其他国家,包括其欧洲盟友和加拿大。美国与加拿大和墨西哥重新签署了北美自由贸易协议,得到了其想要的东西,并

---

① 《特朗普联大发言:未来属于爱国者,而非全球主义者》https://www.guancha.cn/internation/2019_09_25_519191.shtml

② 《特朗普APEC演讲释放重大信息》http://mini.eastday.com/mobile/171112123849260.html

在其中加入了针对第三方的"毒丸条款"。美国也与日本达成了贸易协议,要求日本向其开放农产品市场。美国动用本国法律对其他国家的公司进行"长臂管辖",实际上也是把自己的规则强加于世界。美国根据国内相关立法的"232条款""201条款"和"301条款"等,主要针对快速发展的中国发起一系列调查,使用惩罚性高关税作为手段,挑起国际贸易摩擦。美国的行为是对美国自己所建立的国际秩序的"修正",体现了美国的单边主义与霸权主义,严重影响着世界经济的恢复和发展,也加剧了大国间的竞争与对抗,给世界带来了最大的不确定性。全球经贸格局深刻演变令 WTO 面临前所未有的挑战,改革也是多方共识。在国际经贸领域,是否坚持 WTO 规则与自由贸易,如何改革 WTO,成为大国博弈的焦点。

国际安全秩序也是令人关注的问题。现在全球军费开支高于冷战末期,美国退出《中导条约》后,限制俄美核军备的只有《美俄新削减战略武器条约》,该条约将于2021年2月到期。特朗普希望与俄罗斯讨论削减核武器问题,并坚持要求他国也加入条约,同时还要将俄罗斯最新型武器列入新条约。俄美核武库各有大约6000枚核弹头,而其他核大国无法与美俄同日而语,力量严重不对称,俄罗斯并不同意其他方加入进来与他们平起平坐。要求把俄罗斯所有先进核武器列入条约,俄罗斯同样是不接受的。美国计划在2021财年耗资近500亿美元升级核武库。因此,现行《美俄削减战略武器条约》期满后将能否续签新约,或者是否能限制两国发展核武器,都存在未知数。

此外,随着全球化的发展,除了能源、人口、贫困等发展问题外,国际社会又出现了许多新问题。全球生态系统的破坏、气候环境的恶化,成为21世纪人类面临的严重威胁,解决这一问题也需要各国的协调与合作。这些都需要加强全球治理,特别是大国间的协调与合作,但由于大国关系的不协调,治理的赤字一时恐怕难以解决,世界发展的不稳定性不确定性在增强。

四、世界大变局为增强中国话语权提供了重要机遇

当今世界处于百年未有之大变局,也是冷战结束以来国际社会渐进式发展的一次质变,这一变化的深度与广度超过了20世纪以来的历次变化。但

是,在看到变化的同时,我们也要看到还有许多不变的东西。

第一,世界和平与发展的大趋势并没有变。当今世界大国间的竞争与冲突明显高于冷战结束以来的任何时期,美国明确把中国和俄罗斯这两个大国当成自己的战略竞争对手,世界还存在局部战争、恐怖主义、大规模杀伤性武器扩散等问题,但这些因素都没有影响世界和平与发展的大局,大国之间的竞争是通过和平手段进行的,大国之间主要是发展模式和效率的竞争,都需要和平的环境。只要大国间不发生战争,世界的和平与发展就有保障。

第二,经济全球化的大潮也没有改变。经济全球化是由科学技术进步和资本追逐利润推动的,反全球化的思潮与措施会阻滞全球化进程,但改变不了这一进程。纵观人类发展的历史,前进的道路上有曲折也是正常的,一些缺少战略眼光的领导者不正确的决策比比皆是,但浩浩荡荡的世界潮流,是任何人都难以阻挡的。新型冠状病毒的"全球大流行"导致许多国家关闭边界、切断人员往来,民众居家影响消费等,对全球化带来了许多负面影响,许多经济联系被切断,产业链受到严重影响,但疫情过后,许多经济联系还会恢复。

第三,现行的国际体制机制也是难以动摇的。历史地看,"现有国际秩序是人类历史上最为制度化且制度内化程度最高的国际秩序。现有国际秩序的制度覆盖了国家之间相互交往的绝大部分领域,并成为国家理念的一部分。有鉴于此,现有国际秩序将持续其全球范围内的扩展趋势。"①从第二次世界大战结束以来的实践看,这一体制机制对维护世界的和平与秩序发挥了重要作用。现在有些国家对现行国际秩序有不满,提出要进行改革,但要推倒重来也是不现实的。更重要的是,中国作为一个后起的大国,并没有挑战现行的国际秩序,中国是现行国际秩序的支持者和维护者。

第四,世界各国人民向往和平安宁生活的愿望也不会变。不管是中国梦,还是世界其他国家人民的梦,追求和平、追求美好生活的愿望是相通的。当然,各国都存在着不少社会问题,如何解决诸如社会贫富差距过大、民众需求与供给不足等问题,考验着执政者的能力,也要求他们把精力主要放在国内,解决国内问题优先于解决国际问题。

正是因为世界大变局中有许多常量并没有变,中国的发展仍面临战略机

---

① 唐世平:《国际秩序的变迁和中国的政策选择》,《中国社会科学》2019年第3期。

遇。同时我们也要看到,中国是引起世界大变局的重要因素,也是影响世界大变局发展方向的重要方面,世界的发展方向也关系到中国发展的国际环境,因此,中国要把握应对世界大变局的战略主动权。世界的百年未有之大变局和中国进入强起来的"新时代"高度重叠,日益走向富强的中国也有了更多机遇参与全球治理和提高中国的国际话语权。中国要不断增强理念贡献能力和制度建设能力,一方面,要积极努力成为新世纪全球共同价值观体系的创新者,倡导有利于人类进步的价值观念;另一方面,中国要继续全面融入世界,以善意和开放致力于国际体系的建设性改革,坚决维护以联合国宪章宗旨和原则为核心的现行国际秩序,推动全球治理体系朝着公正合理方向发展。当前,随着美国特朗普政府不断"退群",美国在减损软实力,丧失道德感召力,世界需要有责任感的国家站出来推进全球治理,谋划有利于世界和平与发展的理念、原则和国际规范。中国作为一个负责任的大国,自然要承担自己的大国责任。

中国坚持推进全球化和倡导多边主义。全球化把大家变成了"地球村"的村民,需要各国命运与共,坚持多边主义,使各国通过平等协商解决问题。"中方的看法是,人类社会已进入全球化时代,我们有必要摆脱东西方的划分,超越南北方的差异,真正把这个赖以生存的星球看作是一个生命共同体。我们有必要迈过意识形态的鸿沟,包容历史文化的不同,真正把我们这个国际社会看作是一个世界大家庭。"①在第一次世界大战结束百年后的今天,经济全球化遭遇挫折和逆流,极端民族主义和排外情绪上升,这是值得警惕的。中国主张国际社会要深刻汲取历史教训,珍惜和维护来之不易的和平局面,坚持多边主义,维护以联合国宪章宗旨和原则为核心的国际秩序。中国提倡坚持共商共建共享的原则进行全球治理,"因为面对全球化,挑战是共同的,责任是共同的,命运也是共同的。我们需要找到有效的多边合作框架,共同应对层出不穷的各种挑战;我们需要树立正确的多边合作理念,真正做到大家的事情,大家商量着办。"②多边主义所体现的平等协商、开放包容、合作共赢等理念对于消除冲突隐患、维护世界和平具有重要意义。

---

① 《跨越东西差异,践行多边主义——王毅国务委员兼外长在第56届慕尼黑安全会议上的演讲》http://mini.eastday.com/a/200216122545362.html

② 同上。

中国倡导大国的协调与合作。现在大国间博弈和战略竞争有所加剧,原有以大国协调为重要支撑的国际政治秩序面临挑战。王毅外长强调,大国应当身体力行坚持多边主义,"多边主义能否成功,大国的协作至关重要。"近年来,美国把中俄定位为战略竞争对手,欧盟将中国称为"经济竞争者"和"制度性对手",把俄罗斯当成重要的安全威胁,美国发起对华贸易战,欧美对俄罗斯进行经济制裁,美国与盟友的关系裂隙加深,大国关系处于冷战结束以来最为紧张的时期。中国强调大国要加强协调,要构建新型大国关系,王毅表示,"我们将同俄罗斯进一步深化战略协作,坚持两国元首的战略引领,全方位推进中俄新时代全面战略协作伙伴关系,为维护国际安全稳定与战略平衡注入更多正能量。我们将同美国继续探寻和平共处、合作共赢之道。希望美方能以更开放包容心态看待中国的发展,本着平等和相互尊重精神,管控彼此之间的矛盾分歧,坚持协调、合作、稳定的总基调,推动中美关系沿着正确轨道向前发展。我们将同欧洲全面深化合作,聚焦中欧关系提质升级,深化绿色和数字合作,推动中国与中东欧国家合作向更广领域拓展。我们将一如既往支持欧洲一体化进程,支持欧洲走团结自强道路,支持欧洲在多边事务中发挥积极作用。"①中俄美欧具有合作的基础,各方都是独立的战略力量,各有优势。美国实力最强,在军事和诸多科技领域处于领先地位;中国也在努力,出现了像华为、腾讯、小米等科技公司;欧洲仍然在金融服务、飞机制造、汽车等行业处于技术领先地位;俄罗斯的能源、军工产品也很有竞争力。中美欧相互间的投资与市场依赖程度很高,已经形成了利益共同体,中美1979年建交时双方的贸易额只有25亿美元,现在年贸易额达到了五六千亿美元,中美在众多领域和众多议题上是合作伙伴,中美在经济金融上已经深度相互依赖,我们相信,"太平洋足够大,容得下中美两国"。由于疫情的影响,每天在中国盈利6000万欧元的德国汽车行业,转为每天亏损7200万欧元,对德国汽车工业冲击很大。新冠肺炎疫情在全球的扩散证明,无论是公共卫生事件冲击,还是产业链停摆,大家都在一条船上。另外,新科技革命的发展也要求大国共同应对挑战。不可否认,大国在新一轮科技革命中的竞争是激烈的,谁能抢占科技高

---

① 《跨越东西差异,践行多边主义——王毅国务委员兼外长在第56届慕尼黑安全会议上的演讲》http://mini.eastday.com/a/200216122545362.html

地,谁就有可能站在产业变革的前沿,赢得先机,但如果没有大国间的竞争,科技进步的步伐就会慢下来。同时,飞速发展的科技也对人类生存提出了挑战,人工智能、生物基因工程等成果在造福人类的同时,也可能威胁人类长远的生存发展,需要国际社会加强协调,建构有效的监管体系,对人工智能和基因技术研发进行监督和管控。

中国坚决维护基于公平与规则的自由贸易秩序。中国坚持对外开放,切实深化改革,让发展的红利惠及所有民众,维护社会公平正义。中国向来主张"各国在经济交往和全球及区域经济合作中,应当平等互利、优势互补、相互促进,而不应相互排斥,不应采取任何形式的贸易保护主义或歧视性政策,更不应动辄采取制裁的做法"①。习近平在达沃斯论坛上曾经深刻指出:"世界经济的大海,你要还是不要,都在那儿,是回避不了的。想人为切断各国经济的资金流、技术流、产品流、人员流,让世界经济的大海退回到一个一个孤立的小湖泊、小河流,是不可能的,也是不符合历史潮流的。"②从经济全球化这一现实出发,中国"要坚定不移发展开放型世界经济,在开放中分享机会和利益、实现互利共赢。不能一遇到风浪就退回到港湾中去,那是永远不能到达彼岸的。我们要下大气力发展全球互联互通,让世界各国实现联动增长,走向共同繁荣。我们要坚定不移发展全球自由贸易和投资,在开放中推动贸易和投资自由化便利化,旗帜鲜明反对保护主义。搞保护主义如同把自己关进黑屋子,看似躲过了风吹雨打,但也隔绝了阳光和空气。打贸易战的结果只能是两败俱伤"③。习近平的讲话得到了广泛认同,美国前国务卿克里称,习近平主席发表的这个出色的演讲,在开放、公平贸易等等议题上,有着负责任的态度,是一个优秀的领导人。④ 对符合经济全球化深入发展需要的现行体系和规则,中国努力维护其权威,强调多边体制对维护国际经贸秩序良性发展不可或缺,坚定维护基于规则的、开放公平、透明可预测、包容非歧视的多边贸易体制

---

① 江泽民:《在德国外交政策协会和德国经济亚太委员会联合举办的演讲会上的演讲》,《人民日报》1995年7月14日。
② 习近平:《共担时代责任 共促全球发展》,《论坚持推动构建人类命运共同体》,第402—403页。
③ 同上书,第406页。
④ 《美前国务卿克里:避免造成灾难性错误的可能性,中美应合作以实现更好愿景》https://www.thepaper.cn/newsDetail_forward_6084046

主导地位,维护构建开放性世界经济和自由贸易,提高其有效性和灵活性。

中国提出的人类命运共同体理念越来越重要。历史是人选择的结果,在历史的转折关头,如何做出选择,决定着一个国家的未来,大国的决策也决定着世界的未来。谁能在威胁人类安全的科技领域协调出合理而有效的解决方案,谁就会在未来的全球竞争中获得真正的软实力。2017年1月18日习近平在联合国日内瓦总部发表演讲时强调,"让和平的薪火代代相传,让发展的动力源源不断,让文明的光芒熠熠生辉,是各国人民的期待,也是我们这一代政治家应有的担当。中国方案是:构建人类命运共同体,实现共赢共享。"①中国提出构建人类命运共同体是超越意识形态、能够凝聚各方共识的可行方案。当今各国人民的命运是联系在一起的,2020年初新型冠状病毒随着人员的流动在世界迅速传播就是一个很好的例证,正如王毅外长所说:"病毒没有国界,中方从一开始就高度重视国际卫生合作,本着公开透明原则,及时向各方通报疫情信息,分享病毒基因序列,与世卫组织密切合作,邀请国际专家并肩工作,积极为在华外国公民提供协助和便利。目前,在中国境外确诊病例仅占所有病例的不足1%。我们卓有成效地阻止了疫情在全球范围的扩散,为全球公共卫生安全做出了巨大努力,付出了代价和牺牲。"②中国从对人类高度负责的高度,严控疫情的发展,这一事件也说明,人类的命运是连在一起的,中国确实是从构建人类命运共同体的高度处理问题的。可惜的是,很多国家的领导人并不这么看,在中国抗击病毒之时,有的隔岸观火,有的以邻为壑,没有很好利用中国提供的窗口期,导致了"全球大流行",造成20世纪以来最严重的危机。

中国的"一带一路"倡议为国际合作提供新平台。随着世界的多极化发展,全球治理平台更多,除了原有的联合国和世界贸易组织为代表平台外,还涌现出了许多新的治理平台,如G20、金砖五国机制、亚投行等,中国倡导的"一带一路"国际合作新平台正在对世界发挥积极影响。纵观人类发展的历史,欧亚大陆始终处于世界的中心,这里资源丰富,人口众多,中国位于欧亚大

---

① 习近平:《共同构建人类命运共同体》,《习近平谈治国理政》第二卷,外文出版社2017年版,第539页。
② 《跨越东西差异,践行多边主义——王毅国务委员兼外长在第56届慕尼黑安全会议上的演讲》http://mini.eastday.com/a/200216122545362.html

陆上,这是中国最为有利的地理条件。在世界大变局下,随着欧亚地区各国发展水平的提高,互联互通的发展,中国、俄罗斯与欧盟国家联系的紧密,一个欧亚大陆繁荣与稳定的时代正在来临。"一带一路"的朋友圈不断扩大,在2019年4月举行的第二届"一带一路"国际合作高峰论坛,吸引了150个国家、92个国际组织的6000多名代表参加。中国在"一带一路"框架下倡议成立的亚投行,不仅亚洲和周边国家积极参加,还吸引了许多欧洲国家。亚投行的运作模式也得到了国际社会的广泛认可,其成立时有57个创始会员国,到2019年7月13日其成员发展到了100个。

总之,中国从国际形势处于百年大变局这一实际出发,抓住机遇,迎接挑战,努力增强中国的国际话语权。针对对全球化的质疑和某些国家不负责的态度,中国提出了许多适应世界发展潮流的新理念,供国际社会进行选择。在国际秩序建设方面,中国不是另起炉灶,也不挑战现有全球治理体系与经贸规则,而是推动其朝着适应新现实的方向进行改革和完善。中国增强国际话语权的根本,还是要把自己的事情办好。在世界不稳定不确定性增强的背景下,保持战略定力,力争为国内发展赢得更长战略机遇期和有利的外部环境,与中国实力能力和现实需要相适应提升国际话语权。

西方发达国家更新话语体系并重塑国际规则

赵　柯

改革开放以来,中国已经深度融入世界经济发展的大潮中。在与世界经济相互融合的过程中,中国已经逐步从国际经济规则的被动接受者,向国际经济规则的影响者和制定者的角色转变。冷战结束30多年来,全球化在迅猛发展,但各国的感受是不同的。中国在接受及参与国际经济规则制定的过程中获得了很多实惠,当然也受国际经济规则的约束。发达国家在冷战结束后积极推动并主导了经济全球化,但随着中国的崛起,他们对世界经济的发展有了新的判断:认为自己是经济全球化的相对受损者,而以中国为代表的新兴国家不仅充分利用战后西方国家所建立的国际经济规则来发展自己,并且在这套规则中又有后来居上的势头,挤压了西方国家的优势空间。对此,西方国家充满焦虑,美国前总统奥巴马曾非常直白地公开宣称:不能让像中国这样的国家书写全球经济的规则,西方发达国家决心建立新的规则。欧美国家的领导人提出了许多新主张,进而要制定新规则。

一、从自由贸易到公平贸易

特朗普入主白宫后,很快调整贸易政策,在全球范围内发起了"贸易战",力图重新制定全球贸易规则。特朗普是商人出身,显然更加明白国际贸易的重要性。他反对的不是自由贸易本身,而是美国没有得到"足够收益份额"的自由贸易。用特朗普的话说就是,"我们没有得到公平对待"。所以,特朗普政府贸易政策的核心是所谓"公平贸易",其具体内涵就是要为美国企业打开海外市场。特朗普政府通过谈判或者施压的方式要求贸易伙伴更多地向美国开放市场,遵守对美国有利的国际经济规则,甚至要重新设定能够确保美国得到"足够收益份额"的国际规则。具体而言,就是要改变之前具有"照顾"性质的对贸易伙伴单向市场开放的做法,代之以要求贸易伙伴按照对等原则双向开放,确保美国企业能够自由进入任何国家的市场。为实现这一政策目标,特朗普不惜挥动关税、制裁等大棒,为了更有效地制定有利于美国商业利益的规则,不再拘泥于多边贸易谈判,而是改为使用双边的方式。

特朗普的"公平贸易"政策并不新鲜,欧洲人早在10年前就提出了这一概念,对"公平贸易"内涵的阐释更加明确、系统,在政策工具的使用上也更加细腻、成熟。2006年10月4日,欧盟委员会公布了题为《全球的欧洲:参与世界竞争对欧盟增长和就业战略的贡献》的新贸易政策文件,确立了为欧洲企业打开海外新市场和确保公平竞争的贸易战略。从2007年开始,欧盟官员在各种场合不断强调"我们必须时刻坚持公平贸易",包括结束出口产业的不公平的国家干预、坚持世界贸易组织关于市场准入的承诺和尊重知识产权等诉求,认为"通过反对其他国家不公平的出口补贴来保护欧洲产品是市场开放的题中之义"。欧盟当时的做法与现在特朗普政府一样,没有仅仅局限在主流的多边贸易谈判中,而是"使用双边和多边的讨论和协议来达到此目的。当需要之时,求助于贸易保护措施"。

通过对比可以看出,特朗普版的"公平贸易"政策实际上就是欧盟"公平贸易"政策"更具进攻性"的新版,两者的政策理念和目标指向是一致的——打开广大发展中国家,特别是新兴经济体的市场,用国际规则来约束其竞争力,从而确保自身的竞争优势。因为欧洲和美国本身就互为重要的贸易伙伴以及投资来源地和目的国,彼此间的贸易壁垒和投资障碍要少很多,要扩大本国企业在彼此市场的份额,短期内潜力有限,扩大在发展中国家特别是新兴经济体的市场份额,才是其真正的目标。所以,在贸易政策上,美欧是真正的利益共同体。这就是为什么特朗普在竞选时威胁对欧洲国家采取贸易保护措施,对《跨大西洋贸易与投资伙伴关系协定》(TTIP)大加批判,导致谈判搁浅,而现在又主动提出要重启。2017年4月24日,美国商务部部长威尔伯·罗斯会晤欧盟贸易专员马尔姆斯特伦,正式讨论如何推进TTIP谈判,美欧之间发生贸易战的几率大大降低。在贸易议题上,双方的利益远大于分歧。2017年5月27日闭幕的G7峰会因为特朗普的贸易保护主义倾向,在会前被普遍认为很难达成贸易政策的共识,但实际上,欧美再次确认了一致支持"公平贸易"和"开放市场"的原则,会议联合声明强调:"我们一致认同,自由、公平和互惠的贸易是经济增长和创造就业的关键动力,因此我们强调保持市场开放和打击保护主义的义务。"欧洲实际上对此次峰会在贸易领域取得的成果还是满意的。德国总理默克尔认为:"七国集团在这次峰会上至少就'建立在规则基础上的世界贸易体系'达成了共识,重申支持开放市场、反对保护主义和不公平贸易——这就是对于我们来说重要的成果,因此我认为这是一个进步。"2020年1月14日,美国、欧盟和日本的贸易部门负责人在华盛顿举行三方会谈,并在会后发布联合声明,这是自2017年12月以来三方共同发布的第七份联合声明。自第一份三方联合声明以来,三方关注的核心内容几乎都或明或暗地指向中国,特别是关于"非市场导向的政策和做法",在2018年5月的第三份声明中专门列举了认定企业或行业是否为市场导向的衡量标准,认为非市场导向的政策是造成产能过剩、不公平竞争、阻碍科技创新以及破坏国际贸易规则的原因,所以,三方试图重新定义什么样的企业经营活动才是符合市场经济的行为,重新规范企业市场行为的认定标准,三方还计划启动制定关于产业补贴和国有企业新规则的谈判。

欧盟委员会发布了关于改革世界贸易组织(WTO)的建议文件。欧盟在该文件中认为,基于规则的多边贸易体系面临自建立以来最为深刻的危机,WTO在设定国际贸易规则与框架、提供多边争端解决机制等方面,同时受到威胁,这在历史上是第一次。在欧盟看来,当前的贸易环境回到了规则有利于自身时才遵守、以实力替代规则作为贸易关系基础的状态,这相当于国际经济治理倒退了20年。对于导致WTO深陷困境的原因,欧盟的看法是,自1995年以来世界已经变化,而WTO却没有进行相应的改革。欧盟经济已经深度融入全球价值链,成员国的进出口均依赖可预测的和以规则为基础的国际贸易制度,所以,欧盟把当前WTO边缘化的危机看作是影响欧盟政治稳定和经济可持续增长的重大风险。正是在这一大背景下,欧盟认为迫切需要实现WTO的现代化,也就是说,要与时俱进地"升级"WTO。

欧盟的改革方案主要集中在三个方面:一是更新国际贸易规则,二是加强WTO的监督作用,三是完善争端解决机制,打破当前机制事实上趋于瘫痪的僵局。欧盟方案最为重要的看点是要求增加新规则,主要是针对所谓的"扭曲市场"行为,其中,产业补贴、国有企业和市场准入是最为核心的三个焦点议题。此外,值得注意的是,欧盟认为当前 WTO 规则中对发达国家和发展中国家的区分已经不合时宜,因为这一区分没能准确地反映一些发展中国家经济快速增长的现实。这就造成了发展中国家成员中包含了当今重要的贸易大国,而这些贸易大国的经济发展与其他发展中国家存在巨大差异,其发展水平甚至超过了 WTO 所认定的发达国家。这造成发展中国家在 WTO 内享有的待遇缺乏差异化,而这一直是 WTO 内部矛盾和谈判进展缓慢的一个主要原因。

欧盟发布的 WTO 改革方案,并非仅仅代表欧洲一方的看法,在某种程度上也代表了美国和日本在相关问题上的立场。之所以这么说,是因为自 2017 年 12 月以来,美、日、欧三方已经举行了七次贸易部长级会谈,发布了七个三方联合声明,欧盟方案的基本精神和主要内容与之前四次的三方联合声明大致相同。欧洲一体化程度最高,其最早实现一体化的领域也是贸易,因此,贸易议题实际上也是欧洲人的传统优势。相比美国,作为全球最大的发达国家贸易集团,欧盟更加依赖以 WTO 为核心的全球多边贸易体系。避免美国退出 WTO、维护 WTO 的完整性,是欧盟的利益所在。目前来看,欧洲人似乎达到了这一目的,经过与美国的协商,美国同意与欧盟一道改革 WTO。

二、全球投资和金融治理体系之变

目前世界上并不存在统一的国际投资规则,欧美作为在全球投资最多的地区,力图在全球投资规则方面相互协调,在全球投资治理体系中占据主导权。2012 年 4 月 10 日,欧盟和美国发布了《欧盟和美国关于国际投资共同原则的声明》,《声明》特别强调支持经合组织倡导的"竞争中立"原则,关注国有企业对私人企业构成的挑战,要求提高国有企业的市场准入门槛,限制国有企业的竞争能力。国有企业是现阶段中国对外直接投资的主力。所以,以国有企业为主体的投资模式得到尊重和认可,是中国参与全球投资治理体系的一大诉求,[1]而这恰恰与西方竭力推动的国际投资理念存在冲突。

美国外国投资委员会(CFIUS)通过立法大大扩张了其对外资投资的审核

---

[1] 王碧珺:《中国参与全球投资治理的机遇与挑战》,《国际经济评论》2014 年第 1 期。

范围。CFIUS由来自九个部委的领导组成,由财政部牵头,包括司法部、国土安全部、商务部、国防部、外交部、能源部、美国贸易代表办公室以及科技政策办公室,另外还有五个观察部门。CFIUS之前的权限是审查法律规定的"可管辖交易"("covered transactions"),以判断该项交易是否对美国国家安全构成不利影响。传统上"可管辖交易"一般包括外国人（或组织）（统称"外国人"）投资收购美国企业而可能导致美国企业被外国人产生控制的交易。2018年8月颁布的《外国投资风险审查现代化法案》（Foreign Investment Risk Review Modernization Act,简称"FIRRMA法案"）扩大了CFIUS的管辖权,使某些不涉及控制权转移的外国投资也受到监管。在FIRRMA法案生效前,CFIUS只能审查会导致外商"控制"一家美国企业的兼并、收购,但是最新通过的FIRRMA法案建立了以下几种新的交易类型同样接受CFIUS的管辖:第一,任何由外商主导或者有外商参与的可以导致外商对美国企业产生"控制"的合并、收购和接管（包括以合资企业形式进行的前述交易）;第二,任何由外商购买或者承租的坐落在或者部分靠近美国军方或者其他具国家安全敏感性的设施的私人或公共不动产;第三,任何在以下几个领域对与其非关联的美国企业的投资:(1)拥有、运营、制造、提供为关键基础设施或为其提供服务;(2)产生、设计、测试、生产、制造或者开发关键技术;(3)保留维护或搜集美国公民敏感的个人信息从而可能威胁到美国国家安全的。2019年3月,CFIUS做出决议,要求一家中国企业放弃并出售对美国某社交应用软件的控制权。2019年4月,CFIUS要求另一家中国企业出售其在美国健康技术初创企业的控股股权。

欧盟也加强了对外商投资的审查。欧盟委员会主席容克（Jean-Claude Juncker）在2017年9月的国情咨文演讲中宣称:我们不是天真的自由贸易主义者,欧盟必须一致保护自身的战略利益,因此我们提议建立一个新的欧盟的投资审查框架。容克解释了原因,他说,如果一个外国的国有企业想要购买欧洲的港口、欧洲的能源基础设施或者国防技术公司,这个过程必须透明,要有审查和辩论。需要知道我们的后院在发生什么,从而可以在必要的时候保护我们共同的安全,这是一项政治责任。在容克之前,法国总统马克龙在同年6月的欧盟峰会上也曾强势表态:"我支持自由贸易,但我并不天真。"他主张在欧盟层面设置外资投资监管机构,以"保护欧洲企业应对不公平的竞争"。德国经济部对外经济司司长文德林（Karl Wendling）在2019年4月接受媒体采访时透露,欧盟的外资收购审核机制有望在年底出台。他也主动与"天真"划清界限,他说,我们欢迎外国投资,但是我们也不会太天真。

与美国一样,欧盟对外资审核体制的加强同样指向了中国。在2000年之前,中国对欧盟的直接投资非常少,每年的投资流量都在2000万欧元以下,几乎没有超过100万欧元的项目。随着中国企业国际竞争力的提升,特别是在欧债危机的背景下,欧洲制造业的优质资产成为"价值洼地",受到越来越多中国投资者的青睐。根据彭博社的统计,从2008年至2018年,中国在欧洲购买或投资了至少3180亿美元的资产,比在美国的投资多出了45%。中国企业对欧洲在人工智能等高科技领域,以及电网、港口等基础设施的收购,引发了欧洲人的疑虑。2017年2月,德、法、意三国政府就联名致信欧盟委员会,建议在欧盟层面建立外资审查制度,防范欧洲的核心高科技企业被收购。三国在建议中特别强调,如果非欧盟投资者的收购不符合市场经济原则,欧盟应该进行干涉,比如,背后有政府的战略指引,收购资金有政府支持等。作为回应,2017年9月13日,欧盟委员会主席容克在欧洲议会的国情咨文中提出了相关提案,拟设立审查外国对欧盟的直接投资的制度框架。根据该立法提案,欧盟委员会被授权基于公共安全和公共秩序的原因审查特定的外商投资项目,欧盟委员会有权要求成员国提供审查程序所必需的任何信息。欧盟委员会虽然没有权力直接否决相关交易,但可以向成员国提出意见,成员国有义务听取欧盟委员会的审查意见,如不同意,则需提供合理解释。欧盟委员会有权审查的领域涉及面非常广泛,其中包括被欧盟立法涵盖并与关键基础设施、关键技术或关键原材料有关的交易,比如卫星项目、欧盟地平线2020计划项下的研发领域(尤其是微电子和纳米电子、光电、纳米技术、生物技术、新材料与先进制造系统),以及运输、能源和电信基础设施。

在欧盟27个成员国中目前仅有12个成员国建立有外商投资审查体制,欧盟委员会的立法提案并不要求成员国必须建立审查外商直接投资的机制,但是该提案明确成员国有权审查符合特定标准的外商直接投资,并且为成员国实施审查的范围制定了一份建议清单:关键基础设施,包括能源、运输和通信行业以及数据存储;关键技术,如人造卫星、机器人和网络安全;关键原材料的供应安全;敏感信息的获取与控制。提案还特别说明,在直接投资的相关交易中,如果外国投资者是国有企业或者是为国家所实际掌控的企业时,那么成员国政府尤其要注意是否涉及清单中所列举的领域。无论这一提案最终是否能够得以通过,欧盟及其成员国加强外国直接投资的审查是大势所趋,欧洲的"天真"已经是一去不复返。

很明显,中国是欧盟酝酿中的"外国直接投资审查框架"的一个重要针对目标。但欧洲人显然是用过度政治化的有色眼镜来看待中国对欧洲的投资。其实,"延伸价值链"是中国企业投资欧洲最主要的动因,这与中国在特定的国际分工背景下的发展模式密切相关。中国主要是通过加工制造业嵌入国际生产网络而参与国际分工并获得产业发展的,这也是中国融入全球经济参与全球产业链的主要方式,但是中国参与的部分位于全球产业价值链的低端,并没有主导整个产业链,所以,中国企业很难进行将自身优势产业进行海外转移的对外投资。在经过了几十年的发展和积累之后,许多企业随着自身实力的增强具备了向价值链顶端攀升的能力,同时随着中国国内产业结构的调整以及随之而来的产业升级的压力不断增大,许多中国企业将对外直接投资的目光转向了欧盟这样的发达经济体,希望能够进军具有高附加值的上游价值链和建立自己掌控下的销售网络。从"延伸价值链"的视角出发,就不难理解为什么中国企业会对欧盟这样的发达经济体进行直接投资,并且偏好自己并没有竞争优势的现代服务业和高端制造业。这是一种合乎市场原则的企业行为,而非藏有政治目的的国家战略。

相较于试图重新规范实体经济运行的规则在政策界和学术界所引起的巨大反响和激烈讨论,全球虚拟经济层面规则的变化则显得异常低调和悄无声息,但其正在根本性地改变着国际货币体系的运行机制和治理平台。2013年10月31日,美联储、欧洲央行、瑞士央行、英国央行、加拿大央行和日本央行等全球六大央行同时宣布,它们将把现有的临时性双边流动性互换协议转换成长期协议,而且,任何当事央行都可在自己司法辖区内以另外五种货币中的任何一种提供流动性。这意味着,在主要发达经济体之间,一个长期、多边、多币、无限的超级储备货币网络已编织成形。发达经济体央行之间在货币互换平台上的协同一致,很有可能替代以国际货币基金组织为代表的原有治理机制,但是这个全球超级储备货币网络依然把中国排除在外。①

---

① 李扬:《积极应对六国央行货币互换升级》,《中国外汇》2014年第1期。

三、提高中国在全球经济治理中的制度性话语权

西方发达国家正在加速制定和推广新的国际规则,以期最大限度地利用对自身更为有利的、非中性的国际规则来约束或限制竞争对手。这一情形被称为"再全球化浪潮正在涌来"。① 这一"再全球化"的背景就是全球经济格局正在发生的变革,根据 IMF 的最新统计,按照购买力平价计算,2013 年发展中国家 GDP 占全球的 50.4%,超过发达国家。② 哈佛大学教授、美国前财长劳伦斯·萨默斯很好地描述了这种变化背后的重大意义,他认为:在过去三百年的世界历史中,社会主义与资本主义,以及美国与苏联之间的冷战终结是影响力居第三的大事件;伊斯兰世界与世界其他各国的斗争、争论和挑战是影响力居第二的大事件;而以中国为核心的亚洲崛起,其影响力位居第一。工业革命之所以被称为"革命"是因为在 1800 年之前的 2300 年里,人们的生活水平只提高了 50%,而工业革命第一次让人们的生活水平在几十年的时间出现了重大变化。而中国经济的高速增长持续了 30 多年,中国人民的生活水平在不到十年的时间翻了一番,在几乎五年的时间里增长了 10%,这种变化发生在占世界人口五分之一的土地上,涉及数以十几亿计的民众,它对全球经济体系的影响不亚于工业革命和文艺复兴,甚至可能超过后两者,所以萨默斯认为当今这个时代所面临的重大挑战是如何管理大国的崛起。所谓"管理大国的崛起"则是发达国家需要一个"再平衡",以约束和管控中国的崛起对发达国家既得利益格局的冲击。

当前无论是在实体经济层面的国际贸易投资体系,还是虚拟经济层面的国际货币金融体系,新一轮的国际规则调整已经启动。面对这一轮西方国家推动的以重置国际经济规则为核心的"再全球化",中国要成功应对,关键在于提高自身在全球经济治理中的话语权,增强对国际经济规则的影响力和制定权。为此,中共中央十八届五中全会通过的《中共中央关于制定国民经济和社会发展第十三个五年规划的建议》中,特别提出必须顺应我国经济深度

---

① 张宇燕:《再全球化浪潮正在涌来》,《世界经济与政治》2012 年第 1 期卷首语。
② IMF, *World Economic Outlook: Recovery Strengthens, Remains Uneven*, April 14, 2014, p.159.

融入世界经济的趋势,奉行互利共赢的开放战略,发展更高层次的开放型经济,积极参与全球经济治理和公共产品供给,提高我国在全球经济治理中的制度性话语权。全球经济治理中的制度性话语权,是指国家及非政府组织在解决全球性经济问题上设定议题和形成决策、创设和改良规则、解释和适用规则、解决争端和处理危机时的话语理解和运用能力、话语构建能力以及话语说服能力。[①] 提高中国制度性话语权的路径,包含三个方面的能力建设:

第一,理念引领能力。习近平总书记在中央政治局第 27 次集体学习时指出,全球治理体制变革离不开理念的引领,全球治理规则体现更加公正合理的要求离不开对人类各种优秀文明成果的吸收。要推动全球治理理念创新发展,积极发掘中华文化中积极的处世之道和治理理念同当今时代的共鸣点,继续丰富打造人类命运共同体等主张,弘扬共商共建共享的全球治理理念。这为中国在参与全球经济治理中提高理念引领能力指明了方向。许多观察家在论述中国与西方国家关系之时,都习惯将双方之间意识形态和价值理念的不同作为一个既定的约束条件,认为其很难改变,并且也往往把双方之间矛盾分歧归结于此。那么中国和西方国家之间有可能建立共享的价值理念吗? 答案不仅是肯定的,而且中西在共享价值观念的建立方面有着巨大的空间,比如对全人类都具有重要意义的发展理念。欧美国家提出的"可持续的经济增长""包容性的经济增长"以及"创新"等发展理念对中国人而言是非常熟悉的,而中国所提倡的"开放""包容""合作"和"共赢"等理念也反映了新时期世界经济发展的潮流。中国坚持开放精神,做开放型世界经济的建设者。坚持包容精神,推动不同社会制度互容、不同文化文明互鉴、不同发展模式互惠,推动走出一条合作共赢、良性互动的路子。这些体现中国智慧的新理念,为中国参与全球经济规则的制定提供了宝贵的思想源泉,也被各国人民所普遍接受。

第二,方案提供能力。好的理念需要具体可行的方案来承载。近年来,中国的方案提供能力在逐步提高,特别是在推动世界经济增长方面,赢得了广泛的关注。国内外经济学界普遍认为,当前世界经济处于平庸增长的长周期当中,而中国提出的一系列创新理念和采取的务实措施,是灰暗中一抹亮丽的颜色,为全球经济增长贡献了可行的方案。2013 年中国提出"一带一路"倡议,

---

① 左海聪:《协力提高制度性话语权》,《人民日报》2016 年 2 月 16 日。

为增长乏力的世界经济注入新动力。2015年,由中国倡导筹建的亚洲基础设施投资银行引来57个创始成员国,2016年正式运行。亚投行的创建被认为是国际金融秩序的创造性补充与增益,给21世纪的全球经济治理带来新风。在区域贸易安排上,2014年北京APEC会议平台上提出的建立亚太自由贸易区倡议,在2015年获得稳步落实,各项工作有序推进。2015年12月19日,在肯尼亚首都内罗毕落幕的世界贸易组织(WTO)第十届部长级会议取得重要成果,包括全面取消农产品出口补贴,成功结束《信息技术协定》扩围谈判等。世贸组织总干事罗伯托·阿泽维多表示,取消农产品补贴可以说是世贸组织成立20年来在农业领域最为重要的成果,《信息技术协定》扩围全面协议则是世贸组织近20年来达成的第一份有关取消关税的重要协议。中国商务部副部长王受文说,世界贸易组织第十届部长级会议取得丰硕成果,中国在会议谈判中促谈、促成、促和,为大会的成功作出了积极贡献。在推动全球发展领域,中国是名副其实的行动派。中国设立了"南南合作援助基金",支持发展中国家落实2015年后发展议程;承诺继续增加对最不发达国家投资,免除对一些最不发达国家的政府间无息贷款债务;设立国际发展知识中心,同各国一道研究和交流适合各自国情的发展理论和发展实践。

第三,政治操作能力。本国所提出的理念和方案最终落实成为国际规则,话语权才真正转换成"影响力"。这是国际话语权建设的终极目标。这一转换过程需要强有力的政治操作能力,而中国庞大的国内市场是提高政治操作能力最为有效的杠杆。亚当·斯密在《国民财富的性质和原因的研究》一书中主要讨论的问题就是财富从哪里来。斯密给出了一个非常简约但却逻辑严谨的财富增长模型:财富的增加源自劳动生产率的提高,而劳动生产率的提高则依靠劳动分工和专业化,而劳动分工和专业化的出现和发展则必须有一个足够大的市场。假如一个地区居民很少,那么这些居民自己的衣、食、住、行多数情况下都要自给自足,是不可能出现高度专业化的分工的,因为市场狭小,需求有限,专业化的生产反而是不经济的,甚至是浪费。但是假如这个地区的居民人数达到一定规模,专业化所带来的规模化生产就是有利可图的,促使发达的劳动分工的出现。简单说,就是持续的经济增长需要一个庞大的市场来支撑。经济学家将这一增长模型称为"斯密定理"。在争取制度性话语权的过程中,"斯密定理"仍然是起作用的。随着中国经济的发展,中国的国内市场正在发展成为世界上最大的单一市场,这不仅让发展中国家,同时也让西方发达国家的产品更加依赖中国市场。比如德国大众汽车 2013 年在全球的销售量是 970 万辆,而中国市场的销售量就达到了 327 万辆,超过了大众全球销售量的三分之一,是大众汽车在世界上最大的单一市场。未来 5 年,预计中国将进口 10 万亿美元商品,对外投资将超过 5000 亿美元,出境旅游人数将超过 5 亿人次。这些将为世界经济提供更多需求,创造更多市场机遇、投资机遇、增长机遇。这是任何国家都不能忽略的,中国要善于利用国内市场的准入条件,以此为杠杆来提升自身的话语权。

国际话语权成为大国博弈的重要方面

左凤荣

在当今世界面临百年未有之大变局的背景下,国际话语权成为大国博弈的一个重要方面,因为国际话语权不仅是衡量一个国家实力、国际影响力和感召力的重要指标,也是国家参与全球治理的重要抓手,掌握了国际话语权意味着在全球治理中掌握更多的主动权、发言权和影响力。大国是全球治理的主要力量,争夺国际话语权是当今大国博弈的重要方面。

一、争相抢占国际舆论高地,增进本国的国家利益

增强舆论性话语权最重要的是要占有道义的制高点,反映人类社会的普遍利益诉求,推动国际社会随着形势的变化不断改革现行国际秩序规则。工业革命以来,理性与科学取代了宗教信仰,西方所倡导的民主、人权、平等、自由等话语随着列强的扩张也传遍了世界,成为西方主导的国际舆论。但我们也要看到,话语权是国家软实力的体现,西方国家在话语权上占优势,也并非完全靠武力扩张,大英帝国"建立了法律体系,开辟贸易路线,设立了庞大的官僚体制(特别是在印度),建造了铁路网,并让板球走入大众视线"[①]。

西方发达国家在国际话语权方面占有优势,国际有影响力的大众媒体也基本上掌握在西方国家手中。后发展起来的大国感到不掌握国际话语权损害自己的国家利益,比如普京执政后实现了俄罗斯从乱到治的转变,但西方舆论经常批评他搞威权主义,搞专制;再比如北约东扩和美国保留冷战时期的军事

---

① 〔英〕简世勋:《世界不是平的》,第75页。

政治同盟明显不符合当今世界和平发展的潮流,但西方舆论仍能找出许多理由为其进行辩解。特朗普执政以来,完全不考虑其他国家的利益,恶化了大国之间的关系,加强了大国在国际舆论方面的斗争。

特朗普以让美国再次强大为宗旨,以"美国优先"为原则来设置话语议题。特朗普首先强调各国对美国"不公平贸易",要为美国的工人争取自由、公平和互惠的贸易协议,要求其他国家开放市场,向美国的标准看齐。他强调:"我们支持自由贸易,但自由贸易必须公平,必须互惠,因为不公平的贸易最终会使我们大家都受到损害。"①如果其他国家没这么做,美国便采取单方面的惩罚措施,如对其他国家输美商品征收高关税等。特朗普这一主张的实质是质疑现行的国际贸易规则。

特朗普当然也关注许多涉及重大国际问题和双边关系的问题,发表了大量有关议论,他很善于设置话语议题并掌握主动权,吸引着全世界的目光。在中美关系上,他一方面声称与习近平主席关系非常好,非常赞赏习主席领导下中国取得的成就;另一方面又声称中国侵犯了美国的知识产权,对美国设置贸易障碍,对中国挥舞关税大棒。对中国提出的构建中美新型大国关系的倡议特朗普不做正面回应,不断强调中国对美国搞不公平贸易,要求中国开放市场。特朗普的对华政策不合美国历届总统行事的常规,克林顿、小布什、奥巴马等在竞选中攻击中国,但在当政后基本能保障中美关系平稳发展。特朗普则不同,无视中国的善意,努力兑现其竞选时的承诺,在贸易上与中国进行对抗,用其国内法裁决中美经贸关系。

在朝核问题上,特朗普多次攻击金正恩,威胁要武力解决问题。2017 年 1 月 2 日就职前夕,特朗普发推特,批评朝鲜和中国。他写道:"朝鲜说,他们可以打到美国本土的洲际弹道导弹试射已经进入收尾阶段。这绝对不会发生。""中国通过完全一边倒的贸易从美国赚取大量资金和财富,却在朝鲜问题上不帮忙,真好!"在朝鲜坚持核试,并不罢手的背景下,特朗普开始暗示用武力手段解决问题。2017 年 8 月 30 日特朗普在推特上发文称,美国在过去

---

① 《特朗普总统在世界经济论坛上的讲话》https://china.usembassy-china.org.cn/zh/remarks-president-trump-world-economic-forum-zh/?-ga = 2. 34499751. 768826692. 1582528691-1404722576. 1582528691

25年里一直在和朝鲜对话,但"对话并不是(解决问题的)答案"。2017年9月21日特朗普在联大演讲时表示:"现在朝鲜不计后果地谋求核武器和弹道导弹,对全世界构成了造成难以想见的人类生命损失的威胁。""美国有极大的实力和耐力,但如果它被迫要保卫自己及其盟友,我们将别无选择,只能彻底击毁朝鲜。'火箭人'(Rocket Man)是在让他自己和他的政权自取灭亡。美国做好了准备,具备意愿和能力,但希望这是没有必要的。这正是联合国的意义所在;这正是联合国的作用所在。"①

  进入2018年以来,朝鲜态度有变化,朝韩开始对话。2018年5月24日来自中、俄、美、英、韩等五国的20多名记者见证了朝鲜炸毁了丰溪里核试验场的坑道,并拆除相关设施。同时,朝鲜和韩国统一以首尔时间为标准时间。正当大家以为朝鲜会发生全世界最大危机的时刻,朝鲜核危机竟然以这样的戏剧性方式化解了。特朗普致朝鲜最高领导人金正恩公开信,宣布取消原计划6月12日在新加坡举行的美朝领导人会晤。而当世界各国纷纷表示遗憾时,特朗普又宣布会晤如期举行。6月12日特朗普和金正恩在新加坡举行历史性的峰会,敌对了半个多世纪的朝美两国领导人终于坐到桌边会谈。促使美朝领导人坐下来解决持续多年的朝鲜核危机,相关各方都发挥了作用,但不能不承认我行我素的商人特朗普发挥了独特的作用,他的非常规的推特外交使其掌握了主动权。2019年2月,美朝领导人在河内举行了第二次会晤,没有签署任何协议,金正恩千里迢迢前来,却空手而归,自然很失望。朝鲜还是希望通过谈判逐步摆脱严厉的制裁,实现经济的发展,于是同年的6月30日美朝领导人举行了第三次会晤,金正恩与特朗普在"三八线"上进行短暂会面并握手,特朗普还跨越军事分界线来到朝方一侧,成为朝鲜战争结束以来踏上朝鲜国土的首位美国在任总统,双方同意重启谈判。但是,随后的事态发展仍令人失望。2019年12月底特朗普重新对朝鲜发出军事威胁,金正恩则表示朝鲜将继续大力推进保障国家安全的战略武器开发工作,如果美国执意奉行对朝敌视政策,朝鲜半岛无核化将永远不会实现。实践证明,特朗普想通过谈判

---

  ① 《特朗普总统在第72届联合国大会发表讲话》https://china.usembassy-china.org.cn/zh/remarks-by-president-trump-to-the-72nd-session-of-the-united-nations-general-assembly/

迫使朝鲜解除核能力的愿望难以实现。

特朗普改变了美国总统的传统国际话题,不再关心人类的利益。以往的美国总统以世界的领导者自居,以推动人类进步为己任,经常谈的是民主、自由、人权,特朗普虽然也谈这些问题,但不是重点,他要抓实在的问题,关键是美国不能吃亏,不能付出。特朗普重视的是现实的经济利益,他抱怨美国对联合国出资过多,美国退出了TPP(跨太平洋伙伴关系协定)、巴黎气候协定、联合国教科文组织、伊朗核协议、联合国人权理事会等,"退群"意味着不承担国际责任和不用出资。特朗普此举也说明,美国不在乎现行的制度性话语权,而是要求世界接受美国的法律、美国的标准,重新塑造对美国有利的国际机制。从特朗普设置的话语议题看,他根本不管其他国家是什么态度,完全从美国的国家利益出发,服务于其让美国再次强大的目标,其特点是要价高,务实性强,掌握主动性。但从实践效果看,特朗普的话语被许多人当成了不理性的表现,国际社会虽然不得不重视,但争议很大。

在涉及地区热点、国际贸易规则、安全与军控等等国际议题上,俄罗斯和中国也都要表明自己的立场,影响国际舆论。2019年6月中俄两国元首签署的《中华人民共和国和俄罗斯联邦关于加强当代全球战略稳定的联合声明》表示,两国将秉持公平正义,坚持责任道义,体现担当仗义,同国际社会一道,坚定维护以联合国为核心的国际体系,坚定维护以联合国宪章宗旨和原则为基础的国际秩序,推动世界多极化和国际关系民主化,共同建设更加繁荣稳定、公平公正的世界,携手构建新型国际关系和人类命运共同体。中俄作为朝鲜的邻国,对解决朝鲜核问题持相近的立场,自然也要表明自己的态度。中俄认为,军事手段不应该成为解决朝鲜半岛问题的选项,双方以中方关于朝鲜暂停核导活动和美韩暂停大规模联合军演"双暂停"倡议、实现朝鲜半岛无核化和建立半岛和平机制"双轨并行"思路以及俄方解决朝鲜半岛问题分步走设想为基础,提出共同倡议。"双方建议,朝鲜作出自愿政治决断,宣布暂停核爆试验和弹道导弹试射,美韩相应暂停举行大规模联合军演。对立各方同步开启谈判,确定相互关系总体原则,包括不使用武力,不侵略,和平共处,愿致力于实现半岛无核化目标,一揽子解决包括核问题在内的所有问题。在谈判进程中,有关各方以均可接受的方式推动建立朝鲜半岛和东北亚和平安全机制,最终实现有关国家关系的正常化。"①中俄欧都反对美国退出伊朗核协议、退出关于气候变化的《巴黎协议》。

俄罗斯在提高对外话语的影响力、扩大俄罗斯的影响方面下了很大功夫。俄罗斯摆脱了苏联解体之初的困境,随着俄罗斯的重新崛起,普京也越来越自信,要发挥国际社会重要一极的作用。"俄罗斯不是东方的西方,也不是西方的东方,而是独立的。俄罗斯外交应该在东西方、南北方间保持平衡。俄罗斯外交要保持360度的视角,以适应俄罗斯在世界上的新地位。"②普京努力影响国际舆论,对美国的看法和做法提出批评,话题涉及国际秩序、北约东扩、美国的中东政策、对俄罗斯的制裁等。针对美国"通俄门"调查和对俄罗斯的指责,普京多次强调俄罗斯从来没有干涉过美国大选。今日俄罗斯电视台等也批评美西方在科索沃、阿富汗、伊拉克和利比亚、乌克兰等问题上的看法与主张,表达俄罗斯不同于美西方的主张。批评西方支持科索沃侵犯了塞尔维亚的主权,批评美国的单边主义造成了中东的乱局,指责美国绕过联合国单独行动,称其行为是非法的侵略性行动,批评西方在乌克兰问题上无视俄罗斯的利益。2015年9月出兵叙利亚以来,俄罗斯在中东的地位与影响增强,俄罗斯也努力掌握解决这一地区问题的国际话语。关于伊朗问题,俄罗斯强调伊朗问题的核心是美国的施压,俄罗斯反对用军事手段解决问题,认为美军对伊朗动用武力将造成严重后果,地区难民数量将增加,军事手段造成的后果难以预测。在叙利亚问题上,俄罗斯强调要尊重叙利亚合法政府,尊重叙利亚的主权,同时,俄罗斯也强调通过政治手段解决叙利亚问题。俄罗斯、土耳其和伊朗在政治解决叙利亚问题、组建和启动叙宪法委员会方面取得一些进展,并得到了欧洲国家的认同。俄罗斯还同意与法国、德国和土耳其共同讨论叙利亚的局势,寻求政治解决之道。

普京通过"瓦尔代"国际辩论俱乐部每年举行的年会,系统阐明俄罗斯对外部世界的看法,提出俄罗斯的对外政策主张,扩大俄罗斯在国际舆论界的影响。如2015年年会讨论的主题是战争与和平,这显然与乌克兰危机后俄罗斯

---

① 《中国外交部和俄罗斯外交部关于朝鲜半岛问题的联合声明》http://www.xinhuanet.com/world/2017-07/05/c_1121263903.htm

② Дмитрий Тренин: Контурная карта российской геополитики: возможная стратегия Москвы в Большой Евразии. https://carnegie.ru/2019/02/11/ru-pub-78328.

面临的国际环境有关。2016年讨论的是世界未来发展趋势,2017年的主题是"创造性破坏:新的世界秩序将从现有冲突中产生?",2018年的主题是"我们生活的世界:21世纪的稳定与发展",2019年的主题为"东方黎明与世界政治秩序",年度研究报告的题目是《无政府状态的时机成熟或证明——国际秩序的缺失如何促进国家的负责任行为》。总的看,俄罗斯对现行国际秩序是失望的,认为国际社会当前所处的环境即便不是纯粹的无政府状态,也是由既定秩序的溃散到无政府状态转变的过程中,国际社会已没有可能形成新的确定的秩序。这一看法自然也导致了俄罗斯在很多问题上的我行我素。

俄罗斯对冷战结束以后西方没有把俄罗斯作为一个平等成员对待很不满意,因此,普京在阐述俄罗斯的国际政治观和对重大国际问题的看法时,经常是从批驳西方的主张开始的。普京强调,冷战的结束是意识形态对立的结束,但争端和地缘政治的矛盾并没有消失,所有国家都有自己的利益,竞争一直存在,但这种竞争应该建立在政治、法律、道德标准与规范的框架下,否则将会导致新一轮的军备竞赛,利益冲突将带来严重的危机和悲剧性的后果,全球冲突不可能有最终的赢家。普京对北约不断东扩十分不满,普京对北约的批评最多,他认为北约这样的军事集团已经不符合当前时代的发展,俄罗斯也反对建立一个新的类似于北约这样的军事组织。普京对美国的中东政策也有很多批评,认为美国不但在伊朗核问题上欺骗了世界,还在中东地区扮演着双重角色,在打击恐怖主义的同时也在该地区部署军事人员。普京认为,西方支持科索沃独立,但在克里米亚问题上又制裁俄罗斯,这是搞双重标准,俄罗斯不会接受。对于朝鲜问题,普京呼吁不要把朝鲜逼到墙角,不要威胁使用武力。普京表示,世界本来有机会打开新的历史一页,但在苏联解体后,西方伙伴向全世界输出民主,最终自信变成了巨大的错误,结果令人伤心。目前,在世界政治中,出现了越来越多的自私自利者,不重视国际机构的作用。人类的未来只能是共同的,让世界不发生冲突的责任在于国际社会。联合国需要改革,但改革应该在共识基础上渐进式推行。

俄罗斯的经济总量已经跌至世界第12位,但作为一个有世界影响的大国,俄罗斯也不想失去对世界经济的发言权,俄罗斯主要通过圣彼得堡国际经济论坛传达自己对世界经济的看法,讨论俄罗斯、新兴市场和世界整体而言面临的关键经济问题。2015年第19届圣彼得堡国际经济论坛的主题为"行动起来：为稳定和增长共同努力"，2016年论坛的主题是新经济现实和寻找新经济增长点，2017年论坛以"寻求全球经济新平衡"为主题，2018年圣彼得堡国际经济论坛以"建立信任经济"为主题，2019年论坛以"打造可持续发展议程"为主题。联合国秘书长、印度总理、摩尔多瓦总统、塞尔维亚总统、奥地利总理、日本首相、法国总统、中国国家主席等多个国际组织负责人、国家元首和政府首脑以及部长等出席过该论坛的活动。2019年有来自140多个国家的约1.7万名代表报名出席论坛，许多国家的政商界代表在论坛上就全球和俄罗斯经济面临的挑战、解决办法等方面展开讨论，并借助这一平台寻求合作。

在大国的国际舆论竞争中，中国自然也是重要的主角。改革开放之初，中国走向世界，融入国际体系，但主要是接受国际体系既定的议题、话语和规则。随着国际格局发生的巨大变化，中国正在从一个地区大国崛起为世界强国，从世界的边缘地带走近世界的中心，中国需要深度参与全球治理，为此，中国积极增强自己的国际话语权，提出自己的理念与规则。2013年以来，中国政府积极推行有中国特色的大国外交，提出了一系列顺应世界发展潮流的理念，如"构建人类命运共同体""利益共同体""推动建立以合作共赢为核心的新型国际关系""坚持正确义利观""共商共建共享"等，体现了中国对人类社会整体利益的关切。"中国话语"已经在国际社会产生了很大影响，并开始被国际社会所接受。在提高中国的国际舆论话语权方面，中国主要做的工作：一是对于国际社会面临的许多共同问题，如反全球化、贸易保护主义思潮、气候变化、核安全等，要提出体现中国立场、中国智慧、中国价值的理念、主张和方案。二是努力掌握对中国特色社会主义道路的解释权。提出要用中国的理论研究和话语体系解读中国实践、中国道路，不断概括出理论联系实际的、科学的、开放融通的新概念、新范畴、新表述。中国在改革开放的40年内成功使7亿多人脱贫，对世界经济增长的贡献率达到30%以上，成为130多个国家的最大贸易伙伴，但中国却在西方占主导的国际舆论界经常成为被攻击的对象，这种情况需要改变。三是提出繁荣哲学社会科学，打造中国特色的哲学社会科学学术话语体系。按照立足中国、借鉴国外、挖掘历史、把握当代、关怀人类、面向未来的思路，着力构建中国特色哲学社会科学，在指导思想、学科体系、学术体系、话语体系等方面充分体现中国特色、中国风格、中国气派。

从大国领导人的话语博弈看，谋求本国在国际舆论方面的话语权是其共同的目标。特朗普的话语具有明显的进攻性,普京话语体系最明显的是防守性,批评美国的色彩浓;特朗普关注的主要是经济,普京关注的主要是政治与安全,特别是北约东扩的问题。中国领导人不会明确指出批评对象,更多是对事不对人,主要是正面阐明自己的主张,展现了中国文化传统的宽容与谦和。

二、充分利用各种手段,传播自己的话语

在争取国际话语权方面,话语的内容很重要,但传播的手段同样重要。在这方面,大国也都在努力动用各种资源,通过各种渠道最大限度地吸引听众。特朗普的最大特点是善用新媒体表达自己的意见,普京虽然没有像特朗普那样利用新媒体亲自上阵发声,但俄罗斯的总统网站会及时报道普京的言行,可供全世界想了解普京者查阅,俄罗斯政府、外交部也在推特上注册账号,宣传介绍俄罗斯。俄罗斯还通过创办"今日俄罗斯"电视台反击西方的攻击,消除外国受众对俄罗斯的误解,同时,普京也利用其他一些途径提高自己的国际话语影响力,如每年举办的瓦尔代会议和圣彼得堡经济论坛、东方经济论坛、普京的年度大型记者招待会、普京与民众直播连线,以及多边和双边外交活动等。

欧美发达国家在当今世界上拥有主导性话语权,很大程度上是因为他们的媒体具有超强的传播能力。西方的大众媒体起源早发展快。在印刷类媒体中,世界上发行量较大、影响力较强的报纸和杂志基本上都来自于美国和英国。美国的《新闻周刊》和《时代杂志》出版不同语言的版本,在国际新闻报道中有较高的国际影响力。在图书出版中,英语类图书的出版和发行量占据着绝对优势。以美联社为首的西方主流国际通讯社占据了国际新闻传播的制高点。据联合国教科文组织的一项调查,在20世纪70年代,世界各国媒体采用的国际新闻80%是由美联社、路透社、法新社提供的。[①] 迄今为止,这三大通讯社仍是国际新闻的主要来源。以美、英为代表的西方传媒巨头在支配着全

---

① 刘肖、董子铭:《媒体的权利和权力的媒体——西方媒体在国际政治中的角色与作用》,中国社会科学出版社2017年版,第44页。

球国家广播格局,美国之音、BBC、法国国际广播电台等的传播范围覆盖世界各地。发达国家的媒体之所以受到其他国家的重视,很大程度上在于这些国家的媒体都是以独立、自由的面目出现的,被认为是不受政府控制的中立者,被认为是相对客观的。当然,实际情况并非如此。西方发达国家还有发达的教育系统,特别是高度发达的高等教育和科研,为西方媒体提升传播技术和管理水平提供了基础。西方发达国家的50家跨国媒体公司占据了世界95%的传媒市场。以美国为首的西方发达国家还主导了世界文化市场,美国大片风靡全球。

在当今这个新媒体时代,因特网和社交媒体在当今大国话语之争中发挥着重要作用。发达国家特别重视发挥新媒体的作用,美国技术先进,是新媒体最早出现的国家,脸书、推特等新媒体的崛起对张扬其话语权起了非常大的作用。特朗普充分利用了新媒体,以较少的投入取得了出乎意料的效果。特朗普是大国首脑中最会利用社交媒体的领导人,这很大程度上是因为其参选总统成功主要得益于新媒体的力量。特朗普借助推特来表达自己的看法,还有一个重要原因是新媒体具有迅速快捷的特点。2017年1月就职以来,由于特朗普与主流媒体关系不好,媒体经常把批评的矛头对准特朗普,时不时揭露特朗普的"丑闻","通俄门"未熄,逃税问题又被揭露出来。特朗普不是努力与主流媒体搞好关系,而是主要通过自己发推特来表达话语,为自己的政策辩护,或者转移人们的注意力。特朗普搞的"推特外交"被一些人看成是不严肃的表现,也引发了国际社会一些舆论的讽刺和耻笑,但特朗普并无任何改变,他平均每天在社交媒体上发表七条推文。当然,贵为美国这个世界一流大国的总统,特朗普也是各国媒体追逐的对象,主流媒体也是他表达话语的重要途径。此外,国务院发言人、国际多边舞台也是特朗普表达话语不可忽视的途径。他的许多政策主张也是在多边外交舞台提出的,如在汉堡G7会议上,特朗普重申"公平贸易"的主张与欧洲国家的自由贸易主张进行交锋。在加拿大G7会议上,特朗普提出了一个G7国家经济一体化计划,主张七个发达国家相互之间实现零关税、零补贴、零壁垒,这显然是向WTO机制的重要挑战。在2018年联合国大会上,他大谈美国优先,攻击社会主义,在2019年联大上他又反对全球主义。

现在世界上的主要媒体基本掌握在发达国家手中,普京在稳定俄罗斯局势后,便采取措施打破西方传媒的优势。2005年建立的"今日俄罗斯"电视台不断发展壮大,2012年以后其宣传的重心从增进让世界对俄罗斯的了解转到宣传俄罗斯对国际事务的观点和看法,对重大国际问题,如乌克兰危机、叙利亚战争、北约东扩等,阐明俄罗斯的主张,批驳和讽刺西方的看法,并加大对西方国家社会问题、政府渎职、企业不负责任和民主制度失灵的报道,直接挑战西方的价值观。为了更好地传播俄罗斯的主张,2013年底,俄新社、"俄罗斯之声"广播电台、"今日俄罗斯"电视台合并成立了"今日俄罗斯"国际新闻通讯社,试图将之打造成新闻舆论的"航母级"新平台,以"打破美国人对英语媒介的垄断"。"今日俄罗斯"还很重视利用新媒体,在推特、脸书、谷歌等西方社交平台上建立频道主页,其超高的人气引起了西方媒体的注意。在国际热点问题上,如巴以冲突、斯诺登事件等,总能看到"今日俄罗斯"的独特报道。普京也多次接受该台的独家专访,在叙利亚、同性婚姻等问题上表达自己的话语,反驳西方的攻击。

俄罗斯举办的几个论坛也成为俄罗斯表达自己国际话语的主要平台。2004年举办的瓦尔代会议,起初的意图是建立一个国际专家平台,使外国学者有机会从俄罗斯精英代表那里得到有关俄罗斯国家与社会发展的最权威、最可信的信息。随着"瓦尔代"影响力的提升,普京决定将之打造成对全球事务发挥影响力的平台,开始亲自参加作主题演讲,并邀请政界人物出席,这一论坛越来越变成就国际焦点事件和议题进行讨论的平台。圣彼得堡国际经济论坛和东方经济论坛的影响也越来越大,这两个论坛不只谈俄罗斯经济,也谈世界经济,谈地区合作。在这些论坛上,普京除了讲话外,还与嘉宾和听众自由互动,展现自己的领袖魅力,常常以自己的幽默、坦诚和直率征服与会者。

普京还注意利用西方媒体表达自己的话语。美国著名导演奥利弗·斯通利用两年时间拍摄了四集纪录片《普京访谈录》,反映了两年内普京和斯通进行的多次面对面、话题丰富的对话,2017年6月12日该片在美国有线电视频道Showtime播出。《普京访谈录》涉及话题广泛,从介绍苏联的解体,俄罗斯的背景介绍,到"基地"组织、车臣战争、北约东扩、反弹道导弹、核武器问题、同性恋问题、乌克兰危机、斯诺登事件、国内民主问题、俄罗斯军费开支、叙利亚问题、黑客攻击美国大选等问题,普京巧妙而灵活地向观众展现了这些事件的前因后果和俄罗斯的态度,同时针对外界的一些误解和批评,普京也做了解释和回应,普京也展现了其魅力和领袖气质,这是普京对西方世界进行的一次很好的公关和宣传。

中国也充分利用多种渠道提升自己的国际话语权,如主场外交、多边外交舞台、开设针对境外受众的媒体、销往境外的文化新产品等等。在俄罗斯举办的那些论坛上,也总能听到中国的声音,西方举办的论坛上也有中国人的身影,如每年一度的慕尼黑安全会议。中国的发展对世界的影响越来越大,世界也越来越关注中国。中国对有些西方国家的抹黑诽谤要做出回应,更需要正面阐述中国倡议和中国理念。值得注意的是,虽然中国的国际传播能力有限和国际关系理论研究落后,但国家实力在增强,中国领导人的活动和中国的政策走向受到国际社会的广泛关注,利用国际有影响的媒体对中国领导人外交活动的关注,通过领导人之口传播中国的国际理念,不失为中国话语权建设的有效途径。中国领导人亲自承担作为话语"推广者"的责任,大大提高了这些话语的受关注度和权威性。

面对新兴国家在国际舆论界的影响日益扩大,美国和西方国家也在进行打压。俄罗斯斥巨资打造的"今日俄罗斯"曾在西方取得了很大成功,但引起了西方的警觉。以"今日俄罗斯"电视台为代表的俄罗斯媒体成为美、法等西方国家猛烈抨击的对象,它们被认为是克里姆林宫干涉西方大选、动摇西方政治基础的重要宣传武器,是西方世界面临的巨大威胁。2015 年 6 月,欧盟战略传播行动规划把目标定为:提高欧盟有效传播和预测的能力,重点处理外来的虚假信息活动并予以应对,以及在东部邻国改善总体的媒体环境。欧盟在欧盟对外行动署(EEAS)内设立了东方战略传播行动组,专注于俄罗斯的虚假信息宣传。行动组每周发布"虚假信息评论"和"虚假信息摘要",借助新媒体对此进行回击。2016 年 7 月欧盟安全问题研究所提供的报告《战略传播:东方与南方》认为,"俄罗斯的信息战已被证明是相当有效的:尽管内容常常是粗糙和欺骗性的,其传送却是老练的、对准目标的、针对不同受众而量体裁衣式的,并能够利用欧盟的弱点。"欧盟加强了对俄罗斯媒体的应对。2016 年 11 月,欧盟号召各成员国采取措施集体抵制来自第三方的宣传,甚至把以"今日俄罗斯"为代表的俄罗斯媒体与恐怖组织相提并论。为抵制俄罗斯的宣传攻势,由美国政府资助的电视新闻频道"现在时间"电视台正式开播,向包括俄罗斯、乌克兰等 11 个曾经是苏联加盟共和国的国家提供全天候俄语节目。

2017年6月美国大西洋理事会发布《应对俄罗斯的混合威胁》报告,其描述的混合威胁包括四类:低级别武力运用、网络、经济和政治胁迫以及颠覆、信息战。该报告认为俄罗斯自2014年以来变得越来越激进,其采取的混合战行动综合使用了政治、外交、信息、网络、经济、隐蔽手段和低级别武力运用等方式,打击的目标不仅包括其邻国,还包括欧洲国家乃至美国。报告提出,"为有效应对俄罗斯的信息战,应制定一个信息战略,以确立针对俄罗斯影响别国民主选举活动的全面响应机制;开展舆论战,追查俄罗斯发布造谣信息的源头,并向民众公开。"2017年10月,美国社交平台"推特"禁止俄罗斯媒体"俄罗斯卫星通讯社"(Sputnik)和"今日俄罗斯"(RT)在其平台上刊登广告,指责这两家媒体企图干预美国大选。11月初,美国司法部以冻结员工银行账户为威胁,要求"今日俄罗斯"电视台的美国频道以"外国代理人"机构进行司法登记。

面对西方的限制政策,俄罗斯也进行了报复。2017年11月25日,俄总统普京正式签署了针对媒体"外国代理人"地位的法律修正案。根据新修订的法律文本,获得外国或境外组织财政资助的媒体将被定为"外国代理人",外国资助是指获得"外国政府及其国家机关、国际及外国组织、外国公民、无国籍人士或者其授权人,以及从上述来源获得资金的俄罗斯法人的资金或财产"。需要指出的是,新法案暂未涉及含有外资股份的俄媒企业及媒体记者,目前仅针对外媒编辑部的法人代表。俄总统已授权"外国代理人"地位的认定将由俄联邦司法部全权负责。11月15日至16日,俄司法部已向"美国之音""欧洲自由电台""自由电台""实况"频道以及区域项目"自由电台""克里米亚现实""西伯利亚现实""Idel现实""高加索现实"和"真实伯爵"共10家外媒发送信件,并通告其可能被认定为"外国代理人"。

美国也对中国媒体进行打压。2018年,美国司法部曾要求新华社和CGTN(中国环球电视网)的美国业务按照《外国代理人登记法》注册为"外国代理人"。2019年2月18日,美国国务院宣布将新华社、CGTN、CRI(中国国际广播电台),以及《中国日报》和《人民日报》在美国的发行商等5家中国媒体作为外国使团列管,根据美方相关规定,这5家媒体必须披露他们的人员名单、雇用和解雇决定,并向美国国务院登记他们在美租赁或拥有的房产,在租赁或购买新的美国房产前,也须事先获得美方批准。随着形势的发展,大国的媒体战还会继续打下去。

三、重视增进在全球治理中的制度性话语权

大国在全球治理中发挥着重要作用,各国努力争取国际话语权,目的也是使舆论性话语权所反映的诉求通过一系列机制性安排,成为国际通行规则,形成制度性话语权。舆论性话语权往往是为制度性话语权服务的,能够提出切合本国利益的理念,明确、清晰地表达自己的立场、观点和态度,进而掌控议程设置权和规则制定权。西方媒体的话语优势不仅仅反映在信息的流量和流向中,更表现在议题设定和评判标准方面,通过意见表达和提供理念影响甚至主导国际规则的制定,是国际话语权最为核心的部分。提高国际话语权的本质是使舆论性话语权所反映的诉求通过一系列机制性安排,成为国际通行规则。

西方大国在国际话语权上仍处于强势地位。以美国为代表的西方发达国家,凭借其政治、经济、军事和文化优势,掌握着国际舞台的话语权,使国际社会在价值取向、法律体系、制度安排、舆论导向等方面,更多地体现着发达国家的意志和利益。威斯特伐利亚会议是近代国际关系的起源,与封建时代外交不同的是,资本主义时代重视规则和制度性机制的建设。威斯特伐利亚会议、维也纳会议等国际会议制定了许多规则,也规范着各国的外交行为。进入20世纪以来,英法美主导召开了凡尔赛会议、华盛顿会议等国际会议,建立了凡尔赛—华盛顿体系。第二次世界大战结束前后,美国、英国和苏联主导召开了雅尔塔会议、波茨坦会议等一系列国际会议,商讨建立了一系列机制。美国以其超强的实力,设计了联合国、国际货币基金组织、世界银行、关贸总协定等一系列国际制度,反映了以美国为首的发达国家在全球经济治理中的地位和话语权。如关贸总协定遵循了英国凯恩斯的互惠自由贸易主义,最惠国待遇、反倾销、反补贴等规则主要源于美国国内法,体现了美国的贸易扩张理念。

制度性话语权反映的是一个国家在国际机制中的地位与作用,直接决定了一个国家在国际制度中的代表权、发言权、投票权等具体权利。国际货币基金组织的主要职能是维持国际货币体系的稳定,其总裁人选都出自于欧美发

达国家。在投票权方面,虽然2008年金融危机后进行了改革,发达国家向新兴市场和发展中国家转移份额2.8个百分点,但美国的投票权并没有任何改变,仍然拥有至关重要的一票否决权,核心议题始终由美国掌控和把关。与国际货币基金组织相对应,世界银行自建立以来领导人一直都由美国总统提名,多由美国人担任。世界银行的投票规则在2010年进行改革,发达国家向发展中国家共转移了3.13个百分点的投票权,但美国在世界银行的表决权也没有任何改变,美国始终掌握着否决权。在国际货币基金组织和世界银行的规则中美国有高比例的投票权,也决定了其掌握着这两大经济组织的话语权。美国的霸权地位很大程度上就是靠这些制度体系维持的。

近年来,以美国为首的西方发达国家受众多内部问题的困扰,全球治理的意愿在下降,美国频繁"退群",退出了巴黎气候协定、联合国教科文组织、伊朗核协议、联合国人权理事会、中导条约等,"退群"意味着不承担国际责任和不用承担相关费用,国际社会治理的赤字突出,但这并不表明西方强国在放弃国际制度性话语权。相反,美国利用自己的强大实力,以国内法对其他国家的企业进行"长臂管辖",把自己的规则强加于世界。在国际贸易领域,美国对国际机制采取了"有利则用,无利则弃"的实用主义态度,破坏世界经济秩序的正常运行。特朗普政府无视世界贸易组织规则,以"国家安全"为由对其他国家输美商品征收高关税,推行贸易霸凌主义,挑起贸易争端。

从当代世界的全球治理情况看,以国际法为基础的以联合国为核心的国际机制、人类追求和平与正义的共同价值理念,保障了战后国际社会的和平与发展,发达国家在其中的制度性话语权起了重要作用。在当今世界大变局下,国际话语权的态势也在发生变化。由于新兴国家的崛起与发展,西方发达国家在现行国际机制中的作用和地位也在相应下降,特别是在中美发生经贸争端的背景下,改革WTO规则的问题被提上了日程,欧美国家都有自己的诉求,中国也在制定自己的方案。此外,随着科技进步和社会发展,还有一些新的领域需要制定国际规则。如在互联网领域,中国提出共同构建和平、安全、开放、合作的网络空间,建立多边、民主、透明的国际互联网治理体系。

随着实力的提升,中国需要增强在全球治理中的制度性话语权。2018年7月,习近平在金砖国家工商论坛上的讲话中强调,中国主张"要坚定支持多边贸易体制,继续推进全球经济治理改革,提高新兴市场国家和发展中国家代表性和发言权。不管是创新、贸易投资、知识产权保护等问题,还是网络、外空、极地等新疆域,在制定新规则时都要充分听取新兴市场国家和发展中国家意见,反映他们的利益和诉求,确保他们的发展空间"。① 中国一方面推动现有国际机制的改革,特别是推动国际货币基金组织和世界银行的改革,增加以中国为代表的发展中国家的制度性话语权;另一方面也积极创设国际组织和机构,如亚行、金砖国家新开发银行,在上海合作组织框架下建立了一系列经济合作机制。同时,中国还重视参与新疆域规则的制定,及向国际组织输送高级人才的工作,增加中国人在国际组织中任职的比例。

俄罗斯也很重视国际机制和国际组织。普京从周边做起,积极推进独联体、集体安全条约组织、欧亚经济联盟等机制的建设,俄罗斯计划把欧亚地区的合作建立在大欧亚伙伴关系的框架下。俄罗斯与越南、印度等都建立了机制性合作。在所参加的国际组织,如金砖五国机制、上海合作组织、联合国等机制内,俄罗斯也努力发挥大国作用。

在当今世界大变局下,国际话语权的态势也在发生变化。以美国为首的西方发达国家由于内部问题多,全球治理的意愿在下降,但这并不表明西方强国在放弃国际话语权,他们要更新话语,重塑规则。因此,在全球治理领域,对国际话语权的争夺仍是大国博弈的重要内容。

总之,话语权的争夺是大国竞争的重要方面。当今世界是一个各国间相互联系、相互依赖日益紧密的世界,大国要发挥作用需要得到他国的认同,掌握和控制世界舆论,增强话语权是大国软实力的重要体现。在大国增强自身话语权的博弈中,国家领导人起着重要作用,因为媒体、记者实际上也更关注大国领导人的言论,大国领导人通过自己的话语传达符合一个负责任大国形象内容的话语效果更好。新媒体的作用不可忽视,随着互联网的发展,新媒体快捷、迅速、更易于被受众接受的优势明显,能够灵活运用自然有助于传播自己的国际话语权,特朗普的成功很能说明问题。说得好还要做得好,话语背后的道义很重要。俄罗斯领导人不断为自己在克里米亚和乌克兰的行为辩护,但在美欧人的眼里,克里米亚和乌克兰问题是俄罗斯悍然侵犯主权国家领土

---

① 习近平:《金砖国家要为构建人类命运共同体发挥建设性作用》,《习近平谈治国理政》第三卷,外文出版社 2020 年版,第 448 页。

完整、践踏当地人民独立自由造成的,俄罗斯的宣传战并没有改变他们的看法;俄罗斯在克里米亚搞的公投违反了国际法,破坏了乌克兰的主权和领土完整,克里米亚归俄是无效的;俄罗斯在乌克兰东部挑动了分离主义势力的叛乱,是不能容忍的。欧洲人担心,俄罗斯的这些强硬举动会威胁到东欧各国的安全,所以不能"绥靖"俄罗斯,不能放纵俄罗斯的"扩张"倾向。关于马航MH17飞机被击落导致298人遇难事件的调查称,证实击落MH17的"山毛榉"导弹发射自乌克兰东部叛军控制的顿涅茨克州小镇佩尔沃迈西克附近地区,导弹系统从俄罗斯进入乌克兰叛军控制的地区,击落客机后返回了俄罗斯。尽管俄罗斯对此予以否认,但并不能改善俄罗斯在西方的形象。在表达话语时还要注意掌握度,不可锋芒过露,曾有不少人惊叹于"今日俄罗斯"的成功,但当西方看到俄罗斯的宣传动摇了其价值观时,便对其进行了反击和围堵,使其很难再发挥重要作用。从俄罗斯的教训看,还是与世界为善比较有利于创造有利于国家发展的舆论环境。特朗普的许多话语违背历史发展的潮流,反映了美国奉行强权政治的本质,但因其实力仍然处于超强的地位,别国尚缺少对其的制约,随着国际格局的深刻变化,这种情况会有所改变。增强国际话语权,需要顺应历史潮流,符合国际规范,更要有大国的责任感和人类关怀。

十八大以来中国提升国际话语权的探索与举措

孙敬鑫

国际话语权是通过话语的形式,展示国家形象、获取国际影响、维护国家利益的能力。党的十八大以来,以习近平同志为核心的党中央比以往更重视国际话语权问题。习近平总书记多次强调,要加强话语体系建设,着力打造融通中外的新概念新范畴新表述,讲好中国故事,传播好中国声音,增强中国在国际上的话语权,还提出了"话语权决定主动权"等理念。中国提出增强自己的国际话语权,主要是从两个维度着手的:一是从话语体系角度谈国际话语权,二是在全球治理领域特别是经贸规则制定的角度谈国际话语权。本文将其分为理念性话语权、制度性话语权、事务性话语权和传播性话语权四个层面。

一、中国在国际话语权建设方面的探索

新中国成立到改革开放前的三十年,中国理念性话语权比较强,提出了诸如"和平共处五项原则""三个世界"等理念,但由于特定的国家环境,中国的制度性话语权很弱,事务性话语权整体较弱,传播性话语权更弱。改革开放以来至本世纪前十年,中国不断融入国际社会,制度性话语权取得显著进步,事务性话语权也得到了一定提升。党的十八大以来,中央明确提出了加强国际话语权建设的要求,比如,2013年12月,中央政治局举行集体学习,强调"要努力提高国际话语权";2016年2月,习近平总书记在党的新闻舆论工作座谈会上强调,"建立对外传播话语体系,增强国际话语权"。在顶层设计的推动下,中国在国际话语权的四个层面均有明显提高。

理念性话语权反映的是一个国家发挥引导力和占据道义制高点的能力。话语权天然与话语有关联,但话语权的核心是有理论支撑的、有具体内涵的概

念或范畴,单纯的语词很难获得话语权。纵观历史,西方提出的"民主""人权""自由"等理念,在过去几百年时间里,长期占据着国际话语权的主导地位。近年来,习近平总书记利用国内外重大场合发表演讲及媒体撰文等方式,密集提出了许多理念性话语。他多次提出并阐释了人类命运共同体理念,以和平合作、开放包容、互学互鉴、互利共赢的丝绸精神为指引的共建"一带一路"倡议,以合作共赢为核心的新型国际关系理念,建立平等相待、互商互谅的伙伴关系理念,推动经济全球化朝着均衡、普惠、共赢方向发展的理念,和平、发展、公平、正义、民主、自由的全人类共同价值观,创新、协调、绿色、开放、共享的新发展观,共商、共建、共享的全球治理观,义利兼顾、义大于利的正确义利观,共同、综合、合作、可持续的新安全观,平等、互鉴、对话、包容的文明观,开放、融通、互利、共赢的合作观,对话而不对抗、结伴而不结盟的国际交往观,等等。这些思想和理念,整体上赢得了国际社会的广泛关注和认可。当代中国与世界研究院,自党的十八大以来连续开展中国国家形象全球调查,其中也涉及海外受众对这些理念的认知度及认可度的调查。2018年度的调查数据显示,在海外20多个国家,"一带一路"的整体认知度达到了20%,在印度、日本、意大利等国家的认知度甚至达到40%及以上;六成左右的海外受访者认为"人类命运共同体"理念对个人、国家、全球治理具有积极意义。①

制度性话语权反映的是一个国家在国际机制中的影响力和决策力,它主要通过代表权、发言权、投票权、议程设置权等具体权利得以实现。相较倡议和号召,规则和制度的影响力、约束力、引导力自然更高。今天,国际话语权争夺的焦点首先是规则的制定权,然后才是道义原则上的"谁说的话更在理"。②中国在逐渐走近世界舞台中央、与世界深度融合深度互动的过程中,已经逐步从国际制度、国际规则的接受者、适应者,向塑造者乃至主导者转变。2015年10月,党的十八届五中全会明确提出,积极参与全球经济治理和公共产品供给,提高我国在全球经济治理中的制度性话语权,构建广泛的利益共同体。此后,中国在提升制度性话语权方面,从两个维度同时发力:一是继续加入现有

---

① 当代中国与世界研究院:《中国国家形象全球调查报告2018》http://www.accws.org.cn/achievement/201912/P020191203506190462412.pdf
② 何毅亭:《中华民族伟大复兴与中国话语的崛起》,《学习时报》2019年9月27日。

国际机制,在融入中增加以中国为代表的发展中国家的制度性话语权,做好"存量"文章。例如,通过举办"一带一路"国际合作高峰论坛,强化了中国同共建国家已有的机制对接和完善;通过举办系列主场峰会,促使金砖五国机制、上海合作组织等国际组织以不同形式进行扩员,不断加入网络信息安全、应对气候变化、打击恐怖主义、防范重大传染性疾病等重大议题的讨论与合作,促使这些区域国际组织发挥更大的作用;推动国际货币基金组织、世界银行等国际经济金融组织切实反映国际格局的变化,特别是增加新兴市场国家和发展中国家的代表性和发言权,推动各国在国际经济合作中权利平等、机会平等、规则平等。二是适时创设新的国际组织和机构,增强在制度源头上的话语权,做好"增量"文章。以中国倡议设立的首个全球性金融机构亚投行为例,从2013年10月首次提出到2015年12月正式成立,从倡议到方案,从方案到落地,整个过程都得到了国际社会的积极响应。在决策机制上,中国已明确表示,不刻意追求一股独大,也不寻求一票否决权,这与美国在世界银行和国际货币基金组织中的一家独大形成鲜明对比。亚投行既是"南南合作"的典范,也完全有机会成为"南北合作"的典范。国际货币基金组织前总裁克里斯蒂娜·拉加德在复旦大学演讲时就表示:由中国牵头的亚投行备受追捧,说明中国已具备领导世界经济的能力。① 此外,中国还推动建立了中东欧"16+1合作"、"中拉论坛"、"澜湄合作机制"等。

事务性话语权反映的是一国在解决实际问题中的能力。争夺国际话语权不只是为了获得"多说"的机会,也不只是为了提高说话的分贝,而是要在解决实际问题上有更大的影响力和公信力。西方国家占据话语权优势,一个很重要的因素就是,绝大多数全球性问题、地区性问题他们都积极参与其中,甚至别国的内政问题,他们也要插手。长期以来,相比西方国家,中国更善于把事情做好,而不太善于把故事讲好。中国通过积极参与地区性和全球性问题的解决,用实际行动彰显了中国力量,赢得了话语权。比如,在朝鲜半岛问题上,中国支持推进半岛问题政治解决进程,为实现半岛无核化和地区长治久安发挥了积极建设性作用;在南海问题上,中国灵活处理了与菲律宾、越南等国

---

① 王丽琳:《IMF总裁拉加德在沪演讲 亚投行受捧彰显中国领导力》http://shzw.eastday.com/shzw/g/20150321/u1ai146477.html.

家的双边热点问题,避免了南海问题受到过多外部因素和多边因素的干扰;在气候变化领域,中国积极履行大国责任,特别是在美国退出《巴黎协定》后,中国深入参与全球气候环境治理,发挥了重要作用;在维和领域,截至 2019 年 5 月,中国累计派出联合国维和人员近 4 万人,成为安理会五常中派出维和人员最多的国家;在对外援助方面,新中国成立 70 多年来,中国共向 166 个国家和国际组织提供近 4000 亿元人民币援助,为 120 多个发展中国家提供了力所能及的帮助。此外,中国积极推动落实联合国 2030 年可持续发展议程,在二十国集团杭州峰会期间,首次将发展议题纳入全球宏观政策协调框架之内,得到了广大发展中国家的赞誉和好评。作为世界第二大经济体,中国对全球 GDP 增量的贡献率已连续 10 年超过 30%。通过上述扎实的对外实践,中国在越来越多的全球性和地区性问题上不可或缺,相关各方也越来越重视中国的态度和做法。

理念性和制度性话语权是静态的,事务性和传播性话语权则是动态的。不仅如此,传播性话语权往往是为前述三个层面的话语权服务的,它能够把一国的理念主张传播得更远,把一国的制度规则解释得更清楚,把一国解决问题的能力展示得更生动。环顾全球,正是由于西方在传播能力和传播渠道方面的优势,所以他们往往占据"道义制高点",具有议程设置和决策主导权,握有解决问题主导权。有力的传播,离不开渠道和内容的相互配合、相互催化。党的十八大以来,我们在这两方面都取得了显著进展。在内容方面,丰富多彩的中国故事被广泛发掘和传播。习近平总书记不仅多次对讲故事作出重要论述,提出"讲故事是国际传播的最佳方式","讲好故事,事半功倍",更是一位讲故事的高手。每次会谈、演讲、撰文,习近平都会讲述生动有趣又思想深刻的故事,大大拉近了与海外受众的距离。这可以从人民日报社组织编写的《习近平讲故事》一书中一睹风采。除了领导人外,中国的新闻发言人、国际新闻评论员、专家学者、文化交流使者和出境人员"五支队伍",也成为对外讲好中国故事的骨干。为了方便海外受众集中了解中国故事,2019 年 9 月,由新华通讯社主办的"讲好中国故事,传播好中国声音"为宗旨的对外传播工作创新性、基础性平台——"中国好故事"数据库正式上线,向世界展现真实、立体、全面的中国。数据库收录了超过 6 万条精彩故事,从"精忠报国""愚公移山"的传统故事,到"我将无我""不忘初心"的新时代故事,成千上万个中国好故事成为展现"中国精神""中国智慧""中国力量"的生动载体。① 在渠道方面,中央媒体作出很大努力,相关媒体按照《2009—2020年我国重点媒体国际传播力建设总体规划》要求,不断增强国际传播能力建设。2016年12月31日,多语种、多平台的媒体集群——中国国际电视台(CGTN)正式开播。习近平总书记提出要求,中国国际电视台(中国环球电视网)要坚定文化自信,坚持新闻立台,全面贴近受众,实施融合传播,以丰富的信息资讯、鲜明的中国视角、广阔的世界眼光,讲好中国故事、传播好中国声音,让世界认识一个立体多彩的中国,展示中国作为世界和平的建设者、全球发展的贡献者、国际秩序的维护者良好形象,为推动建设人类命运共同体作出贡献。② 目前,主流媒体融合发展如火如荼,2019年1月25日,中央政治局就全媒体时代和媒体融合发展举行集体学习,推动构建全媒体传播格局。《人民日报》、新华社、中央广播电视总台在海外社交媒体上的账号粉丝量均已超过千万计,甚至超越了美联社、CNN等西方主流媒体,《领导人是怎样炼成的》《习主席来了》等短视频在海外社交媒体上引发强烈关注。

二、中国国际话语权建设面临的内在短板与外部压力

与当前占据国际话语权的主要国家相比,我国在议题设置、话语体系、渠道平台等方面还有明显短板。作为一个经济增长速度换挡期、结构调整阵痛期、前期刺激政策消化期"三期叠加"影响持续深化的大国,作为一个日益走近世界舞台中心的大国,作为一个真正参与国际话语权的博弈时间不久的大国,面对正在发生历史性变化的当代中国与世界的关系,中国的国际话语权和话语竞争能力还处于相对弱势的地位,距离"国际影响力领先"还有相当差距,自身和外部都有不小的挑战。

缺少融通中外的话语体系。毋庸讳言,国内哲学社会科学主流话语大都

---

① 《"中国好故事"数据库上线》,《新华每日电讯》2019年9月28日。
② 《习近平致中国国际电视台(中国环球电视网)开播的贺信》http://www.xinhuanet.com/politics/2016-12/31/c_1120226957.htm。

来自西方,中国原创的核心概念不多。很多学者还是习惯用西方的那套话语和理论解释中国的实践,把西方理论神圣化,把中国问题简单化,在现实中常常削中国实践之足,适西方理论之履。此外,我们对外讲述的故事还不够生动,在国际交流中说教色彩过浓,说理还比较简单生硬,这些都阻碍了融通中外的话语体系的生成和传播。再者,我们对中国对外话语体系的国际接受度问题还缺少研究。中国文化延绵不断5000年,我们养成了引经据典的习惯,言必称孔子,但西方人没有那么悠久的文化,很难理解,这在无形中为讲述中国故事构筑了一堵墙,对此,我们还需要细化研究。

议题设置的能力还有待提高。虽然我们的意识在不断提升,但依然缺乏跨文化传播的技巧和能力,我们想说的和国际社会关注的有机结合方面有待提高。面对一些重大国际问题时,我们评论和报道的角度,发声的时机,对事件背景的挖掘等,还无法满足国际社会的关切,甚至无法像今日俄罗斯、半岛电视台等媒体那样设置国际事务议程。在涉港问题上,面对西方一些政客和媒体借香港"修例风波"炒作攻击,我国在议题反制上还有很大压力。在涉疆、涉藏等问题上,虽然我国在2019年通过适时推出《新疆的反恐、去极端化斗争与人权保障》等白皮书和《中国新疆 反恐前沿》等纪录片,发挥了很好作用,但要从根本上扭转议程设置的被动局面,避免跟着别人的指挥棒起舞,还有很多工作要做。

缺少强有力的传播渠道。传统媒体方面,我们的中央媒体还与美联社、路透社、法新社、《纽约时报》、《经济学人》等有一定的距离,特别是在自身影响力、公信力和权威性以及讲故事的技巧方面,仍有较大距离;市场化社交媒体方面,我们的抖音、微信等还与脸书、优兔等有较大差距,特别是在英文依然是强势全球语言的大背景下,中国声音、中国故事"说了传不开""传了听不懂"的现象依然存在。在非洲和拉美很多发展中国家,中国媒体的落地率还比较差,例如,在拉美大国巴西,还没有一家真正"落地"的中国媒体,这就严重影响了中国声音在巴西、在拉美的传播。

中国在不断发展的过程中,难免会面对"树大招风""树欲静而风不止"的困扰。近年来,西方国家对华焦虑和不安越来越强烈,利用强大的话语优势、传播优势和技术优势,不断对华开展宣传战和舆论战。2016年12月,时任美国总统奥巴马签署了《反宣传法案》,根据该法,美国专门建立了一个反宣传中心,"反制来自俄罗斯、中国和其他国家的政治宣传与谣言"。此前的11月,欧盟议会通过了《欧盟反击第三方宣传的战略传播》决议案,虽然没有明确针对中国,但对我们的潜在影响不可忽略。

受外部环境影响,当前我国还面临着比较严峻的舆论形势。各种版本的"中国威胁论"接踵而至,"中国崩溃论""中国责任论""中国在非新殖民主义论""中国发展不确定论""锐实力"等论调轮番或同时登场。仅围绕共建"一带一路"倡议,外界就炮制了"破坏规则论""债务陷阱论""地缘扩张论""经济掠夺论""风险不可控论""抢夺饭碗论""产能污染论"等十余种论调,少数国家甚至通过抛出替代方案进行搅局,或者打压其他国家加入"一带一路"建设的努力。在中美贸易摩擦问题上,"中国失败论""中美脱钩论"等论调也此起彼伏。在中国全力抗击新型冠状病毒期间,美国《华尔街日报》竟然发出了题为"中国是真正的东亚病夫"的文章[①]。我们努力对外发出自己的声音,但往往缺少"回音""回声""回响",更缺少"附和""跟唱",中国话语的分量、影响力还不能与西方发达国家相提并论。

三、提升中国国际话语权的思考

中国特色社会主义进入新时代,中国与世界的关系也随之进入到新时代。中国对世界的影响,从未像今天这样全面、深刻、长远;世界对中国的关注,也从未像今天这样广泛、深切、聚焦。[②] 实践一再证明,国际话语权不会自然地掉到我们头上,而是需要通过抓好议题、找好平台、用好规则、做好工作,来培育和争取。我们应以舍我其谁的责任担当,高举道义旗帜,奋力提升话语权。[③] 党的十八大以来,中国的国际话语权有了很大提升,但挨骂的问题并没有得到根本解决,还需要我们继续努力。总结历史经验,对比西方发达国家的

---

① Walter Russell Mead, China Is the Real Sick Man of Asia, *The Wall Street Journal*, Feb 3rd, 2020.
② 中华人民共和国国务院新闻办公室:《新时代的中国与世界》http://www.scio.gov.cn/zfbps/ndhf/39911/Document/1665428/1665428.htm.
③ 华春莹:《占据道义制高点 提升国际话语权》,《学习时报》2019年7月12日。

一些做法,我们还需要加强以下五个方面的工作。

第一,要夯实话语基础。硬实力是话语权的基础,有实力才有地位,有地位才能有无声的国际话语权。围绕国际话语权的大国博弈,其实质是依托国家发展成就、国家综合国力的国际竞争。西方话语权处于优势与强势,并不是因为政治制度、发展模式、生活方式等本身有多么先进,而是因为有强大的硬实力,长期以来,西方将强大的硬实力通过一系列安排与布局,经由各类方式、多种渠道充分体现出来。从美国的经验看,话语权背后起作用的主要是国家实力,是美国的身份和地位。国家实力不会自动带来国际话语权的提升,但增强国际话语权还是需要以国家实力为基础的。① 作为一个新兴大国,中国争取国际话语权,离不开以综合国力的提升为根基。一方面,我们需要继续增强中国的硬实力,提升我们说话的底气,挺直我们说话的腰板;另一方面,也要善于在运用硬实力、转化硬实力上,多下功夫,争取把中国特色社会主义的发展优势真正转化为理论优势,把中国科学理论的道义优势转化为舆论引导的话语优势。近年来,随着我们减贫扶贫工作成效的显现,我们在治理贫困领域乃至整个人权领域的话语权就得到了明显提升,联合国秘书长古特雷斯对中国扶贫事业给予了高度评价,他说"过去10年,中国是为全球减贫作出最大贡献的国家"。新加坡《海峡时报》网站刊登文章写道:如何在不利的条件下创造成功,如何将发展中国家的问题转化为可能的解决方案,以及如何利用一国特有的知识体系应对挑战,在这些方面,中国都是教科书般的案例。

第二,要协调好话语主体之间的关系。官方是争夺国际话语权的主体,但媒体、智库和民间组织等也发挥着重要的作用。这四类主体的话语天然具有差异,有时还可能会出现相互矛盾。以"一带一路"的话语体系构建为例,围绕"一带一路"倡议的属性、内涵及外延等,官方话语体系通过领导人讲话及中央文件表述,已经非常明确、相对稳定,但相比之下,国内媒体和学界的报道及研究,没有及时跟上官方话语的更新步伐,且产生了更为多元的解释体系和角度。比如,尽管对多样的学理探讨应该鼓励,但有些基本事实的错误,如对沿线国家数量和路线图的反复讨论,导致互联网上的相关数字和地图不少于

---

① 左凤荣、刘勇:《发达国家在国际话语权建设方面的主要经验》,《中国浦东干部学院学报》2020年第1期。

十个不同的版本,这就在一定程度上对外界产生了误导。因此,为了更好地让外界理解中国,需要尽可能地把各方面的话语做到协调一致、相互配合。要坚持官方对官方、智库对智库、民间对民间、媒体对媒体的原则,官方的声音要做到权威响亮,智库的声音要专业精准,民间的声音要体现个性,媒体的声音要全面平衡。如此,我们才能形成不同"声部"的"大合唱"。

第三,要努力提高话语质量。作为话语权最直接的依托,话语的质量如何,直接影响到国际话语权的强弱。我们要从生产话语和翻译话语两个环节去提高话语的质量。我们要加强理论支撑,增强话语的"厚度"。西方国家在当今世界的话语优势地位,与其发达的人文社会科学提供的学理基础分不开。冷战结束后流行的"民主和平论""文明冲突论""历史终结论""普世价值论""修昔底德陷阱"等,都是专家们通过鸿篇巨著首先进行论证,然后才成为流行的国际话语。同样,我们党和国家事业的每次重大突破和飞跃,也都得益于科学理论的武装和指引。我们要着眼中国发展实际,围绕全球性重大议题,大胆进行理论探索,争取推出更多的中国理论,展示更先进的中国思想。尤其要加强对习近平新时代中国特色社会主义思想的原创性话语的研究,善于创设世界性议题,善于提炼标识性概念,引导国际学术界展开研究和讨论。同时也要重视翻译质量,提高话语的"跨度"。对外翻译是构建中国国际话语权的基础性工作,可以为中国经验、中国故事、中国方案的准确表达、生动展示和有效传播提供可靠的文本。① 话语质量不高的原因,有别人主观上不愿听的情况,也还有很多听不懂的情况。十二届全国政协委员、中国翻译协会常务副会长黄友义提出,合格的翻译需要具备"三个意识",即语言意识,也就是对中英文语言的把握能力;政治意识,包括政策水平和国际意识;读者意识,也就是要了解和懂得受众思维习惯。中译外队伍的建设十分急迫,需要各方高度重视。② 我们要不断提高对翻译工作不可或缺性的认识,特别是随着共建"一带一路"的持续推进,我们对小语种翻译的需求更加紧迫。

第四,要做好话语传播。话语传播是争夺话语权的关键环节,话语传播力

---

① 杨雪冬:《别让"误译"影响国际话语权建构》,《环球时报》2018年10月30日。
② 黄友义:《〈习近平谈治国理政〉为构建融通中外的话语体系树立榜样》http://cppcc.china.com.cn/2018-06/15/content_52267012.htm。

导致话语影响力,最终决定了话语的归属权。① 当前我们做好话语传播时,亟需解决两个基础问题。一是拓宽传播渠道建设。5G、AI 等新兴技术的兴起与应用,突破了传统媒体在国外落地的障碍和限制,成为展示中国形象、扩大中国影响力、提高中国话语权的重要平台和窗口。特别是国际主流的社交平台,更应该成为我们角逐的舆论场。数据显示,全球最大的视频类社交平台优兔2019 年月活跃用户量超过 19 亿,最大的社交平台脸书用户量超过 20 亿,与此同时,中国商业化媒体的自主社交平台在海外也获得了快速发展,字节跳动的TikTok、快手的 Kwai 以及 YY、腾讯系、阿里系等一众产品都已经出海布局,这些都应该成为我们传播国际话语的重要渠道,不断提升我们在网络空间的话语权。二是要加强对受众的研究。受众是接受话语的主体,也是话语反馈的发出者。只有当话语内容成功传达给话语对象时,话语权的"权力"属性才能体现;只有当话语对象形成话语反馈时,话语的实际效果才能得以体现。我们正面临一个日益分散化、多样化的受众群体。近年来,国内外的多项调查数据一致显示,整体上,海外发展中国家对中国的印象整体好于发达国家,年轻群体对中国的关注兴趣整体高于年长群体。即便在美国内部,共和党与民主党,东部地区与西部地区,工商界与农场主,他们对中国话语的关注度和侧重点也都有较大差异。因此,我们需要在"知彼"上下更大功夫。

第五,要善于进行话语斗争。实现伟大梦想必须进行伟大斗争,破除误解可以通过深化交流、加强理解来实现,但破除傲慢只能通过斗争来实现。一方面,我们要在正确的理论指导下,主动构建中国特色话语体系,用中国话语讲好中国故事、传播好中国声音。只有这样,我们才能抢占世界学术制高点、掌握话语主动权,引导外界受众发现真正的中国,解读客观的中国,打破西方关于中国形象的话语霸权;另一方面,我们要揭露西方的话语的实质和反击其攻击。西方政界、学界中总有一些人因意识形态的不同而敌视中国,或者以"显微镜"放大中国的缺点,或者以"哈哈镜"扭曲中国的形象,或者以"变色镜"颠倒是非黑白。② 对于来自西方国家的话语遏制,我们要开展有理、有利、有节、有力的斗争。通过事实和说理来指出西方话语的霸权式逻辑以及保护主义旧

---

① 王刚、邓卓明:《以中国特色新型智库提升中国话语权》,《中国教育报》2018 年 6 月 21 日。
② 张宏志:《以中国论述说服世界——关于构建中国国际话语权的思考》,《党的文献》2017年第 4 期。

思维,同时也要注意斗争的姿态,要做到快速、及时、专业。要加大对西方话语体系的研究,特别是理解他们攻击中国问题时的表述方式和逻辑,不仅要从意识形态方面进行研究,还应从文化传统、语言产生历史等技术角度研究,只有如此,我们的回应和反制措施才容易奏效,最终避免落入他们的话语陷阱和圈套。

第二编

中国的新理念提升国际话语权

1949年中华人民共和国的建立对国际社会产生了重要影响,和平共处五项原则是新中国向国际社会贡献的重要话语。中国作为世界上最大的发展中国家,为阻止西方强国干涉新独立国家的内政,也为了消除其他国家对中国这个社会主义国家的疑虑,中国率先提出了和平共处五项原则。1954年6月28日,中印两国总理发表联合声明,倡导将和平共处五项原则作为处理国际关系的准则。此后,中国同很多国家建立外交关系时,都写明要遵守这一原则。1957年12月14日联合国大会通过《国家间和平与善邻关系》的决议,明确写入和平共处五项原则,说明新中国倡导的和平共处五项原则已经成为指导国际关系的重要准则。20世纪60年代兴起的不结盟运动也把五项原则作为指导原则。1970年和1974年联合国大会通过的有关宣言都接受了和平共处五项原则。2014年6月28日习近平在和平共处五项原则发表60周年纪念大会上发表讲话,他指出:"新形势下,和平共处五项原则的精神不是过时了,而是历久弥新;和平共处五项原则的意义不是淡化了,而是历久弥深;和平共处五项原则的作用不是削弱了,而是历久弥坚。"[①]和平共处五项原则能被国际社会所接受,主要是因为其顺应了历史潮流,反映了绝大多数国家的呼声。

　　在当今世界面临前所未有之大变局的历史背景下,增强国际舆论话语权最重要的是要占据道义的制高点,反映人类社会的普遍诉求。中国作为一个后崛起的大国,为了创造有利于自身发展的国际环境,需要争取自己的国际话语权,需要回答世界所关注的崛起的中国向何处去,中国将给世界带来什么的问题。

[①] 习近平:《弘扬和平共处五项原则 建设合作共赢美好世界——在和平共处五项原则发表60周年纪念大会上的讲话》,《人民日报》2014年6月29日。

为此,习近平提出了许多反映中国文化特点和中国特色的新理念,如构建人类命运共同体,构建新型国际关系、构建新型大国关系,奉行正确义利观,确立新安全观,等等,这些新理念体现了中国对人类社会整体利益的关切,回应了国际社会对许多共同问题如反全球化、贸易保护主义思潮、气候变化、网络空间管理、核安全等的关切,对提升中国的国际话语权具有重要意义。这些新的理念,是对倡导和平的中国外交传统话语的发展,也是对当今世界发展提出的新课题的回应,体现了中国谋求与世界各国和平相处、共同发展的愿望。这些新理念的传播,使中国在国际话语权方面的弱势地位有所改变,"中国话语"已经在国际社会产生了很大影响,并开始被国际社会所接受。

世界应走向"人类命运共同体"

左凤荣

人类社会发展到今天,地球已经变得越来越小,"地球村"面临的问题很多,需要全球治理和确定新的目标。随着中国的发展与进步,中国的国际影响越来越大,世界期望听到中国的声音,看到中国的方案,习近平所提出的构建"人类命运共同体"理念,是中国对全球治理的崇高目标与追求,也应是世界各国的共同责任和历史使命。"人类命运共同体"这个词在习近平关于对外政策的谈话中是出现频率最高的一个词,在谈到两国关系、周边关系、中国与世界的关系时,他都频繁使用这个词。"人类命运共同体"是从国与国的命运共同体、区域内命运共同体逐渐发展而来的。"人类命运共同体"这个新理念体现了中华文化的和合特质,也反映了当今全球化的潮流,更表达了民众的良好愿望,已经被越来越多的人所接受。

一、"人类命运共同体"是中国对世界的希冀

2010年中国超越日本成为世界第二大经济体,成为世界第一大工业国、第一大出口国和第一大外汇储备国,也是世界上大多数国家的最大贸易伙伴,成为拉动世界经济复苏的重要引擎,在重大国际和地区事务中发挥着越来越大的作用。中国从来没有像现在这样靠近世界舞台的中央,中国与世界的关系也从来没有像现在这样联系紧密。作为一个社会主义大国的崛起,会对世界有什么样的影响,有人担心中国威胁和侵害其利益,有人担心中国重走历史上大国崛起的老路,会挑起战争,中国需要向世界明确表明自己的态度,世界期待着中国的主张。习近平提出的建设"人类命运共同体"这一新理念,鲜明地表明了中国的态度,也可以说是中国为世界的未来提供的方案。

2013年3月23日,习近平作为中国最高领导人首次出访,他在莫斯科国际关系学院演讲时,清晰而明确地向世界表明:"这个世界,各国相互联系、相互依存的程度空前加深,人类生活在同一个地球村里,生活在历史和现实交汇的同一个时空里,越来越成为你中有我、我中有你的命运共同体。"①2013年4月7日,习近平在出席博鳌亚洲论坛年会发表主旨演讲时再次强调,"人类只有一个地球,各国共处一个世界。共同发展是持续发展的重要基础,符合各国人民长远利益和根本利益。我们生活在同一个地球村,应该牢固树立命运共同体意识"。②2013年10月3日,习近平在印尼国会发表题为《携手建设中国—东盟命运共同体》的演讲,他表示中方愿与东盟国家共同努力,"使双方成为兴衰相伴、安危与共、同舟共济的好邻居、好朋友、好伙伴,携手建设更为紧密的中国—东盟命运共同体,为双方和本地区人民带来更多福祉。"③他还具体提出了五项措施:政治上"讲信修睦",经济上"合作共赢",安全上"守望相助",人文上"心心相印",地区机制上"开放包容"。此次演讲把"命运共同体"理念具体落实到了中国与东盟的关系上,"一个更加紧密的中国—东盟命运共同体,符合求和平、谋发展、促合作、图共赢的时代潮流,符合亚洲和世界各国人民共同利益,具有广阔发展空间和巨大发展潜力。"④2014年4月15日,习近平在中央国家安全委员会第一次会议上指出:"既重视自身安全,又重视共同安全,打造命运共同体,推动各方朝着互利互惠、共同安全的目标相向而行。"⑤2020年1月16日,习近平在缅甸媒体发表《续写千年胞波情谊的崭新篇章》中说:"在新时代弘扬和平共处五项原则精神,推动建设相互尊重、公平正义、合作共赢的新型国际关系,努力构建人类命运共同体。"⑥2016年7月1日,习近平在建党95周年庆祝大会上讲话时进一步强调:"中国始终是

---

① 习近平:《顺应时代潮流,促进世界和平发展》,《习近平谈治国理政》,外文出版社2014年版,第272页。
② 习近平:《共同创造亚洲和世界的美好未来》,《习近平谈治国理政》,第332页。
③ 习近平:《共同建设二十一世纪"海上丝绸之路"》,《习近平谈治国理政》,第292页。
④ 同上书,第295页。
⑤ 习近平:《坚持总体国家安全观,走中国特色国家安全道路》,《习近平谈治国理政》,第201页。
⑥ 《习近平在缅甸媒体发表署名文章》http://politics.people.com.cn/n1/2020/0116/c1024-31551397.html

世界和平的建设者、全球发展的贡献者、国际秩序的维护者,愿扩大同各国的利益交汇点,推动构建以合作共赢为核心的新型国际关系,推动形成人类命运共同体和利益共同体。"①表达了中国对推动世界和平与发展的愿望和责任。

构建人类命运共同体是长远的目标,需要从亚洲和周边做起。2014年11月28日至29日中央外事工作会议召开,习近平在讲话中明确了我国对外工作的战略布局,特别强调要切实抓好周边外交工作,打造"周边命运共同体"。2015年3月28日习近平在博鳌亚洲论坛上发表题为《迈向命运共同体 开创亚洲新未来》的主旨演讲,进一步指出,"人类只有一个地球,各国共处一个世界。世界好,亚洲才能好;亚洲好,世界才能好。面对风云变幻的国际和地区形势,我们要把握世界大势,跟上时代潮流,共同营造对亚洲、对世界都更为有利的地区秩序,通过迈向亚洲命运共同体,推动建设人类命运共同体。"他指出,"亚洲命运共同体"包括四大支柱:政治上坚持各国"相互尊重、平等相待",经济上坚持"合作共赢、共同发展",安全上坚持实现"共同、综合、合作、可持续"的安全,文化上坚持不同文明"兼容并蓄、交流互鉴"。② 具体指明了构建"亚洲命运共同体"的路径。周边是中国对外构筑"人类命运共同体"的起点和重点。中国与老挝、柬埔寨等国家明确声明共建命运共同体。2020年习近平首访来到了缅甸,也反映了中国对周边国家的重视,在《中华人民共和国和缅甸联邦共和国联合声明》中宣布,中缅"双方一致同意以建交70周年为契机,弘扬中缅传统'胞波'情谊,深化两国全面战略合作伙伴关系,打造中缅命运共同体,推动中缅关系进入新时代。双方对两国下一阶段各领域交往合作进行了系统规划和部署"。"双方同意,加强共建'一带一路'合作,推动中缅经济走廊从概念规划转入实质建设阶段,着力推进皎漂经济特区、中缅边境经济合作区、仰光新城三端支撑和公路铁路、电力能源等互联互通骨架建设。"③

---

① 习近平:《习近平在庆祝中国共产党成立95周年大会上的讲话》,《人民日报》2016年7月2日。
② 习近平:《迈向命运共同体 开创亚洲新未来——在博鳌亚洲论坛2015年年会上的主旨演讲》,《人民日报》2015年3月29日。
③ 《中华人民共和国和缅甸联邦共和国联合声明》,《人民日报》2020年1月19日。

亚非拉国家向来是中国外交的重要对象,习近平在访问亚非拉国家时也多次提出与之建立"命运共同体"。2014年7月16日,习近平在巴西议会发表演讲时强调,"我们应该倡导人类命运共同体意识,在追求本国利益时兼顾他国合理关切,在谋求本国发展中促进各国共同发展,建立更加平等均衡的新型全球发展伙伴关系。"①2014年7月17日,习近平在中国—拉美和加勒比国家领导人会晤上发表题为《努力构建携手共进的命运共同体》的主旨演讲,他说:"共同的梦想和共同的追求,将中拉双方紧紧联系在一起。让我们抓住机遇,开拓进取,努力构建携手共进的命运共同体,共创中拉关系的美好未来!"②2015年12月4日,在中非合作论坛约翰内斯堡峰会开幕式上致辞时,习近平说:"中非历来是命运共同体。共同的历史遭遇、共同的奋斗历程,让中非人民结下了深厚的友谊。"③2016年1月21日,习近平在阿拉伯国家联盟总部的演讲时说:"中国坚持走和平发展道路,奉行独立自主的和平外交政策,实行互利共赢的对外开放战略,着力点之一就是积极主动参与全球治理,构建互利合作格局,承担国际责任义务,扩大同各国利益汇合,打造人类命运共同体。"④

构建人类命运共同体当然不限于发展中国家,而是需要世界各国人民的共同努力。2016年6月17日,习近平在波兰《共和国报》发表题为《推动中波友谊航船全速前进》的署名文章,强调"中欧应该顺应和平、发展、合作、共赢的时代潮流,深化双方战略合作,加强在国际事务中的沟通和协调,为推进以合作共赢为核心的新型国际关系、打造人类命运共同体作出贡献"⑤。表达了中国希望加强与世界各国团结协作、共同打造命运共同体的愿望。

习近平多次在国际舞台上系统阐述"人类命运共同体"理念。2015年9月28日在出席第七十届联大一般性辩论时,习近平在题为《携手构建合作共

---

① 习近平在巴西国会发表重要演讲《弘扬传统友好 共谱合作新篇——在巴西国会的演讲》,《人民日报》2014年7月18日。
② 习近平:《努力构建携手共进的命运共同体》,《人民日报》2014年7月19日。
③ 习近平:《开启中非合作共赢、共同发展的新时代》,《人民日报》2015年12月5日。
④ 《共同开创中阿关系的美好未来》,《论坚持推动构建人类命运共同体》,中央文献出版社2018年版,第319页。
⑤ 习近平:《推动中波友谊航船全速前进》,《光明日报》2016年6月18日。

赢新伙伴,同心打造人类命运共同体》的演讲中强调:"和平、发展、公平、正义、民主、自由,是全人类的共同价值,也是联合国的崇高目标。目标远未完成,我们仍须努力。当今世界,各国相互依存、休戚与共。我们要继承和弘扬联合国宪章的宗旨和原则,构建以合作共赢为核心的新型国际关系,打造人类命运共同体。"他从政治、安全、经济、文化和环境等五个方面,具体谈了如何打造"人类命运共同体":要建立平等相待、互商互谅的伙伴关系,营造公道正义、共建共享的安全格局,谋求开放创新、包容互惠的发展前景,促进和而不同、兼收并蓄的文明交流,构筑尊崇自然、绿色发展的生态体系。[①] 这一表述发展和深化了联合国的宗旨与原则,这也是习近平首次在国际舞台上系统阐述人类命运共同体思想。2017年1月,习近平在联合国日内瓦总部发表主旨演讲,围绕"世界怎么了、我们怎么办",再一次系统全面地阐述了构建人类命运共同体这一时代命题,提出"国际社会要从伙伴关系、安全格局、经济发展、文明交流、生态建设等方面作出努力"[②]。坚持对话协商、共建共享、合作共赢、交流互鉴、绿色低碳,建设一个持久和平、普遍安全、共同繁荣、开放包容、清洁美丽的世界。2017年12月,在中国共产党与世界政党高层对话会开幕式的主旨讲话中,习近平再次全面论述了"建设一个什么样的世界"和"怎样建设这个世界"的重大问题,提出努力建设一个远离恐惧、普遍安全的世界;一个远离贫困、共同繁荣的世界;一个远离封闭、开放包容的世界;一个山清水秀、清洁美丽的世界。"世界各国人民都生活在同一片蓝天下、拥有同一个家园,应该是一家人。"[③]构建人类命运共同体,就是要各国携手建设一个更加美好的世界。世界各国人民应该秉持"天下一家"理念,彼此理解,求同存异,共同为构建人类命运共同体而努力。

全球治理的重要目标是推动构建人类命运共同体。2015年10月12日,习近平主持中央政治局第二十七次集体学习时指出,全球治理体制变革离不开理念的引领,全球治理规则体现更加公正合理的要求离不开对人类各种优秀文明成果的吸收。要推动全球治理理念创新发展,积极发掘中华文化中积

---

① 习近平:《携手构建合作共赢新伙伴,同心打造人类命运共同体》,《论坚持推动构建人类命运共同体》,第253—254、254—256页。
② 习近平:《共同构建人类命运共同体》,《习近平谈治国理政》第二卷,第541页。
③ 习近平:《携手建设更加美好的世界》,《论坚持推动构建人类命运共同体》,第510页。

极的处世之道和治理理念同当今时代的共鸣点,继续丰富打造人类命运共同体等主张,弘扬共商共建共享的全球治理理念。①王毅外长也强调:"因为面对全球化,挑战是共同的,责任是共同的,命运也是共同的。我们需要找到有效的多边合作框架,共同应对层出不穷的各种挑战;我们需要树立正确的多边合作理念,真正做到大家的事情,大家商量着办。"②

"构建人类命运共同体"也符合人类社会奉行的共同价值。2015年9月29日,习近平主席在第70届联合国大会上提出:"大道之行也,天下为公,和平、发展、公平、正义、民主、自由,是全人类的共同价值,也是联合国的崇高目标。"③和平、发展、公平、正义、民主、自由,是各国人民共同的追求,也是全人类的共同价值,中国的主张,占据了人类道义和时代发展的制高点。

党的十九大报告第十二部分以"坚持和平发展道路,推动构建人类命运共同体"为标题,系统阐述了人类命运共同体思想丰富而深刻的内涵及其时代价值。习近平在这部分一开始就指出:"中国共产党是为中国人民谋幸福的政党,也是为人类进步事业而奋斗的政党。中国共产党始终把为人类作出新的更大的贡献作为自己的使命。"在这部分的结尾他指出:"世界的命运掌握在各国人民手中,人类前途系于各国人民的抉择。中国人民愿同各国人民一道,推动人类命运共同体建设,共同创造人类的美好未来!"④可见,中国共产党提出倡导构建人类命运共同体的目的就是希望为人类作出新的更大的贡献。人类命运共同体思想还专门写进了党的十九大修改通过的《中国共产党章程》,特别强调指出:"推动构建人类命运共同体,推动建设持久和平、共同繁荣的和谐世界。"所以,完全可以说,习近平提出的"构建人类命运共同体"思想是中国共产党人为推动人类社会的进步提出的核心理念。作为一个奉行和平外交、走和平发展道路的社会主义中国,以打造"人类命运共同体"为崇

---

① 《习近平主持中共中央政治局第二十七次集体学习》http://theory.gmw.cn/2015-10/14/content_17342101.htm
② 《跨越东西差异,践行多边主义——王毅国务委员兼外长在第56届慕尼黑安全会议上的演讲》http://mini.eastday.com/a/200216122545362.html
③ 习近平:《携手构建合作共赢新伙伴,同心打造人类命运共同体》,《人民日报》2015年9月29日。
④ 习近平:《决胜全面建成小康社会 夺取新时代中国特色社会主义伟大胜利——在中国共产党第十九次全国代表大会上的报告》,人民出版社2017年版,第57—58、60页。

高目标,体现了社会主义制度的进步性。

习近平提出的"人类命运共同体"是一个内涵与外延不断深化的概念:从地域看,中国在双边、地区、全球层面都提出了构建命运共同体倡议;从涉及的领域看,"人类命运共同体"理念涵盖经济、政治、安全、发展、文明、生态、网络等多个领域,其实质是希望世界各国和平相处,互利合作,利益共享,责任共担,共同打造人类命运共同体,保障中国和世界的发展都有一个和平环境和美好的未来。

二、"人类命运共同体"体现了中华文化传统与现实的紧密结合

"人类命运共同体"思想的提出,既是根植于中华文化和世界历史发展的经验教训,也是对全球化进程的回应,是把历史与现实连接起来的考量,更是指引未来发展的方向标。

首先,"人类命运共同体"是倡导和平的中华文化在当代的反映。王毅外长曾在文章中说:"人类命运共同体理念植根于源远流长的中华文明和波澜壮阔的中国外交实践,契合各国求和平、谋发展、促合作、要进步的真诚愿望和崇高追求,有着深刻丰富的理论内涵。"[①]中华文化博大精深,但其特质是开放、和平、包容的。中华文化倡导"以和为贵""和而不同",具有"海纳百川,有容乃大"的情怀,秉持"天下为公""协和万邦""兼爱非攻""万国咸宁"的政治理念。"命运共同体"理念,是从中华文化中提炼升华而成的一种价值观。中国不认同"国强必霸论",中国人的血脉中确实没有称王称霸、穷兵黩武的基因,也与西方强国倡导利益的外交不同,中国人更讲情,强调的是"亲戚越走越亲,朋友越走越近"。在新中国成立之初,我们就倡导"和平共处五项原则",强调"求同存异"。在全球化日益发展、各国相互依赖不断加深的背景下,国际社会应该超越国际关系中陈旧的"零和博弈",超越危险的冷战、热战思维,避免再走把人类一次次拖入对抗和战乱的老路,要以命运共同体的新视

---

① 王毅:《携手打造人类命运共同体》,《人民日报》2016年5月31日。

角,以同舟共济、合作共赢的新理念,寻求多元文明交流互鉴的新局面,寻求人类共同利益和共同价值的新内涵,寻求各国合作应对多样化挑战和实现包容性发展的新道路。"打造人类命运共同体"是中国作为一个对世界负责任的大国向世界发出的"中国声音"。

第二,构建"人类命运共同体"是社会主义中国要走的一条新路。从工业革命以来,西方列强的崛起带来的是战争与血腥的征服,战争不断,英国打败了西班牙的无敌舰队,拿破仑发动了征服欧洲的战争,美国也曾进行美西战争,两次世界大战与德国的崛起直接相关,日本的崛起打破了东亚的和平秩序,使亚洲人民遭受了极大痛苦。作为世界上第一个社会主义国家的苏联,也未能坚持列宁所倡导的和平发展道路,而是更多继承了沙皇俄国侵略扩张的基因,挑战已有的世界秩序,大搞军备竞赛和军事扩张,先后入侵捷克斯洛伐克和阿富汗,武力扩张消耗了大量国民财富,影响了民众生活水平的提高,招致了最后的失败。近年来,随着中国的迅速发展,国际社会关于"中国威胁论"的声音不绝于耳。中国作为一个有悠久的文明史、曾被列强奴役的新兴国家,作为一个走中国特色社会主义道路的大国,要走出一条新路,跨越所谓"修昔底德陷阱",打破"国强必霸规律",让中国的发展惠及世界。这也是"中国特色社会主义道路"与"苏联模式社会主义道路"的一个重大差别。中国坚持走和平发展道路,主张世界各国和而不同、和谐共生、共同发展。习近平强调:"近代以后的100多年时间里,中国人民无数次经历了战争磨难,更加懂得和平的珍贵。弱肉强食不是人类共存之道,穷兵黩武不是人类和平之计。和平而不是战争,合作而不是对抗,才是人类社会进步的永恒主题。"①2015年9月3日习近平在纪念中国人民抗日战争暨世界反法西斯战争胜利70周年大会上发表重要讲话,强调要以史为鉴,决不能让过去的错误重演,"为了和平,我们要牢固树立人类命运共同体意识。偏见和歧视、仇恨和战争,只会带来灾难和痛苦。相互尊重、平等相处、和平发展、共同繁荣,才是人间正道。世界各国应该共同维护以联合国宪章宗旨和原则为核心的国际秩序和国际体系,积极构建以合作共赢为核心的新型国际关系,共同推进世界和平与发展的崇高

---

① 《习近平在南京大屠杀死难者国家公祭仪式上的讲话》,《人民日报》2014年12月14日。

事业。"①

第三,"人类命运共同体"是对当今时代潮流的回应。冷战结束以来,两大阵营对立局面不复存在,两个平行市场的对立也随之消失,各国相互依存大幅加强,经济全球化快速发展演化,地球变成了"地球村"。"人类命运共同体"理念把握了这个时代潮流,顺应了这个大势。习近平提出,"当今世界正在发生深刻复杂的变化,和平、发展、合作、共赢的时代潮流更加强劲,国际社会日益成为你中有我、我中有你的命运共同体。同时,国际关系中的不公正不平等现象仍很突出,全球性挑战层出不穷,各种地区冲突和局部战争此起彼伏,不少国家的民众特别是儿童依然生活在战火硝烟之中,不少发展中国家人民依然承受着饥寒的煎熬。维护世界和平、促进共同发展,依然任重道远。"②"我们要坚持同舟共济、权责共担,携手应对气候变化、能源资源安全、网络安全、重大自然灾害等日益增多的全球性问题,共同呵护人类赖以生存的地球家园。"③

"人类命运共同体"理念,反映了世界各国和各国人民相互依赖、利益交融、休戚相关的现实,同坚持独立自主的和平外交政策、坚持和平共处五项原则、坚持互利共赢的开放战略、坚持推动建设和谐世界等新中国外交主张一脉相承,同时反映了各国人民追求发展进步的共同愿望,也吸取了不同形式的区域共同体的有益经验,既具有鲜明的中国特色,又蕴含全人类共同价值,是中国对21世纪国际关系理论的重要贡献。在这一理念的指导下,中国与有关国家正在积极推进建设"亚洲命运共同体""中拉命运共同体""中非命运共同体""中阿命运共同体"等。

三、"人类命运共同体"有助于提高中国的国际话语权

持久和平、普遍安全、共同繁荣、开放包容、清洁美丽的世界是令人向往

---

① 习近平:《在纪念中国人民抗日战争暨世界反法西斯战争胜利70周年大会上的讲话》,《人民日报》2015年9月4日。
② 习近平:《弘扬和平共处五项原则,建设合作共赢美好世界》,《人民日报》2014年6月29日。
③ 同上。

的。"人类命运共同体"新理念超越了意识形态的藩篱,反映了世界各国和各国人民相互依赖、利益交融、休戚相关的现实;"人类命运共同体"这一新理念,超越了冷战思维和零和博弈的大国关系传统,体现了正在走向强盛的中国推动世界各国共同发展与进步,与各国人民结成"利益共同体"和"命运共同体",共同促进人类进步的大国责任担当;"人类命运共同体"这一新理念,超越了传统国际关系追求"权力""霸权"的传统,实现这一理念提出的目标需要全世界各类国家共同努力,各国要共商共建共享。

构建人类命运共同体的倡议具有广泛的适应性和高度的包容性,这一重要理念对世界各国各地区、各民族、各文明等都具有普遍意义,反映了人类社会"美美与共,天下大同"的崇高理想和不懈追求,是全人类对和平安全、共同发展、美好生活的共同渴望。构建人类命运共同体的倡议获得了国际社会的广泛认同,越来越成为世界各国人民的普遍共识。2017年2月10日,联合国社会发展委员会通过"非洲发展新伙伴关系的社会层面"决议,"呼吁国际社会本着合作共赢和构建人类命运共同体的精神,加强对非洲经济社会发展的支持"。2018年3月23日,联合国人权理事会第37届会议通过中国提出的"在人权领域促进合作共赢"决议。决议呼吁各国共同努力,构建相互尊重、公平正义、合作共赢的新型国际关系,构建人类命运共同体,强调各国要坚持多边主义,加强人权领域对话与合作,实现合作共赢。构建人类命运共同体的理念多次被写入联合国决议,体现了这一理念已经得到国际社会的普遍认同,成为各国交往的基本原则。构建人类命运共同体的新理念,能够得到国际社会的认同与接受,说明人类存在共同的价值追求,也表明中国的国际话语权在提高。"人类命运共同体"这一新理念取得成功有以下几方面的经验:

第一,中国国家实力的发展为话语权提供了重要保障。话语权不是自然而然形成的,也不是他国赐予的,而是需要塑造、培育和争取。中国的话语之所以有人听,很大程度上是因为中国发展了,中国的影响力增强了,中国对世界经济增长的贡献率已经超过了美国,世界自然关注中国。话语背后是实力的支撑,国家没实力,说话没人听,有了实力不积极进取,也会影响国家利益,不能很好地保障和拓展国家利益。

第二,中国传播这一话语的途径相对柔和。中国并没有像俄罗斯那样,咄咄逼人地挑战他国和人民的价值观,而主要是通过国家最高领导人在双边或多边场所的讲话,让世界了解中国怎么看当今的世界,如何解决当今国际社会面临的共同问题。虽然中国的国际传播能力有限和国际关系理论研究相对落后,但国家实力在增强,中国领导人的活动和中国的政策走向受到国际社会主要媒体的广泛关注,利用国际有影响的媒体对中国领导人外交活动的关注,通过领导人之口传播中国的国际理念,是中国话语权建设的主要途径。中国领导人亲自承担了作为话语"推广者"的责任,大大提高了这些话语的受关注度和话语的权威性。

第三,这一理念顺应了世界发展的潮流。理念能凝聚引领人类变革的强大力量,在于科学把握了世界发展大势,顺应时代发展的潮流。在资本主义大发展时期,荷兰和英国所倡导的理念,对于完善资本主义生产方式起了很大作用。第二次世界大战后,美国所主导建立的国际机制,满足了民众防止世界战争再度爆发的需要。在全球化日益发展、各国利益紧密结合的今天,中国所倡导的这些外交新理念,强调平等协商、合作共赢,强调各国共商共建共享,同样顺应了历史潮流。中国的新理念遵从了世界共同的价值观,旨在推动国际社会的和平与可持续发展,自然会引起更大共鸣,特别是广大发展中国家的拥护。

第四,根植于本国深厚的文化传统。中华民族是爱好和平的民族,在对外交往中主张协和万邦、天下大同,憧憬"大道之行,天下为公"的美好世界。习近平提出的这些外交新理念,体现的是和平、合作、协商的精神,不强加于人,不谋求主导,很好地诠释了中华文化的精髓。习近平的这一外交新理念,凝聚了中华优秀传统文化的内涵,回应了时代的新挑战,为以权力为核心界定利益的传统国际关系理论话语占主导地位的国际社会带来了新话语和新选择。

第五,有落实这一好理念的平台。2013年秋习近平主席提出"一带一路"倡议,就是要实践人类命运共同体理念。"一带一路"并不是中国把自己的意志强加于人,而是努力寻求各方利益的汇合点,通过务实合作促进合作共赢,实现政策沟通、设施联通、贸易畅通、资金融通、民心相通,打造国际合作新平台。中国倡导构建人类命运共同体,并通过共建"一带一路"和亚投行等具体机制,将自身发展经验和机遇同世界各国分享,欢迎各国搭乘中国发展的"顺风车",通过自身发展带动世界共同发展,构建并发展人类利益共同体和命运共同体。

中国不仅是打造人类命运共同体的倡导者,也是实践者、贡献者和先行者,正如王毅外长所言:"作为中国外交创新的核心成果,打造人类命运共同体和实现中华民族伟大复兴一道成为中国特色大国外交追求的目标。在这一目标指引下,确立了以坚持和平发展为战略选择、以寻求合作共赢为基本原则、以建设伙伴关系为主要路径、以践行正确义利观为价值取向的中国特色大国外交理论体系框架,丰富了以习近平同志为总书记的党中央治国理政的理念和方略,成为中国特色社会主义理论体系的重要组成部分。"①中国提出的"一带一路"倡议,是中国向世界贡献的公共品,突出体现了中国为建立"人类命运共同体"的责任与担当。

人类社会的未来取决于今天人们的选择。"人类命运共同体"这个新理念,立足于时代发展的潮流,反映了民众求和平与发展的愿望,是中国承担大国责任、参与全球治理的目标所向。正如王毅外长所说:"习近平主席提出构建人类命运共同体的重大倡议,号召各国超越社会制度、历史文化和发展阶段的不同,共同呵护好人类赖以居住的星球,共同建设好荣损与共的地球村。这一倡议基于天下一家的中华文化传统,体现了对人类未来的深刻思考和人文关怀,既是全球治理的必由之路,也是多边主义的终极目标。不仅为解决当今世界面临的挑战提出了中国方案,也成为中国特色大国外交高举的一面旗帜,我们愿同各国一起,为此做出不懈努力!"②习近平不仅提出了构建"人类命运共同体",还努力把这一新理念变成现实。"一带一路"倡议秉持共商共建共享的原则,与世界各国一道解决世界经济持续发展面临的问题,通过与沿线各国的合作,让那些周边国家搭中国发展的便车,许多国家也确实从中国的发展中得到了实实在在的好处。实现"人类命运共同体"这一崇高目标不是一朝一夕的事,需要一步一步向前走,需要在发展双边关系、周边关系、与发展中国家的关系、与发达国家的关系时,都努力深化务实合作,扩大共同利益,通过"利益共同体",实现"命运共同体"。

---

① 王毅:《携手打造人类命运共同体》,《人民日报》2016 年 5 月 31 日。
② 《跨越东西差异,践行多边主义——王毅国务委员兼外长在第 56 届慕尼黑安全会议上的演讲》http://mini.eastday.com/a/200216122545362.html

反对冷战思维　倡导发展新型国际关系

左凤荣

冷战结束以来的20多年,国际格局从一超走向多强,但冷战思维和冷战时期的影响仍然存在,影响着国际社会的和平与发展。习近平提出以构建合作共赢为核心的新型国际关系,是中国共产党在当前国际格局面临深刻调整、国际规则面临新一轮变革的关键阶段,对"国际关系向何处去"这一时代命题深入思考后形成的重要外交理念。2013年3月,习近平担任国家主席后首访俄罗斯,在俄罗斯莫斯科国际关系学院发表演讲,在提出人类命运共同体这一思想时,首次倡议建立新型国际关系。习近平说:"面对国际形势的深刻变化和世界各国同舟共济的客观要求,各国应该共同推动建立以合作共赢为核心的新型国际关系,各国人民应该一起来维护世界和平、促进共同发展。"[1]俄罗斯是苏联的继承国,对旧型国际关系的危害有切身体会,正是美国与苏联的对抗,耗尽了苏联的国力,制约了苏联的发展,成为苏联解体重要的外部因素。在2014年11月举行的中央外事工作会议上,习近平进一步阐述了中国建立新型国际关系的新理念,他指出:"我们要坚持合作共赢,推动建立以合作共赢为核心的新型国际关系,坚持互利共赢的开放战略,把合作共赢理念体现到政治、经济、安全、文化等对外合作的方方面面。要坚持正确义利观,做到义利兼顾,要讲信义、重情义、扬正义、树道义。要坚持不干涉别国内政原则,坚持尊重各国人民自主选择的发展道路和社会制度,坚持通过对话协商以和平方式解决国家间的分歧和争端,反对动辄诉诸武力或以武力相威胁。"[2]第二次世界大战结束不久,世界就陷入了冷战对峙之中。虽然冷战结束已经近30年了,但冷战的影响依然存在,中国被有些人看成是第二个苏联,

---

[1] 习近平:《顺应时代潮流,促进世界和平发展》,《习近平谈治国理政》,第273页。
[2] 习近平:《中国必须有自己特色的大国外交》,《习近平谈治国理政》第二卷,第443页。

"中国威胁""遏制中国"的声音不绝于耳,这显然不利于世界的和平与发展。中国作为一个负责任的大国,率先提出构建新型国际关系,提出国家之间相处的方式不是对抗或结盟,而应是发展伙伴关系,这对于当今世界具有重要意义。

一、摒弃冷战思维,倡导合作共赢理念

习近平在谈到构建"新型国际关系"时特别强调:"要摒弃零和游戏、你输我赢的旧思维,树立双赢、共赢的新理念,在追求自身利益时兼顾他方利益,在寻求自身发展时促进共同发展。"①近代以来的国际关系理论与国际关系模式,主要是由西方国家主导构建的,反映的是西方国家的利益诉求,也折射出其狭隘的价值观及国际行为模式。在贯穿其中的"丛林法则""弱肉强食""强者为王""赢家通吃"理念推动下,实力、结盟、战争成为贯彻国家政策的工具,侵略扩张、殖民掠夺、大国欺负小国、强国欺负弱国等各种不公平不公正行为,成为近代以来国际关系模式的基本内容。正是帝国主义的这些政策导致了国际矛盾和国际冲突不断升级,甚至爆发了两次世界规模的国际战争。第二次世界大战结束前后所建立的国际秩序,保障了战后长时间的世界和平。70多年来,世界虽然没有再发生世界规模的大战,但也没有消除大国间的恶性竞争和局部热战。美国和苏联进行了长达半个世纪的冷战,美苏的竞争与对抗使许多国际机构无法发挥作用。冷战结束以后,特别是2001年以来,大国在反恐、解决2008年世界金融危机等问题上进行过有效合作,但冷战思维仍然存在,冷战时期的同盟也在延续。2014年乌克兰危机发生以来,大国间的关系在恶化,冲突与竞争的因素上升,不利于世界的和平与发展。2015年9月22日,习近平在美国发表演讲时指出,"历史给我们的一个重要启迪就是,和平发展是人间正道,一切通过武力侵略谋取强权和霸权的企图都是逆历史潮流的,都是要失败的。中国人2000多年前就认识到了'国虽大,好战必亡'的真理。中国历来奉行防御性国防政策和积极防御的军事战略。我愿在此重申,

---

① 习近平:《顺应时代前进潮流,促进世界和平发展》,《习近平谈治国理政》,第273页。

无论发展到哪一步,中国永远不称霸、永远不搞扩张。为表明中国坚持和平发展的决心,我不久前宣布中国将裁军30万。我们愿同各国一道,构建以合作共赢为核心的新型国际关系,以合作取代对抗,以共赢取代独占,树立建设伙伴关系新思路,开创共同发展新前景,营造共享安全新局面。""我们倡导共同、综合、合作、可持续的安全观,是要同地区各国以及国际社会一道,维护好亚太和平和安全。"①习近平提出的构建新型国际关系这一新理念,提出改变传统国际关系中结盟或对抗的现象,提出了建设"对话而不对抗,结伴而不结盟","相互尊重、共同发展"的伙伴关系新思路,这有利于推动国际关系的转型和质变,中国提出的构建全球伙伴关系网的主张得到了世界上绝大多数国家的认同。

在党的十九大报告中,习近平又指出:"中国将高举和平、发展、合作、共赢的旗帜,恪守维护世界和平、促进共同发展的外交政策宗旨,坚定不移在和平共处五项原则基础上发展同各国的友好合作,推动建设相互尊重、公平正义、合作共赢的新型国际关系。"②在中国共产党与世界政党高层对话会开幕式上,习近平指出,"世界各国人民应该秉持'天下一家'理念,张开怀抱,彼此理解,求同存异,共同为构建人类命运共同体而努力。""构建人类命运共同体,需要世界各国人民普遍参与。我们应该凝聚不同民族、不同信仰、不同文化、不同地域人民的共识,共商构建人类命运共同体的伟业。"③在这个充满不确定性的世界上,构建新型国际关系具有重要的现实意义。正如王毅外长指出的:"这是习近平主席总揽世界大势提出的一个重要理念,是中华民族传统文化和新中国外交实践的厚积薄发,是对联合国宪章宗旨原则的继承和弘扬,也是对传统国际关系理论的超越和创新,必将对未来国际关系的发展产生重要和深远的影响。"

用伙伴关系替代结盟关系体现了国际关系的进步,伙伴关系不制造敌人,结盟关系无论怎么声明不针对第三方,仍然要以潜在敌或假想敌为其存在的

---

① 习近平:《在华盛顿州当地政府和美国友好团体联合欢迎宴会上的演讲》,《论坚持推动构建人类命运共同体》,第239、240页。
② 习近平:《决胜全面建成小康社会 夺取新时代中国特色社会主义伟大胜利——在中国共产党第十九次全国代表大会上的报告》,第58页。
③ 习近平:《携手建设更加美好的世界》,《论坚持推动构建人类命运共同体》,第510、513页。

理由。中国坚持国家关系建立在和平共处五项原则基础上,不结盟、不对抗、不针对第三国是重要原则,大国之间既进行战略协作,也进行友好竞争。结伴而不结盟的外交摒弃了西方传统的对抗制衡的观念,扩大了中国的朋友圈。中俄新时代全面战略协作伙伴关系深入发展,中欧积极打造和平、增长、改革、文明四大伙伴关系,推进以协调、合作、稳定为基调的中美关系,加强同周边国家睦邻友好关系,深化同非洲、拉美等地区国家的合作。中国成功主办了中非合作论坛北京峰会、金砖国家领导人厦门会晤、上海合作组织青岛峰会,中拉、中阿战略合作不断深化,"一带一路"倡议得到了欧洲、非洲、拉美和阿拉伯国家的积极响应。

新型国际关系奉行与冷战思维不同的新理念。一是倡导合作共赢,这是新型国际关系最为核心的理念。中国主张构建以合作共赢为核心的新型国际关系,以合作取代对抗,以共赢取代独占,不再搞零和博弈和赢者通吃那一套。新型国际关系就是要放弃传统大国竞争的零和游戏,摒弃你输我赢的冷战思维,强调合作共赢,特别是大国间的合作共赢。"我们应该把本国利益同各国共同利益结合起来,努力扩大各方共同利益的汇合点,不能这边搭台、那边拆台,要相互补台、好戏连台。要积极树立双赢、多赢、共赢的新理念,摒弃你输我赢、赢者通吃的旧思维,'各美其美,美人之美,美美与共,天下大同'。"①二是相互尊重。中国"倡导国际关系民主化,坚持国家不分大小、强弱、贫富一律平等",②"要坚持正确义利观,以义为先、义利兼顾,构建命运与共的全球伙伴关系。"③强调国家之间对话而不对抗,结伴而不结盟,相互尊重、共同发展。三是公平正义。"要摒弃零和游戏、你输我赢的旧思维,树立双赢、共赢的新理念,在追求自身利益时兼顾他方利益,在寻求自身发展时促进共同发展。"④习近平提出的新型国际关系理念为当今世界处理国与国关系提供了新模式,成为中国外交具体政策的新指针,向世界表

---

① 习近平:《弘扬和平共处五项原则,建设合作共赢美好世界——在和平共处五项原则发表60周年纪念大会上的讲话》,《人民日报》2014年6月29日。
② 习近平:《决胜全面建成小康社会 夺取新时代中国特色社会主义伟大胜利》,第60页。
③ 习近平:《为建设更加美好的地球家园贡献智慧和力量——在中法全球治理论坛闭幕式上的讲话》,《人民日报》2019年3月27日。
④ 习近平:《顺应时代潮流,促进世界和平发展》,《习近平谈治国理政》,第273页。

明了中国特色大国外交追求和平与发展、促进合作共赢的本质,有利于国际关系的进步。

二、抓住大国这个关键,推动建立新型大国关系

那些综合实力强、具有全球影响力的大国是决定世界面貌的主要力量。大国关系的良性互动是实现构建新型国际关系目标的重要方面,构建新型国际关系首先必须构建新型大国关系。冷战结束近 30 年来,国际格局发生了重要变化,"一超独大"逐渐被多极化所取代,大国之间的力量更趋平衡,如截至 2019 年,中国在全球拥有的驻外机构 276 个,比美国多 3 个,在大使馆数量上中美两国旗鼓相当,但在领事馆数量方面中国更胜一筹,有 96 个,美国有 88 个。新型大国关系的核心是大国间的协调与合作,是大国的良性互动而不是恶性竞争。习近平特别强调要运筹好大国关系,"推进大国协调和合作,构建总体稳定、均衡发展的大国关系框架。"①"中国重视各大国的地位和作用,致力于同各大国发展全方位合作关系,积极同美国发展新型大国关系,同俄罗斯发展全面战略协作伙伴关系,同欧洲发展和平、增长、改革、文明伙伴关系,大家一起来维护世界和平、促进共同发展。"②王毅外长也强调,"在国际事务尤其是多边事务中,大国发挥着关键作用,承担着重大责任。因此,大国要有大国的担当,不应搞本国优先,而是要维护好各国的共同利益;不应热衷于划分势力范围,而是应努力保持世界的开放性;不应相互对抗拆台,而是要携手维护世界的和平稳定。"③中俄两国元首宣布两国的全面战略协作伙伴关系进入新时代,中美两国同意推进以协调、合作、稳定为基调的中美关系,中国努力促使中美关系走出一条大国合作共赢的新路,中欧积极打造和平、增长、改革、文明四大伙伴关系,重视发展与欧洲大国的关系,加强与欧盟在多领域的合作。

---

① 《中国共产党第十九次全国代表大会文件汇编》,人民出版社 2017 年版,第 48 页。
② 习近平:《弘扬和平共处五项原则,建设合作共赢美好世界——在和平共处五项原则发表 60 周年纪念大会上的讲话》,《人民日报》2014 年 6 月 29 日。
③ 《跨越东西差异,践行多边主义——王毅国务委员兼外长在第 56 届慕尼黑安全会议上的演讲》http://mini.eastday.com/a/200216122545362.html

俄罗斯是中国周边最大邻国和世界大国,两国拥有广泛共同利益,在全球治理问题上有许多共同的看法和有效的合作。俄罗斯主张发挥联合国安理会的作用,希望世界承认其大国地位。普京强调,"五个核大国对人类社会的生存与可持续发展负有特殊责任,五大国需要充分考虑当今国际关系的政治、经济和军事诸方面,应该率先采取行动消除发生全球性战争的前提条件,重新审视对保障全球稳定的立场。"① 中俄两国都重视双边关系的发展,把中俄关系看成是世界上最重要的一组大国关系。中俄关系的顺利发展,不仅符合中俄双方利益,也是维护国际战略平衡和世界和平稳定的重要保障。中俄两国坚定支持对方发展复兴,坚定支持对方维护核心利益,坚定支持对方自主选择发展道路和社会政治制度,中俄务实合作取得重大进展,国际战略协调与合作提升到新高度。2019 年中俄迎来了两国建交 70 周年,以此为契机,中俄两国元首于 6 月 5 日签署了《中华人民共和国和俄罗斯联邦关于发展新时代全面战略协作伙伴关系的联合声明》,宣布实现两国关系提质升级,共同开启中俄关系更高水平、更大发展的新时代。在当今世界面临百年未有之大变局,不稳定性、不确定性因素上升,"黑天鹅"事件、"灰犀牛"事件频发的背景下,中俄关系成为国际关系中最为稳定的因素。

在发展中俄关系时,中俄始终以"不结盟、不对抗、不针对第三方"的原则发展两国的务实合作。目前,美国把中国和俄罗斯都作为战略竞争对手,中美间的战略竞争显著加剧,俄罗斯与美欧激烈对抗,中俄两国间的战略协作水平大幅提升。尽管特朗普与普京从各自的国家利益出发,欲谋求美俄关系的改善,但在美国国内遇到了众多政治阻力,加之美俄之间地缘政治和战略利益矛盾尖锐,美俄关系在短期内难以改善。中美俄三角关系不像冷战时期中美苏三角关系那样具有相互制约的特点,中俄关系的紧密发展不会影响俄美关系,俄美关系的恶化有其自身的逻辑,中美关系的发展也不受俄美关系的影响。中美关系的重心在经济关系和全球治理的博弈上,俄美关系的重心在政治与军事影响的争夺上,中俄关系是全方位的合作关系。但在国际舞台上,中美俄三角关系也存在一定的互动因素。俄美关系的恶化是促使俄罗斯外交"向东

---

① Путин В. В. *Послание Президента Федеральному Собранию*. http://www.kremlin.ru/events/president/news/62582

看"的重要因素,中俄在国际舞台上的密切合作与此也有很大关系。但与奉行零和游戏的大国不同,服务民族复兴、促进人类进步是中国特色大国外交的主线,中国提倡与世界各国合作,共同维护现行国际秩序,推动经济全球化向开放、包容、普惠、平衡、共赢方向发展,反对中美俄之间形成"二对一"的对抗。中美俄都是安理会常任理事国,没有这三个国家的合作,很难解决世界上的任何问题。中国努力利用自己日益增强的影响力和国际运筹能力,引导和塑造中美俄关系的良性互动,引导中美俄关系朝着有利于实现构建人类命运共同体的方向发展。

中美关系的走向令世人瞩目。中美两国合作好了,就可以做世界稳定的压舱石、世界和平的助推器。中美可以也应该走出一条不同于历史上大国冲突对抗的新路,共同努力构建不冲突、不对抗、相互尊重、合作共赢的新型大国关系。美国对中国的快速崛起表示不安,对中国的一系列举措心存疑虑,不断在南海问题、台湾问题、知识产权、贸易逆差等问题上对中国施压。特朗普升级中美贸易摩擦,对中国商品加征关税不断加码,主要针对的是《中国制造2025》中计划发展的高科技产业,包括航空、新能源汽车、新材料等。这表明美国打着贸易保护主义旗号,对中国进行赤裸裸的遏制,企图遏制中国强大。但是,中国的发展并不取决于美国,而取决于中国政府和中国人民。经过一段时间的较量,美国已经认识到施压解决不了问题,两国还是要回到谈判桌前,在尊重彼此利益的基础上解决问题。美国东部时间 2020 年 1 月 15 日,中美双方在华盛顿签署了《中华人民共和国政府和美利坚合众国政府经济贸易协议》,初步解决了两国的贸易争端。

欧洲是多极化世界的重要一极,是中国的全面战略协作的伙伴。中国始终从战略高度看待中欧关系,努力把中欧两大力量、两大市场、两大文明结合起来,共同打造中欧和平、增长、改革、文明四大伙伴关系,提升中欧全面战略伙伴关系的全球影响力,保障世界的发展和繁荣。2019 年习近平首次出访就去了欧洲,到访欧盟的两个重要国家——意大利和法国。在意大利,中意双方签署了共建"一带一路"合作谅解备忘录,意大利成为西方大国中第一个与中国签署这类文件的国家。法国总统马克龙对习近平讲,"法方关注并重视'一带一路'倡议。法方视中方为重要战略合作伙伴,赞赏中方在气候变化等国际事务中发挥的重要作用和所作贡献,愿同中方进一步密切战略沟通与协作,发挥法中全面战略伙伴关系的引领作用,共同维护多边主义,促进世界和平与繁荣。"①2019年9月初德国总理默克尔访华,深化了中德的合作关系。中国是德国最大贸易伙伴,德国将加大对华投资,中德将继续拓展合作领域,促进人文交流。

中国一贯支持欧洲一体化建设,希望欧盟作为一支独立的力量在国际舞台上发挥作用。中国与欧盟都致力于构建开放型世界经济,在反对单边主义、贸易保护主义方面有许多共识。中国与欧盟将继续在联合国事务、世界贸易组织改革、气候变化等重大问题上加强战略沟通和协调。特朗普试图与欧盟、日本结成推进所谓"公平贸易"的联盟,分化中国与欧盟的关系。对此,我们也要予以关注。

大国合作的重要领域在全球治理。第二次世界大战结束前后所建立的维护国际秩序的重要机构——联合国安理会,其原则也是建立在大国合作基础上的。当年美苏的对抗使这一机构的作用大大降低了,在当今的世界大变局下,中国主张积极发挥联合国的作用。习近平指出,"中国秉持共商共建共享的全球治理观,倡导国际关系民主化,坚持国家不分大小、强弱、贫富一律平等,支持联合国发挥积极作用,支持扩大发展中国家在国际事务中的代表性和发言权,推动大国加强在全球治理问题上的合作。中国将继续发挥负责任大国作用,积极参与全球治理体系改革和建设,不断贡献中国智慧和力量。"②中国积极参与全球治理,推动全球治理体系变革,"中国是现行国际体系的参与者、建设者、贡献者,同时也是受益者。改革和完善现行国际体系,不意味着另起炉灶,而是要推动它朝着更加公正合理的方向发展。"③中国强调全球治理是国际社会各国共同的事,要坚持"共商共建共享"原则。中国的主张也得到了欧盟和俄罗斯的支持,普京强调:"现在是时候严肃认真、开诚布公地讨论稳定世界秩序的基本原则和人类所面临的最尖锐问题了。""联合国的创始国应当树立榜样。五个核大国对人类的保护和可持续发展承担着特殊责任。这

---

① 《习近平会见法国总统马克龙》http://www.xinhuanet.com//politics/leaders/2019-03/25/c_1124276580.htm

② 习近平:《决胜全面建成小康社会 夺取新时代中国特色社会主义伟大胜利》,第60页。

③ 习近平:《在华盛顿州当地政府和美国友好团体联合欢迎宴会上的演讲》,《论坚持推动构建人类命运共同体》,第239页。

五个国家应充分考虑现代国际关系的政治、经济和军事各个方面,率先采取行动,消除爆发全球性战争的先兆,制定最新举措,确保世界稳定。"①

随着世界格局的变化,国际体系面临转型,全球治理面临许多新问题新挑战。中国推动全球治理体系变革的基本取向是为包括中国在内的广大发展中国家增加代表性和话语权,使国际秩序更加公正合理。在全球治理问题上,强化大国关系的协调和合作共赢显得十分重要。首先,联合国安理会的五大常任理事国要加强协调与合作,避免大国对抗影响对全球性问题的治理,特别是在制定网络、深海、极地、空天等新领域国际规则方面,更需要大国进行负责任的合作。其次,要重视联合国的作用,积极推动实现联合国千年发展目标,积极应对气候变化等全球性问题。最后,要支持有更广泛基础的二十国集团在经济治理领域发挥积极作用。在全球治理中要体现新型国际关系的原则,倡导各国的合作共赢。

三、提倡发展伙伴关系,构建全球伙伴关系网

伙伴关系是建立新型国际关系的重要途径。在新型国际关系中,没有霸主与盟友,各国都是平等的伙伴。国与国之间,志同道合是伙伴,求同存异也是伙伴,"对话而不对抗,结伴而不结盟","相互尊重、共同发展"。"我们要把互尊互信挺在前头,把对话协商利用起来,坚持求同存异、聚同化异,通过坦诚深入的对话沟通,增进战略互信,减少相互猜疑。要坚持正确义利观,以义为先、义利兼顾,构建命运与共的全球伙伴关系。"②这一伙伴关系新思路,改变了传统国际关系中结盟或对抗的现象。中国已同世界上110个国家和地区组织建立了不同形式的伙伴关系,其中全面战略伙伴关系达到60对,在世界上形成了全方位、多层次和立体化的全球伙伴关系网络,为建设新型国际关系树立了榜样。

---

① Путин В. В. *Послание Президента Федеральному Собранию*, http://www.kremlin.ru/events/president/news/62582
② 习近平:《为建设更加美好的地球家园贡献智慧和力量——在中法全球治理论坛闭幕式上的讲话》,《人民日报》2019年3月27日。

伙伴关系首先从周边国家做起,习近平强调要秉持亲、诚、惠、容的理念处理与周边国家的关系。2013年10月,在周边外交工作座谈会上习近平强调,要谋大势、讲战略、重运筹,把周边外交工作做得更好。中国周边外交的基本方针,就是坚持与邻为善、以邻为伴,坚持睦邻、安邻、富邻,突出体现在提出亲、诚、惠、容的新理念上。这一理念是对多年来中国周边外交实践的精辟概括,反映了中国新一届中央领导集体外交理念的创新发展。同周边国家开展合作时,中国坚持惠及周边、互利共赢的合作理念,多做得人心、暖人心的事,使周边国家对我们更友善、更亲近和更认同,推动建立紧密的利益共同体,让周边国家得益于中国发展,中国也从周边国家共同发展中获得裨益和助力。中国周边外交新理念指导下的周边外交工作取得了明显效果,中国与周边国家的关系持续改善。因2016年南海"仲裁"案受损的中菲和中越关系强劲回暖,领土问题的僵局被打破,发展友好关系和经济合作重新成为主题。日本安倍政府的对华态度发生了明显变化,中日关系走出低谷,高层开始频繁互动。朝鲜半岛局势出现重大变化,中朝传统友好关系得到巩固,受"萨德"问题影响的中韩关系回到了正轨。中印两国领导人在武汉和金奈举行了两次非正式会晤。习近平强调,"无论从哪个角度看,中印都应该是和谐相处的好邻居、携手前行的好伙伴。实现'龙象共舞'是中印唯一正确选择,符合两国和两国人民根本利益。两国应该也完全可以走出一条两个相邻大国友好合作的康庄大道。要正确看待两国间的分歧,不能让它冲淡两国合作大局,同时通过沟通逐步寻求理解,不断化解分歧。"①两国领导人在许多重大问题上达成共识,友好合作成为两国关系的主基调。中日关系的积极变化令人欣慰,在中国抗击新型冠状病毒疫情的过程中,日本的大力援助让我们体会到了邻邦的友好情谊。事实也证明,邻国之间处理好关系符合双方的利益。

在发展与发展中国家的关系时秉承正确的义利观。中国是最大的发展中国家,在帮助发展中国家发展方面承担着大国的责任,也在尽大国的义务,坚持以正确的义利观为引领。习近平指出:"义,反映的是我们的一个理念,共产党人、社会主义国家的理念。这个世界上一部分人过得很好,一部分人过得很不好,不是个好现象。真正的快乐幸福是大家共同快乐、共同幸福。我们希

---

① 《习近平同印度总理莫迪在金奈继续举行会晤》,《人民日报》2019年10月13日。

望全世界共同发展,特别是希望广大发展中国家加快发展。利,就是要恪守互利共赢原则,不搞我赢你输,要实现双赢。我们有义务对贫穷的国家给予力所能及的帮助,有时甚至要重义轻利、舍利取义,绝不能唯利是图、斤斤计较。""要坚持正确义利观,做到义利兼顾,要讲信义、重情义、扬正义、树道义。要坚持不干涉别国内政原则,坚持尊重各国人民自主选择的发展道路和社会制度,坚持通过对话协商以和平方式解决国家间的分歧和争端,反对动辄诉诸武力或以武力相威胁。"①习近平在中非合作论坛上重申,"中国在合作中坚持义利相兼、以义为先。中国相信中非合作的必由之路就是发挥各自优势,把中国发展同助力非洲发展紧密结合,实现合作共赢、共同发展。中国主张多予少取、先予后取、只予不取,张开怀抱欢迎非洲搭乘中国发展快车。"②中国要维护国际公平正义,为广大发展中国家说话,在与发展中国家交往中做到义利兼顾,切实加强同发展中国家的团结合作,把中国发展与广大发展中国家共同发展紧密联系起来。

在全球治理领域,各国也应该是合作伙伴。2016年9月27日,中共中央政治局就"二十国集团领导人峰会和全球治理体系变革"进行集体学习,习近平再次强调,"推动全球治理体系变革是国际社会大家的事,要坚持共商共建共享原则,使关于全球治理体系变革的主张转化为各方共识,形成一致行动。"③中国也在贡献自己的新理念,那就是共商共建共享的全球治理观。面对日益增多的全球性问题,中国作为一个国际影响日益增强的国家,需要有自己的观点和主张。

在国际经济治理领域,中国倡导"开放""包容""合作"和"共赢"等理念,反映了新时期世界经济发展的潮流。2017年初习近平在世界经济论坛年会发表重要演讲,强调要坚定不移发展开放型世界经济。在中国改革开放40周年之际,将坚持互利共赢开放战略写入国家根本大法,反映了中国对合作共赢这一国际社会共同愿望的深刻把握,展现了中国反对保护主义、不搞零和博弈的坚定意志,彰显了中国作为世界和平建设者、全球发展贡献者、国际自由贸

---

① 《中央外事工作会议在京举行》,《人民日报》2014年11月30日。
② 习近平:《携手共命运 同心促发展——在二〇一八年中非合作论坛北京峰会开幕式上的主旨讲话》,《人民日报》2018年9月4日。
③ 习近平:《提高我国参与全球治理的能力》,《习近平谈治国理政》第二卷,第449页。

易秩序维护者的形象。中国坚持包容精神,推动不同社会制度互容、不同文化文明互鉴、不同发展模式互惠,推动走出一条合作共赢、良性互动的路子。在推进中国为促进世界经济发展所提供的公共产品——"一带一路"的过程中,习近平也特别强调要遵循共商共建共享的原则,他说:"应该坚持共商、共建、共享原则。共商,就是集思广益,好事大家商量着办,使'一带一路'建设兼顾双方利益和关切,体现双方智慧和创意。共建,就是各施所长,各尽所能,把双方优势和潜能充分发挥出来,聚沙成塔,积水成渊,持之以恒加以推进。共享,就是让建设成果更多更公平惠及中阿人民,打造中阿利益贡体和命运共同体。"[1]党的十九大通过的新党章提出,"遵循共商共建共享原则,推进'一带一路'建设。"[2]这些体现中国智慧的新理念,为中国参与全球经济规则的制定提供了宝贵的思想源泉。

构建新型国际关系是构建人类命运共同体的重要途径,人类面临着大量的全球性问题,需要各国合作共同解决,构建以合作共赢为核心的新型国际关系是保障人类社会健康稳定发展的可行之策。

---

[1] 习近平:《中国必须有自己特色的大国外交》,《习近平谈治国理政》,第316页。
[2] 《中国共产党第十九次全国代表大会文件汇编》,人民出版社2017年版,第75页。

超越"修昔底德陷阱" 走和平崛起新路

左凤荣

在中国成为仅次于美国的世界第二大经济体之后,美国哈佛大学教授格雷厄姆·艾利森在2015年9月的《大西洋月刊》(*The Atlantic*)杂志上发表长文《修昔底德陷阱:美国和中国正在走向战争吗?》,2017年5月他又出版《注定一战:中美能避免修昔底德陷阱吗?》一书。此后,借用"修昔底德陷阱"来形容中美关系困境的言论越来越多。2017年底和2018年初特朗普政府发布的《国家安全战略报告》和《国防战略报告》,将中国明确定性为"战略竞争对手",2019年6月1日发布的《印太战略》报告,把中国形容为"修正主义国家"。中美贸易争端问题不断升级,许多人担心中美陷入"修昔底德陷阱",开始新的"冷战"。在中美关系的话语问题上,"修昔底德陷阱"似乎成了许多人认可的定论,但中国领导人和许多学者并不认同"修昔底德陷阱"一说,习近平提出中美要建设"新型大国关系"。针对西方以"国强必霸"的思维看待中国,习近平反复强调中国不会走"国强必霸"的老路,要走大国和平崛起的新路。

一、"修昔底德陷阱"源自历史经验而非当今的现实

西方传统的大国关系理论强调的是大国间为了争夺世界霸权而进行的斗争,他们往往以西方以往的经验看待中国的崛起与发展,于是就有了种种"中国威胁论"。美国担心中国未来会取代美国成为世界霸权国,担心中美会陷入"修昔底德陷阱"。哈佛大学教授格雷厄姆·艾利森写道:"在不考虑动机时,当一个崛起国威胁取代现有守成国时,由此产生的结构性压力就会导致暴

力冲突,无一例外。这发生在公元前5世纪的雅典和斯巴达之间,也发生在一个世纪前的德国和英国之间,更是发生在20世纪50年代和60年代的美国和苏联之间,几乎导致了二者之间的战争。"①进攻性现实主义者米尔斯海默也认为,"塑造国际体系的大国相互提防,其结果是争权夺利。实际上,它们的最终目标是去取得凌驾于他国的支配性权力,因为拥有支配性权力是确保自身生存的最好方式。力量确保安全,最大的力量确保最大程度的安全。面对这一驱动力的国家注定因此相互冲突,因为每个竞争对手都想取得压倒他人的竞争优势。这是一种悲剧。"②在他们眼里,"国际政治从来就是一项残酷而危险的交易,而且可能永远如此。虽然大国竞争的烈度时有消长,但它们总是提防对方,彼此争夺权力。每个国家压倒一切的目标是最大化地占有世界权力,这意味着一国获取权力是以牺牲他国为代价的。"③

历史上西方大国在崛起、争夺霸权的过程中,把发动或参与战争、挑起冲突作为谋求国家利益的手段。有学者统计过,"在1815—1980年间,美国参加了八次死亡超过1000人的国际战争,俄罗斯则参加了十九次这样的战争。"④"修昔底德陷阱"这一理论模型在解释过往世界史冲突中屡屡有效。第一次世界大战终结了拿破仑战争之后欧洲历史上的"百年和平",几百万青年血洒疆场,英法两国回击了德国这个新兴帝国企图颠覆欧洲均势、争当世界霸主的挑战。在美国的帮助下,英法等国赢得一战的胜利,重建了欧洲秩序,但这一秩序是战胜国强行安排的,并没有被各国普遍接受。二十年后,德国卷土重来,后起的日本也乘机加入到挑战者的阵营,向英法和美国发起了挑战,全世界几乎都被卷入第二次世界大战。在世界反法西斯同盟的联合打击下,发动战争的德日及其盟国被打败,美国和苏联在第二次世界大战中发挥了重要作用,拯救了欧洲的传统强国,解放了欧洲大陆,使其能够在战争废墟上重建家园。随着第二次世界大战的结束,近代以来的欧洲霸权彻底终结了,欧洲核心

---

① 〔美〕格雷厄姆·艾利森:《注定一战:中美能避免修昔底德陷阱吗?》,陈定定、傅强译,上海人民出版社2018年版,第24页。
② 〔美〕米尔斯海默:《大国政治的悲剧》,王义桅、唐小松译,上海人民出版社2014年版,第36页。
③ 〔美〕米尔斯海默:《大国政治的悲剧》,第47页。
④ 转引自〔美〕约翰·刘易斯·加迪斯:《长和平:冷战史考察》,潘亚玲译,上海人民出版社2019年版,第302页。

区以外的两个超级大国——非传统的欧洲国家苏联和远在北美洲的美国——开始支配世界,英国、法国等传统的欧洲强国沦为世界舞台上的"配角",欧洲被分割为东西两部分,成为美苏冷战对抗的前沿阵地。美苏两大强国之间在政治、经济、文化、安全和意识形态方面进行了长达半个世纪的全面对抗,美苏再次陷入了"修昔底德陷阱",直到苏联解体、冷战结束。

在冷战结束以后很长一段时间里,美国处于一超独大的地位,没有挑战者。2008年金融危机以后,美国和西方国家的实力相对下降,中国成为世界第二大经济体,并与美国一起成为世界上GDP总值超过10万亿美元的国家。中美曾合作共同克服国际金融危机,战胜埃博拉病毒,但特朗普担任总统以来,把中国的崛起当成了美国问题的根源。特朗普身边的心腹、经济智囊纳瓦罗曾在2011年出版了一本书,名为《致命中国——全球对付中国龙》,书中用了大量篇幅论述要"彻底改变目前由中国主导的世界贸易链",认为WTO的很多条款都已经过时且不再对美国有利,美国的就业市场正在被杀死。特朗普很欣赏此人,并将其任命为新的国家贸易委员会主席,他还任命了一批对华强硬分子,中美经贸摩擦不断加剧,地缘战略竞争激烈,战略互疑加深,"修昔底德陷阱"说似乎得到了验证,有人甚至认为,中美两国已经陷入"修昔底德陷阱"。确实,美国已经把中国当成最重要的竞争对手,但这并不意味着中美终将发生战争或其他形式的全面对抗。中国有句俗话叫"一个巴掌拍不响",中国不会与美国进行对抗,中国要走和平崛起的新路,"修昔底德陷阱"的说法已不合时宜。因此,中国要向世界传达自己的话语,改变一些人固有的思维。

当今世界全球化的现实已经把中美两国紧密联系在了一起。美国一些持极端主义观点的人认为,只要对中国施压,提高中国进入美国商品的关税,制造业就会回流美国,事实并非如此。美国关税的大棒伤害的不仅是中国,还有美国,2018年中国自美农产品进口减少到162.3亿美元,同比下降了32.7%,2019年1月至10月,中国自美农产品进口为104亿美元,同比下降了30.8%。正如习近平主席强调的,"现代经济和现代技术把世界连成了一体,中美利益更加交融,双方在合作中会出现一些分歧。只要双方始终把握中美经贸合作互利共赢的主流,始终尊重对方国家尊严、主权、核心利益,就能够克服前进中出现的困难,在新的历史条件下推动中美经贸关系向前发展,造福两国和两国人民。"①中美陷入对抗不符合当今世界的现实,也不符合两国的国家利益。

  当今的大国竞争不再是从前那种以军备竞赛为主,或通过战争战胜对方,世界大国竞争的焦点已经从核武器扩张转向到经济和科技发展。大国力量的此消彼长也是历史上常见的现象。如果中美两国继续按照目前的发展速度走下去,中国或早或晚,在经济总量上必然要超过美国,在人工智能、通信、数字经济、半导体等领域也能与美国相抗衡,这并不意味着中国要取代美国成为世界霸主,在当今的科技条件下,任何一个国家再想居于绝对优势地位已经不可能了。当今大国间的竞争包括政治、经济,以及意识形态,仍是全面的竞争,但不是崛起国取代守成国的关系,而是相互借鉴对方的长处,共同推进人类的进步,共同抗击威胁人类生存的全球性问题。基于对这一历史发展潮流的把握,"中国不认同'国强必霸'的陈旧逻辑。"②中国要走出历史的窠臼,决心走一条新的大国崛起之路。对于中美会陷入"修昔底德陷阱"说,习近平强调的是,中美关系有一千条理由搞好,没有一条理由搞坏,发展中美关系要有战略耐心。"世界上本无'修昔底德陷阱',但大国之间一再发生战略误判,就可能自己给自己造成'修昔底德陷阱'。"③"一个健康稳定发展的中美关系不仅符合两国人民根本利益,也是国际社会的共同期待。对中美两国来说,合作是唯一的正确选择,共赢才能通向更好的未来。"④太平洋足够宽广,容得下中美两国的发展。

  现今大国的经济联系日益紧密、人文文化交流日益发展、共同应对全球性挑战的需求日益增多,在这一时代背景下,今天的中美关系与当年的美苏关系性质完全不同,不再是以结成军事同盟的方式进行全面竞争与对抗的关系。中美两国经济总量占世界的40%、人口占世界四分之一,未来的世界取决于中美两大强国如何相处。中美两国在发展经济、打击恐怖主义、防止大规模杀

---

  ① 《习近平应约同美国总统特朗普通电话》,《人民日报》2019年12月21日。
  ② 习近平:《走和平发展道路是中国人民对实现自身发展目标的自信和自觉》,《习近平谈治国理政》,第267页。
  ③ 习近平:《在华盛顿州当地政府和美国友好团体联合欢迎宴会上的演讲》,《论坚持推动构建人类命运共同体》,第241页。
  ④ 习近平:《中美合作是唯一正确选择,共赢才能通向更好的未来》,《论坚持推动构建人类命运共同体》,第494页。

伤性武器扩散、反跨国犯罪、防止疫情扩散等诸多领域有共同利益。中美两国经济处于全球产业链的不同层次,经济的互补性强,已经形成了"你中有我,我中有你"的局面,中美经济脱钩是痴人说梦。中美只能寻求共识追求双赢共赢,最终会构建起不同于历史上传统大国的"不冲突、不对抗、相互尊重、合作共赢"的中美新型大国关系。

二、中国不是苏联,并没有挑战国际秩序和争当世界霸主

以往大国关系陷入"修昔底德陷阱",都是崛起国对既有的国际秩序不满,做挑战者,由此引起了与守成国的矛盾。许多人习惯于用旧思维看待中国,把中国当成第二个苏联,是现行国际秩序的挑战者。也有人认为,崛起国取代守成国的权力转移进程的终点在于崛起国成功构建出一个以自己为核心的国际秩序。① 从对外政策的理论与实践看,中国并没有挑战现行的国际秩序,这是中国与苏联的实质性区别,也是与历史上那些后崛起大国的不同之处。习近平强调:"近代以来,中国人民蒙受了外国侵略和内部战乱的百年苦难,深知和平的宝贵,最需要在和平环境中进行国家建设,以不断改善人民生活。中国将坚定不移走和平发展道路,致力于促进开放的发展、合作的发展、共赢的发展,同时呼吁各国共同走和平发展道路。中国始终奉行防御性的国防政策,不搞军备竞赛,不对任何国家构成军事威胁。中国发展壮大,带给世界的是更多机遇而不是什么威胁。我们要实现的中国梦,不仅造福中国人民,而且造福各国人民。"② 因此,用西方的国际关系理论看待中国的崛起是行不通的。

第二次世界大战结束 70 多年来,美国所主导的以规则为基础的国际秩序框架造就了大国间无战争的时代,历史学家将其称为罕见的"长和平"。"现有国际秩序是人类历史上最为制度化且制度内化程度最高的国际秩序。现有国际秩序的制度覆盖了国家之间相互交往的绝大部分领域,并成为国家理念

---

① 徐进:《守成国与崛起国:理念竞争、秩序构建与权力转移》,《当代亚太》2019 年第 4 期。
② 习近平:《顺应时代潮流,促进世界和平发展》,《习近平谈治国理政》,第 274—275 页。

的一部分。有鉴于此,现有国际秩序将持续其全球范围内的扩展趋势。特朗普和欧洲右翼势力的兴起都只能放缓,却难以阻止或根本逆转这一趋势。"①中国追求的不是对既有国际秩序中基本制度的挑战,而是通过合作和磋商进行渐进式的、能够被各国所接受并能给发展中国家带来效益的变革。中国是以联合国为核心的现行国际体系的受益者,也是这一体系的有力支持者和维护者。2015年9月22日,习近平在美国发表演讲时指出,"中国是现行国际体系的参与者、建设者、贡献者。我们坚决维护以联合国宪章宗旨和原则为核心的国际秩序和国际体系。世界上很多国家特别是广大发展中国家都希望国际体系朝着更加公正合理方向发展,但这并不是推倒重来,也不是另起炉灶,而是与时俱进、改革完善。这符合世界各国和全人类共同利益。"②中国提出的"一带一路"、亚洲基础设施投资银行倡议都是开放、透明、包容的,"目的是支持各国共同发展,而不是要谋求政治势力范围。'一带一路'是开放包容的,我们欢迎包括美国在内的世界各国和国际组织参与到合作中来。我们积极推动亚太区域经济一体化进程,推动实现亚太自由贸易区目标,是要推动形成自由开放、方便快捷、充满活力的亚太发展空间。"③党的十九大报告也强调,"中国人民的梦想同各国人民的梦想息息相通,实现中国梦离不开和平的国际环境和稳定的国际秩序",中国"始终做世界和平的建设者、全球发展的贡献者、国际秩序的维护者"。④

中国认同当今的国际秩序。有人认为,"冷战结束后,国际秩序的基本特征是西方价值观、西方制定的国际规范和国际制度均居于主导地位。一般而言,西方人称这一秩序为自由国际主义秩序。简而言之,自由国际主义的政治支柱是西方自由民主制度和多边主义外交,经济支柱是市场经济、自由贸易和美元主导,军事支柱是美国的军事霸权地位、盟国网络及其用武力维护这一秩序的决心,思想支柱是威尔逊主义及其哲学基础西方自由主义。"⑤这种说法

---

① 唐世平:《国际秩序变迁与中国的选项》,《中国社会科学》2019年第3期。
② 习近平:《在华盛顿州当地政府和美国友好团体联合欢迎宴会上的演讲》,《论坚持推动构建人类命运共同体》,第239页。
③ 同上书,第239—240页。
④ 习近平:《决胜全面建成小康社会 夺取新时代中国特色社会主义伟大胜利——在中国共产党第十九次全国代表大会上的报告》,第25页。
⑤ 徐进:《守成国与崛起国:理念竞争、秩序构建与权力转移》,《当代亚太》2019年第4期。

并不准确,现今的国际秩序是第二次世界大战结束前后由美苏英等强国构建的,但不能因此就否定它。第二次世界大战与第一次世界大战不同,具有历史的进步性。二战后建立的国际秩序是以联合国宪章为基础的,其出发点是防止再次发生世界大战,倡导尊重各国主权和领土完整,和平解决各国间的矛盾与问题。2001年中国加入WTO,标志着中国完全加入了第二次世界大战以后建立的国际秩序和国际体系。中国的崛起就是在这一秩序下实现的,中国的成功很大程度上得益于中国的改革开放和融入世界经济体系,得益于中国成功地利用了国内国际两种资源和两个市场。

自由贸易秩序是战后国际秩序的重要方面,从关税与贸易总协定发展而来的世界贸易组织是其核心,此外,还有二十国集团(G20)、亚太经合组织(APEC)、区域自由贸易协定等。可以说,中国比以往任何时候都更坚定地支持自由贸易秩序,倒是主导建立这一秩序的美国开始对此表示怀疑,开始构筑关税壁垒。当然,现行的国际秩序没有完全反映国际力量对比的变化,需要进行渐进式的改革,但这一改革不是中国决定的,而是由各国平等协调决定的。习近平强调,"国家不分大小、强弱、贫富,都是国际社会平等成员,理应平等参与决策、享受权利、履行义务。要赋予新兴市场国家和发展中国家更多代表性和发言权。2010年国际货币基金组织份额改革方案已经生效,这一势头应该保持下去。要坚持多边主义,维护多边体制权威性和有效性。要践行承诺、遵守规则,不能按照自己的意愿取舍或选择。"①

中国的和平发展离不开世界的和平稳定与各国的共同发展。中国坚定不移地做地区和世界和平的建设者、维护者,致力于国家间合作的互利共赢,使中国的民族复兴与崛起在根本上区别于传统上的大国崛起。"中国走和平发展道路,不是权宜之计,更不是外交辞令,而是从历史、现实、未来的客观判断中得出的结论,是思想自信和实践自觉的有机统一。和平发展道路对中国有利、对世界有利,我们想不出有任何理由不坚持这条被实践证明是走得通的道路。"②坚持走和平发展道路不仅写入了中国共产党的十七

---

① 习近平:《共担时代责任 共促全球发展》,《习近平谈治国理政》第二卷,第481页。
② 习近平:《走和平发展道路是中国人民对实现自身发展目标的自信和自觉》,《习近平谈治国理政》,第267页。

大、十八大、十九大报告,而且载入了中国共产党党章和《中华人民共和国宪法》。不管国际形势如何变化,"中国将继续奉行独立自主的和平外交政策,始终不渝走和平发展道路,在和平共处五项原则基础上发展同各国友好合作关系。"①

中国坚持和平崛起和走和平发展道路,最大的挑战来自美国。2017年11月特朗普访华,他回国后一个多月,美国发布了特朗普上任以来首个国家安全战略报告,认为美国面临的来自俄罗斯和中国的竞争日渐加剧,称这两个竞争对手"试图挑战美国的影响力和价值观"。这份国家安全战略报告表明美国正把维护国家安全的重点从打击恐怖主义转向对抗中国和俄罗斯。2018年1月特朗普在国情咨文中提出,中国对美国的利益、经济与价值观构成了全面挑战。2018年6月,美国联邦调查局(FBI)局长克里斯托弗·瑞伊指出,虽然俄罗斯仍然需要美国去积极应对,但中国才是美国最广泛、最具挑战性、最严重的威胁。2018年10月,美国副总统彭斯在美国智库哈德逊研究所发表演讲,认为"中国比以往更活跃地使用其力量,来影响并干预美国的国内政策和政治"。2019年美国国会通过的《香港民主与人权法案》和《2019年维吾尔人权政策法案》,都表明了美国把中国当成了主要战略竞争对手,采取了许多对中国发展不利的政策。2019年10月17日晚,美国芝加哥大学教授约翰·米尔斯海默(John Mearsheimer)和清华大学教授阎学通就"管理中美战略竞争"一题在清华大学展开辩论,米尔斯海默表示,可以肯定的是,美国正在发起一场技术战,一场谁在信息领域占主导权的战争,"我想,'中国制造2025'真的使美国高度紧张,它不仅使美国政府人员紧张,还使大量技术领域的美国人紧张。它让美国人认为,中国人要在技术领域'打败'美国了。我想,美国人是不会允许这一切发生的,他们要保持自己在技术领域的优势。"②他的这一看法具有一定的代表性,反映的仍是冷战思维。中国作为一个大国,自然要发展本国的高科技行业,努力攀登科学技术的高峰,这既是中国发展的需要,也是

---

① 习近平:《携手努力共谱合作新篇章——在金砖国家领导人巴西利亚会晤公开会议上的讲话》,《人民日报》2019年11月15日。
② 《米尔斯海默谈香港局势:美国应该离香港远远的》http://news.ifeng.com/c/7qsSSHj58ca

对人类发展的贡献。中国探索太空和深海的奥秘,推动以 5G 为代表的通信技术的发展,其成果并非中国所独享,实际上正是大国之间的竞争与交流推动着科学技术的进步。中国并没有把美国当成对手,习近平主席强调,"中美两国虽然存有一些分歧,但双方利益高度交融,合作领域广阔,不应该落入所谓冲突对抗的陷阱,而应相互促进、共同发展。"①2019 年中美 GDP 合计达 35 万亿美元,占世界 GDP 的比重超过 40%,中美对抗不仅会危及自身的利益,也将对世界经济的发展带来极大的消极影响。习主席在会见 2019 年创新经济论坛外方代表时说:"今天,中国人民充满高度自信,将坚定不移沿着这条道路走下去。我们提出实现中华民族伟大复兴的中国梦,但这个梦绝不是'霸权梦'。我们没有准备去取代谁,只不过是让中国恢复应有的尊严和地位。我们已经取得了辉煌成就,但我们不会在世界上颐指气使,而是继续秉持'和而不同'的传统理念,坚持走和平发展道路,致力于与世界各国开展互利合作。"②因此,美国认为中国崛起是要取代美国成为亚太地区乃至全世界的领导国家的看法是站不住脚的。

在全球化时代,中美两国未来将面临众多难以单独解决的全球性问题,两国应能在解决全球性问题的过程中找到妥协点,寻求合作,避免激烈对抗。在新冠肺炎疫情发生以后,中方及时向世卫组织和美国通报疫情信息,表达了与美国合作的愿望。2020 年 3 月 27 日习近平在与特朗普通电话时表示:"我十分关注和担心美国疫情发展,也注意到总统先生正在采取一系列政策举措。中国人民真诚希望美国早日控制住疫情蔓延势头,减少疫情给美国人民带来的损失。中方对开展国际防控合作一向持积极态度。当前情况下,中美应该团结抗疫。""当前,中美关系正处在一个重要关口。中美合则两利、斗则俱伤,合作是唯一正确的选择。希望美方在改善中美关系方面采取实质性行动,双方共同努力,加强抗疫等领域合作,发展不冲突不对抗、相互尊重、合作共赢的关系。"③只有中美这两个最大的发达国家和发展中国家关系好,世界才能好,才能避免"修昔底德陷阱"与战争的悲剧重演。

---

① 《习近平同美国总统特朗普举行会晤》,《人民日报》2019 年 6 月 30 日。
② 《习近平会见出席 2019 年"创新经济论坛"外方代表》,《人民日报》2019 年 11 月 23 日。
③ 《习近平同美国总统特朗普通电话》,《光明日报》2020 年 3 月 28 日。

三、中国的发展与崛起使世界受益

中国崛起的规模和速度超过了世界历史上的任何国家,但这种崛起和发展是和平实现的。世界历史上,许多大国在崛起的过程中给人类带来的是灾难,如奴隶贸易、侵略扩张、以强凌弱;中国没有侵略任何国家,中国倡导的是平衡普惠的发展模式,中国的发展给世界带来的不是动荡和灾难。中国在发展的过程中没有侵略过任何国家,反而带动了许多国家的发展,亚太地区成为世界上经济最有活力的地区很大程度上得益于中国的发展。中国国家主席习近平在世界经济论坛2017年年会开幕式上发表主旨演讲时提出:"要让发展更加平衡,让发展机会更加均等、发展成果人人共享,就要完善发展理念和模式,提升发展公平性、有效性、协同性。"①中国反对把世界长期发展建立在一批国家越来越富裕而另一批国家却长期贫穷落后的基础之上。习近平强调,"我们主张,各国和各国人民应该共同享受发展成果。每个国家在谋求自身发展的同时,要积极促进其他各国共同发展。世界长期发展不可能建立在一批国家越来越富裕而另一批国家却长期贫穷落后的基础之上。只有各国共同发展了,世界才能更好发展。那种以邻为壑、转嫁危机、损人利己的做法既不道德,也难以持久。"②中国呼吁世界各国应当顺应时代潮流,选择正确的发展道路,共同享受尊严,共同享受发展成果,共同享受安全保障,构建持久和平,实现持续发展。

中国倡导的发展不是"自扫各家门前雪式"的发展,不是以邻为壑、损人利己的发展,而是包容性发展,提倡各国应当在谋求自身发展的同时,积极促进其他国家的发展。习近平特别重视世界发展的平衡问题,他强调,"天空足够大,地球足够大,世界也足够大,容得下各国共同发展繁荣。一些国家越来越富裕,另一些国家长期贫穷落后,这样的局面是不可持续的。水涨船高,小河有水大河满,大家发展才能发展大家。各国在谋求自身发展时,应该积极促进其他国家共同发展,让发展成果更多更好惠及各国人民。我们要共同维护

---

① 习近平:《共担时代责任,共促全球发展》,《习近平谈治国理政》第二卷,第482页。
② 习近平:《顺应时代前进潮流,促进世界和平发展》,《习近平谈治国理政》,第273页。

和发展开放型世界经济,共同促进世界经济强劲、可持续、平衡增长,推动贸易和投资自由化便利化,坚持开放的区域合作,反对各种形式的保护主义,反对任何以邻为壑、转嫁危机的意图和做法。"①中国在发展的过程中,特别重视推动南南合作和南北对话,增强发展中国家自主发展能力,推动发达国家承担更多责任,努力缩小南北差距,建立更加平等均衡的新型全球发展伙伴关系,夯实世界经济长期稳定发展基础。2018年6月28日,中国政府发表的《中国与世界贸易组织》白皮书指出:"加入世贸组织以来,中国积极践行自由贸易理念,全面履行加入承诺,大幅开放市场,实现更广互利共赢,在对外开放中展现了大国担当。以世贸组织为核心的多边贸易体制是国际贸易的基石,是全球贸易健康有序发展的支柱。中国坚定遵守和维护世贸组织规则,支持开放、透明、包容、非歧视的多边贸易体制,全面参与世贸组织工作,为共同完善全球经济治理发出中国声音、提出中国方案,是多边贸易体制的积极参与者、坚定维护者和重要贡献者。中国加入世贸组织既发展了自己,也造福了世界。中国积极践行新发展理念,经济发展由高速度向高质量迈进,成为世界经济增长的主要稳定器和动力源。中国奉行互利共赢的开放战略,积极推动共建'一带一路',在开放中分享机会和利益,在实现自身发展的同时惠及其他国家和人民,增进了全球福祉,促进了共同繁荣。"②中国的发展不仅解决了14亿人的生活问题,还帮助了世界上许多国家和人民的发展。"1950年至2016年,中国在自身长期发展水平和人民生活水平不高的情况下,累计对外提供援款4000多亿元人民币,实施各类援外项目5000多个,其中成套项目近3000个,举办11000多期培训班,为发展中国家在华培训各类人员26万多名。改革开放以来,中国累计吸引外资超过1.7万亿美元,累计对外直接投资超过1.2万亿美元,为世界经济发展作出了巨大贡献。国际金融危机爆发以来,中国经济增长对世界经济增长的贡献率年均在30%以上。这些数字,在世界上都是名列前茅的。""从这些数字可以看出,中国的发展是世界的机遇,中国是经济全球化的受益者,更是贡献者。中国经济快速增长,为全球经济稳定和增长提供

---

① 习近平:《弘扬和平共处五项原则 建设合作共赢美好世界——在和平共处五项原则发表60周年纪念大会上的讲话》,《人民日报》2014年6月29日。
② 《中国与世界贸易组织》,《人民日报》2018年6月29日。

了持续强大的推动。中国同一大批国家的联动发展,使全球经济发展更加平衡。中国减贫事业的巨大成就,使全球经济增长更加包容。中国改革开放持续推进,为开放型世界经济发展提供了重要动力。"①

中国特色社会主义的成功,还为后发展国家提供了新的发展模式。党的十九大报告指出:"中国特色社会主义进入新时代,意味着近代以来久经磨难的中华民族迎来了从站起来、富起来到强起来的伟大飞跃,迎来了实现中华民族伟大复兴的光明前景;意味着科学社会主义在二十一世纪的中国焕发出强大生机活力,在世界上高高举起了中国特色社会主义伟大旗帜;意味着中国特色社会主义道路、理论、制度、文化不断发展,拓展了发展中国家走向现代化的途径,给世界上那些既希望加快发展又希望保持自身独立性的国家和民族提供了全新选择,为解决人类问题贡献了中国智慧和中国方案。"②但是,中国不会像历史上的许多国家那样,用武力强迫别国接受自己的模式,正如习近平总书记在2017年12月初举办的"中国共产党与世界政党高层对话会"上所强调的,"我们不'输入'外国模式,也不'输出'中国模式,不会要求别国'复制'中国的做法。"③美国前驻华公使、尼克松总统首席中文翻译傅立民也说:"与美国和苏联不同,中国在意识形态上没有充当救世主的欲望。若有其他国家试图模仿中国制度,中国人自然觉得脸上有光,但其并不介意其他国家内部究竟如何治理。"④

中国和平崛起本身就是世界历史上大国崛起的新现象。中国不像美国那样是与英国完全同质的国家,也不像苏联那样是与资本主义强国完全不同的国家,更不是像德国、日本那样试图用武力争取发展空间的国家。中国的发展与强大主要靠中国抓住了发达国家产业转移的契机,利用了国际社会的资源,靠中国人民的艰苦奋斗和锐意进取,靠中国与世界的良性互动。因此,中国的发展与强大扩大了强国之间的共同利益基础,不会带来大国间的对抗甚至战争,有利于世界的和平与繁荣。这将得到历史进一步的证明。

---

① 习近平:《共担时代责任,共促全球发展》,《习近平谈治国理政》第二卷,第484页。
② 习近平:《决胜全面建成小康社会 夺取新时代中国特色社会主义伟大胜利——在中国共产党第十九次全国代表大会上的报告》,第10页。
③ 习近平:《携手建设更加美好的世界》,《论坚持推动构建人类命运共同体》,第514页。
④ 《美国正造就一个可能无法战胜的敌人》,《人民日报》2019年7月24日。

倡导新安全观　各国共享安全

左凤荣

安全与发展是人类社会得以延续的重要保障。冷战结束以来,和平与发展两大问题都未解决。要保障人类社会的发展不被各种不安全因素,特别是大国的冲突所打断,需要树立新安全理念。中国在世界上率先提出新安全的理念,上海合作组织的成立是践行新安全观的典范。2013年3月,习近平担任国家主席后首次出访时,就在演讲中强调要奉行新安全观,他说:"我们主张,各国和各国人民应该共同享受安全保障。各国要同心协力,妥善应对各种问题和挑战。越是面临全球性挑战,越要合作应对,共同变压力为动力、化危机为生机。面对错综复杂的国际安全威胁,单打独斗不行,迷信武力更不行,合作安全、集体安全、共同安全才是解决问题的正确选择。"①在全球层面,中国支持以联合国为核心的国际安全机制发挥主导作用;在地区层面,中国积极推动安全机制的建设。中国担任亚信的主席国,于2014年5月成功举办了第四次亚信峰会,积极实践共同、综合、合作、可持续的亚洲安全观,搭建地区安全和合作新架构。在上海合作组织的框架下,中国为打击"三股势力"、维护中亚地区的和平做出了自己的贡献。中国所倡导的新安全理念,已为越来越多的国家所接受。

一、冷战结束后中国首倡新安全观

美苏对峙结束后,西方国际关系理论学者提出了诸如"文明冲突论""民主和平论"等主张,实际上是为霸权主义提供理论依据。江泽民根据冷战结

---

① 习近平:《顺应时代前进潮流,促进世界和平发展》,《习近平谈治国理政》,第273—274页。

束后世界形势的变化和安全问题的新特点,提出了抛弃冷战思维,树立新型安全观等一系列新思想。江泽民提出的新安全观思想,把国家安全与国际安全有机地结合起来,同以霸权主义和强权政治为基本内容的冷战思维针锋相对,是和平与合作的安全观。

1996年4月,中俄哈吉塔五国元首在上海讨论边境地区的信任与合作问题时,江泽民首次提出了确立新安全观的问题。1999年3月26日,江泽民在日内瓦裁军谈判会议上发表讲话,明确提出摒弃以军事联盟为基础、以加强军备为手段的旧安全观,建立适应时代需要的新的安全观:"我们认为新安全观的核心,应该是互信、互利、平等、合作。各国相互尊重主权和领土完整、互不侵犯、互不干涉内政、平等互利、和平共处五项原则以及其他公认的国际关系准则,是维护和平的政治基础。互利合作、共同繁荣,是维护和平的经济保障。建立在平等基础上的对话、协商和谈判,是解决争端、维护和平的正确途径。只有建立新安全观和公正合理的国际新秩序,才能从根本上促进裁军进程的健康发展,使世界和平与国际安全得到保障。"[①]在党的十六大上,江泽民再次阐明中国在安全问题上的立场:"在安全上应相互信任,共同维护,树立互信、互利、平等和协作的新安全观,通过对话和合作解决争端,而不应诉诸武力或以武力相威胁。"[②]

江泽民多次强调,维护国际安全,必须彻底摒弃冷战思维,努力把国际社会的持久和平建立在促进各国相互信任和共同利益的新安全观的基础上。合作安全是冷战后出现的新安全模式,其基础是互信,通过以信任代替猜疑,以对话代替对抗,以互谅互让的和谈与合作代替争夺与冲突,实现共同安全而不是小集团的安全。合作安全既不是靠牺牲本国的安全利益来委曲求全,也不是把本国的安全利益凌驾于别国之上,更不能为了本国的安全利益损害别国和人民乃至整个人类共同的安全利益。随着经济全球化的发展,各国的共同利益越来越多,合作安全就是在这种共同利益的基础上,通过经济交往、政治协作、军事对话来求得共同安全。江泽民在多种场合,多次深刻地阐明这种互

---

① 江泽民:《推动裁军进程,维护国际安全》,《人民日报》1999年3月26日。
② 《中国共产党第十六次全国代表大会文件汇编》,人民出版社2002年版,第46页。

信合作的安全思想,并在实践中积极推动合作安全关系的建立。其典范是1996年4月,中俄哈吉塔五国元首在上海签署了关于在边境地区加强军事领域信任的协定,1997年4月,中俄哈吉塔五国签署了边境地区裁减军事力量和增加信任措施的协定,开创了合作安全的新道路。五国协定充分体现出完全不同于冷战思维的一种新安全观,对于增进国与国之间的友好与信任、维护地区和世界和平,提供了有益的启示和开辟了新的途径。2001年6月,在上海五国机制的基础上成立了上海合作组织。"'上海精神'要求我们以互信为安全之本。互信就是以诚相待,言而有信,就是必须遵守应尽的国际条约和义务,遵循公认的国际法准则。互信意味着以合作求安全,通过友好协商和平解决争端。各国的安全是相互依存的,再强大的国家,离开国际合作也难以有真正的安全。"[①]上合组织首倡了以相互信任、裁军与合作安全为内涵的新型安全观,丰富了由中俄两国始创的以结伴而不结盟为核心的新型国家关系,提供了以大小国共同倡导、安全先行、互利协作为特征的新型区域安全模式。它所培育出来的互信、互利、平等、协作,尊重多样文明,谋求共同发展的"上海精神",不仅是五国处理相互关系的经验总结,而且对推动建立公正合理的国际政治经济新秩序也具有重要的现实意义。

"9·11"恐怖事件的发生表明,非传统安全因素,特别是恐怖主义、民族分裂主义和宗教极端主义成为威胁世界和平与稳定的公害,成为各国必须面临的共同问题,各国在安全上的相互依存不断加深,共同点在增多,任何国家都难以单独实现其安全目标。只有加强国际合作,才能有效地应对全球安全挑战,实现普遍和持久的安全。树立以互信、互利、平等、协作为核心的新安全观,有利于营造长期稳定的国际和平环境。

中国反对某一国家谋求自身的绝对安全,主张维护全球和地区的战略平衡和稳定。针对冷战结束后出现的加强军事同盟,大力发展高精尖军事技术,在世界上依仗自己实力强大,把自己的价值观强加于别国等逆历史潮流而动的现象,江泽民强调当今世界的主流是和平与发展,国际政治格局多极化和经济全球化是发展趋势,在这一大背景下,各国的共同利益在增加,安全不能靠

---

① 江泽民:《弘扬'上海精神',促进世界和平》,《人民日报》2002年6月8日。

军事同盟、不能靠增加军备来保证,而应该靠相互信任和共同利益联系来保证,各国通过平等参与、协商合作共同解决国际和地区安全问题。江泽民强调:"历史和现实都表明:和平不能依靠武力来实现,更不能依靠军事同盟来维持。打破国际战略平衡,发展尖端武器系统只会引发军备竞赛,危害世界和平。强化和扩大军事同盟只会制造更多的不稳定因素,损害国际安全。任何国家都不能把自己的安全建立在损害他国安全利益的基础之上。摒弃冷战思维,破除'唯武器论',各国各地区树立并贯彻以互信、互利、平等、协作为核心的新安全观,才能确保世界的和平、稳定与繁荣。"①要按照公正、合理、全面、均衡原则,实现有效裁军和军备控制。裁军问题关系国际安全,应由各国共同参与讨论和解决。

国家之间经常会出现各种各样的矛盾与分歧,江泽民强调,营造共同安全是防止冲突和战争的可靠前提,彻底抛弃冷战思维,建立以互信、互利、平等、协作为核心的新安全观。一切国际争端和地区冲突都应通过和平方式解决。国与国之间应通过协商和平解决彼此的纠纷和争端,不应付诸武力或以武力相威胁。通过对话增进信任,通过合作谋求安全,相互尊重主权与领土完整。我国与周边多个国家存在领土纠纷,但中国政府强调通过谈判协商解决问题,一时解决不了的,则搁置争议、共同开发。

胡锦涛基本继承了江泽民以互信、互利、平等、协作为核心的新安全观。2006年12月29日,中国政府发表《2006年中国的国防》白皮书,明确指出:"中国坚持走和平发展道路,统筹国内国际两个大局,妥善应对纷繁复杂的国际安全形势。中国依据发展与安全相统一的安全战略思想,对内努力构建社会主义和谐社会,对外积极推动建设和谐世界,谋求国家综合安全和世界持久和平;统筹发展与安全、内部安全与外部安全、传统安全与非传统安全,维护国家主权、统一和领土完整,维护国家发展利益,维护国家发展的重要战略机遇期;努力构建互利共赢的合作关系,促进与其他国家的共同安全。"②新安全观

---

① 江泽民:《共创中俄关系的美好未来》,《人民日报》2001年7月18日。
② 《授权发布:2006年中国的国防(全文)》http://mil. news. sohu. com/20061229/n247335961. shtml

符合冷战后世界的发展潮流,也有利于为中国的发展创造长期稳定、安全可靠的国际和平环境。

二、树立共同、综合、合作、可持续安全的新观念

在经济全球化时代,各国安全相互关联、彼此影响。大量的事实证明,没有一个国家能凭一己之力谋求自身绝对安全,也没有一个国家可以从别国的动荡中收获稳定,传染病不分国界,中东乱局的影响也是世界性的。世界特别需要公道正义、共建共享的安全格局。2015年9月28日,习近平在联合国总部发表演讲时强调,"我们要摒弃一切形式的冷战思维,树立共同、综合、合作、可持续安全的新观念。我们要充分发挥联合国及其安理会在止战维和方面的核心作用,通过和平解决争端和强制性行动双轨并举,化干戈为玉帛。我们要推动经济和社会领域的国际合作齐头并进,统筹应对传统和非传统安全威胁,防战争祸患于未然。"[①]中国坚定地履行好国际义务,积极支持联合国的维和行动,不仅是主要出资国之一,还是联合国安理会常任理事国中派遣维和人员最多的国家,中国军队认真履行安理会的授权,致力于维护地区和平与安全,和平解决冲突,促进地区重建,并为此做出了牺牲,在马里和南苏丹牺牲的联合国维和人员中就有中国军人。中国军舰还在亚丁湾、索马里海域开展常态化护航行动,同时加强与多国护航力量的交流合作,共同维护国际海上通道安全。

作为一个亚洲大国,中国特别重视增强亚洲国家之间的相互信任,提出构建亚洲命运共同体。亚洲各国安危与共、命运相系。在2014年5月召开的亚洲相互协作与信任措施会议第四次峰会上,习近平主席提出了亚洲安全观,他说:"要跟上时代前进步伐,就不能身体已进入21世纪,而脑袋还停留在冷战思维、零和博弈的旧时代。我们认为,应该积极倡导共同、综合、合作、可持续的亚洲安全观,创新安全理念,搭建地区安全和合作新架构,努力走出一条共

---

① 习近平:《携手构建合作共赢新伙伴,同心打造人类命运共同体》,《论坚持推动构建人类命运共同体》,第255页。

建、共享、共赢的亚洲安全之路。"①共同,就是要尊重和保障每一个国家的安全;综合,就是安全要素具有综合性;合作,就是要通过对话合作促进各国和本地区安全;可持续,就是要发展和安全并重以实现持久安全。2017年1月,中国发表《中国的亚太安全合作政策》白皮书,集中阐述了中方对多边安全合作的立场。该白皮书主张完善现有地区多边机制,巩固亚太和平稳定的框架支撑。地区国家应坚持多边主义,反对单边主义,继续支持地区多边安全机制发展,推动相关机制密切协调配合,为增进相互理解与互信、扩大安全对话交流与合作发挥更大作用。为此,中国致力于推进地区安全机制建设,同有关国家共同发起成立上海合作组织和六方会谈,搭建香山论坛平台,建立中国—东盟执法安全合作部长级对话机制、筹建澜沧江—湄公河综合执法安全合作中心,积极支持亚洲相互协作与信任措施会议加强能力和机制建设,参与东盟主导的多边安全对话合作机制。中国在各个地区机制下提出一系列非传统安全领域合作倡议,有力推动了相关领域交流与合作。中国将承担更多国际地区安全责任,为亚太地区乃至世界提供更多公共安全产品。②

中国将坚持与邻为善、以邻为伴,践行亲诚惠容的理念,努力使自身发展更好惠及周边及亚太国家。中国认为,"要建造经得起风雨考验的亚洲安全大厦,就应该聚焦发展主题,积极改善民生,缩小贫富差距,不断夯实安全的根基。要推动共同发展和区域一体化进程,努力形成区域经济合作和安全合作良性互动、齐头并进的大好局面,以可持续发展促进可持续安全。"③经济的繁荣和发展是保证安全的基础,因此,中国积极推动区域全面经济伙伴关系发展,加快推进丝绸之路经济带和21世纪海上丝绸之路建设,推动亚太地区发展和安全相互促进、相得益彰。"我们要发展合作共赢的新型伙伴关系,相互尊重,平等相待,守望相助,同舟共济,在追求本国利益时兼顾各国合理关切,在谋求本国发展时促进各国共同发展,在维护本国安全时尊重各国安全,一起来促进地区和平、稳定、繁荣。我们要深化军事政治、新威胁新挑战、经济、人

---

① 习近平:《积极树立亚洲安全观 共创安全合作新局面》,《习近平谈治国理政》,第354页。
② 《中国的亚太安全合作政策》http://www.fmprc.gov.cn/ce/cgbrsb/chn/zt/zgzfbps/t1454213.htm
③ 习近平:《积极树立亚洲安全观 共创安全合作新局面》,《习近平谈治国理政》,第356页。

文、环保等领域安全和信任措施建设合作,共同为亚洲安全和发展撑起一片蓝天。"①亚洲安全问题极为复杂,既有热点敏感问题又有民族宗教矛盾,恐怖主义、跨国犯罪、环境安全、网络安全、能源资源安全、重大自然灾害等带来的挑战明显上升,传统安全威胁和非传统安全威胁相互交织,安全问题的内涵和外延都在进一步拓展。我们应该通盘考虑亚洲安全问题的历史经纬和现实状况,多管齐下、综合施策,协调推进地区安全治理。推动在亚洲形成利益交融、安危与共、日益成为一荣俱荣、一损俱损的命运共同体。任何国家都不应该谋求垄断地区安全事务,侵害其他国家正当权益。

亚洲地区国家众多,情况复杂,国家间存在许多争端。习近平强调,"对待国家间存在的分歧和争端,要坚持通过对话协商以和平方式解决,以对话增互信,以对话解纷争,以对话促安全,不能动辄诉诸武力或以武力相威胁。热衷于使用武力,不是强大的表现,而是道义贫乏、理念苍白的表现。只有基于道义、理念的安全,才是基础牢固、真正持久的安全。我们要推动建设开放、透明、平等的亚太安全合作新架构,推动各国共同维护地区和世界和平安全。"②中国是亚洲地区的强国,并没有以强凌弱,中国的这一立场得到了亚洲邻国的认同,也有助于增强中国与邻国间的互信。

军事力量仍是维护国家安全的重要力量。中国主张发展不结盟、不对抗、不针对第三方的军事合作关系,推动建立公平有效的集体安全机制和军事互信机制;坚持在相互尊重、平等互利、合作共赢的基础上,深化同各国军队的交流与合作,加强边境地区信任措施合作,推进海上安全对话与合作,参加联合国维和行动、国际反恐合作、护航和救灾行动,举行中外联演联训。

中国重视集体和普遍的安全。习近平强调,"安全应该是普遍的。各国都有平等参与国际和地区安全事务的权利,也都有维护国际和地区安全的责任。我们要倡导共同、综合、合作、可持续安全的理念,尊重和保障每一个国家的安全。不能一个国家安全而其他国家不安全,一部分国家安全而另一部分国家不安全,更不能牺牲别国安全谋求自身所谓绝对安全。我们要加强国际

---

① 习近平:《凝聚共识,促进对话,共创亚洲和平与繁荣的美好未来》,《人民日报》2016年4月28日。
② 习近平:《弘扬和平共处五项原则,建设合作共赢美好世界——在和平共处五项原则发表60周年纪念大会上的讲话》,《人民日报》2014年6月29日。

和地区合作,共同应对日益增多的非传统安全威胁,坚决打击一切形式的恐怖主义,铲除恐怖主义滋生的土壤。""只有基于道义、理念的安全,才是基础牢固、真正持久的安全。我们要推动建设开放、透明、平等的亚太安全合作新架构,推动各国共同维护地区和世界和平安全。"①

中国重视多边安全合作,倡导各国共同维护和平稳定的国际环境。"我们要努力建设一个远离恐惧、普遍安全的世界。纵观人类文明发展进程,尽管千百年来人类一直期盼永久和平,但战争从未远离,人类始终面临着战火威胁。人类生存在同一个地球上,一国安全不能建立在别国不安全之上,别国面临的威胁也可能成为本国的挑战。面对日益复杂化、综合化的安全威胁,单打独斗不行,迷信武力更不行。我们应该坚持共同、综合、合作、可持续的新安全观,营造公平正义、共建共享的安全格局,共同消除引发战争的根源,共同解救被枪炮驱赶的民众,共同保护被战火烧灼的妇女儿童,让和平的阳光普照大地,让人人享有安宁祥和。"②历史一再证明,没有和平就没有发展,没有稳定就没有繁荣。各国安全紧密相关,没有哪个国家可以独善其身,也没有哪个国家可以包打天下。抛弃过时的冷战思维,树立共同、综合、合作、可持续的新安全观是当务之急。我们呼吁各国珍惜难能可贵的和平和安宁,为维护全球和地区稳定发挥建设性作用。各国都应该坚持联合国宪章宗旨和原则,坚持多边主义,通过对话协商解决分歧和争端,寻求而不是破坏共识,化解而不是制造矛盾,推动国际秩序朝着更加公正合理的方向发展。

三、坚持共建共享,推动国际安全治理

当今世界,安全的内涵和外延更加丰富,时空领域更加宽广,各种因素更加错综复杂。各国人民命运与共、唇齿相依。当今世界,没有一个国家能实现脱离世界安全的自身安全,也没有建立在其他国家不安全基础上的安全。习

---

① 习近平:《弘扬和平共处五项原则,建设合作共赢美好世界——在和平共处五项原则发表60周年纪念大会上的讲话》,《人民日报》2014年6月29日。
② 习近平:《携手建设更加美好的世界——在中国共产党与世界政党高层对话会上的主旨讲话》,《人民日报》2017年12月2日。

近平主席指出:"没有和平,中国和世界都不可能顺利发展;没有发展,中国和世界也不可能有持久和平。"①"和平犹如空气和阳光,受益而不觉,失之则难存。没有和平,发展就无从谈起。"②恐怖主义、网络犯罪、跨国有组织犯罪、毒品威胁、重大疫情、自然灾害等全球性安全问题愈加突出,安全领域威胁层出不穷,人类面临着许多共同挑战。中国主张要摒弃冷战思维,创新安全理念,努力走出一条共建、共享、共赢的安全之路。

坚持共建共享,建设一个普遍安全的世界,需要各国共同努力。习近平强调,各国都有平等参与地区安全事务的权利,也都有维护地区安全的责任,每一个国家的合理安全关切都应该得到尊重和保障。各国"要摒弃冷战思维、零和博弈的旧观念,倡导共同、综合、合作、可持续安全的新理念,坚持通过对话协商和平解决分歧争端,共同应对恐怖主义、公共卫生、网络安全、气候变化等非传统安全问题和全球性挑战,建设命运共同体,走出一条共建、共享、共赢的安全新路,共同维护地区和世界和平稳定"③,携手应对这些全球性问题。

维护世界的安全,需要加强全球安全治理。各国要加强协调,要动员全球力量有效应对全球的安全问题。"坚定维护以联合国宪章宗旨和原则为核心的国际秩序和国际体系,统筹应对传统和非传统安全挑战,深化双边和多边协作,促进不同安全机制间协调包容、互补合作,不这边搭台、那边拆台,实现普遍安全和共同安全。"④

核安全曾是传统的安全治理领域。2014年3月习近平出席第三届核安全峰会并发表重要讲话,主张构建一个公平、合作、共赢的国际核安全体系。"治标和治本并重,以消除根源为目标全面推进核安全努力。核安全涉及不同层面,既包括实施科学有效管理,发展先进安全核能技术,也包括妥善应对核恐怖主义和核扩散。完善核安全政策举措,发展现代化和低风险的核能技

---

① 习近平:《更好统筹国内国际两个大局 夯实走和平发展道路的基础》,《人民日报》2013年1月30日。
② 习近平:《共同创造亚洲和世界的美好未来——在博鳌亚洲论坛2013年年会上的主旨演讲》,《人民日报》2013年4月8日。
③ 习近平:《弘扬万隆精神,推进合作共赢》,《论坚持推动构建人类命运共同体》,第221页。
④ 习近平:《开放共创繁荣,创新引领未来》,《论坚持推动构建人类命运共同体》,第522—523页。

术,坚持核材料供需平衡,加强防扩散出口控制,深化打击核恐怖主义的国际合作,是消除核安全隐患和核扩散风险的直接和有效途径。""只有营造和平稳定的国际环境,发展和谐友善的国家关系,开展和睦开放的文明交流,才能从根源上解决核恐怖主义和核扩散问题,实现核能持久安全和发展。"①中国支持国际社会共同维护并促进《不扩散核武器条约》的权威性、普遍性和有效性,摒弃双重标准,标本兼治,坚持通过政治外交手段解决核扩散热点问题。中国坚决反对任何形式的核武器扩散,以负责任态度参与伊核、朝核等地区热点核问题政治解决进程,积极推动核能国际合作,提升全球核安全与核能安全水平,以公平高效原则促进和平利用核能。中国一向主张,拥有最大核武库的国家应该切实履行核裁军特殊、优先责任,继续执行并延长双边军控条约,以可核查、不可逆方式进一步大幅削减核武器。中国大力推动地区及全球核安全合作,"我们要以国际原子能机构为核心,协调、整合全球核安全资源,并利用其专业特长服务各国。联合国作为最具普遍性的国际组织,可继续发挥重要作用。其他组织和机制也可以提供有益补充,促进执法等领域务实合作。""中国已经批准核安全领域所有国际法律文书,一贯严格执行安理会相关决议,积极支持和参与核安全国际倡议。"②中国奉行防御性国防政策,核力量始终维持在维护国家安全需要的最低水平,中国不参加任何形式的核军备竞赛,不为任何其他国家提供核保护伞,不在任何其他国家部署核武器,始终恪守不首先使用核武器、不对无核武器国家和无核武器区使用核武器等承诺。"中国将坚定不移增强自身核安全能力","坚定不移参与构建国际核安全体系,同各国一道推动建立公平、合作、共赢的国际核安全体系","中国支持国际原子能机构发挥主导作用","中国将坚定不移维护地区和世界和平稳定……同各国一道致力于消除核恐怖主义和核扩散存在的根源。"③2015年9月3日在纪念中国人民抗日战争暨世界反法西斯战争胜利70周年大会上,习近平宣布,中国将裁减军队员额30万。

在国际安全治理领域,目前最突出的是网络安全的治理,这是安全的新领

---

① 习近平:《坚持理性、协调、并进的核安全观》,《习近平谈治国理政》,第255页。
② 习近平:《加强国际核安全体系 推进全球核安全治理》,《人民日报》2016年4月3日。
③ 习近平:《坚持理性、协调、并进的核安全观》,《习近平谈治国理政》,第256、257页。

域。大国在网络安全领域的博弈,不单是技术博弈,还是理念博弈、话语权博弈。中国提出了全球互联网发展治理的"四项原则"和"五点主张",倡导尊重网络主权、构建网络空间命运共同体。习近平强调,"网络安全是全球性挑战,没有哪个国家能够置身事外、独善其身,维护网络安全是国际社会的共同责任。各国应该携手努力,共同遏制信息技术滥用,反对网络监听和网络攻击,反对网络空间军备竞赛。中国愿同各国一道,加强对话交流,有效管控分歧,推动制定各方普遍接受的网络空间国际规则,制定网络空间国际反恐公约,健全打击网络犯罪司法协助机制,共同维护网络空间和平安全。"[1]国际网络空间治理与其他领域的治理一样,也应该"坚持多边参与、多方参与,由大家商量着办,发挥政府、国际组织、互联网企业、技术社群、民间机构、公民个人等各个主体作用,不搞单边主义,不搞一方主导或由几方凑在一起说了算。各国应该加强沟通交流,完善网络空间对话协商机制,研究制定全球互联网治理规则,使全球互联网治理体系更加公正合理,更加平衡地反映大多数国家意愿和利益"[2]。中国连续举办世界互联网大会,搭建全球互联网共享共治的一个平台,有助于推动互联网健康发展,赢得了世界上绝大多数国家赞同。

总之,全球化日益发展,各国命运紧密相连是新现实。正如 2020 年 2 月 15 日王毅在慕尼黑安全会议上所说,"突如其来的疫情再次提醒我们,这是一个传统安全与非传统安全相互交织的时代,也是一个局部问题和全球问题彼此转化的时代,任何一个国家都不可能独善其身,任何一个国家也不可能包打天下,各国的利益已经紧密地融合在一起。"[3]树立新的安全观,加强在安全领域的合作,是解决人类安全问题的必由之路。

---

[1] 习近平:《建立多边、民主、透明的全球互联网治理体系》,《习近平谈治国理政》第二卷,第 535 页。
[2] 习近平:《建立多边、民主、透明的全球互联网治理体系》,《习近平谈治国理政》第二卷,第 536 页。
[3] 《跨越东西差异,践行多边主义——王毅国务委员兼外长在第 56 届慕尼黑安全会议上的演讲》http://mini.eastday.com/a/200216122545362.html

第三编

中国制度性国际话语权建设的切入点

改革开放之初,中国走向世界,融入国际体系,主要是接受国际体系既定的议题、话语和规则。随着国际格局发生的巨变,中国从世界的边缘地带走近世界的中心。中国的实力与国际影响力增强,使中国有了提出自己国际理念和参与国际规则制定的条件,增强中国的国际话语权是历史发展的要求。习近平强调:"推动全球治理体制更加公正更加合理,为我国发展和世界和平创造有利条件。""这不仅事关应对各种全球性挑战,而且事关给国际秩序和国际体系定规则、定方向;不仅事关对发展制高点的争夺,而且事关各国在国际秩序和国际体系长远制度性安排中的地位和作用。"[1]中国作为联合国常任理事国中唯一的发展中国家,其经济实力和国际影响力逐年提高,成为联合国、世界银行和国际货币基金组织的重要出资方,在现今的国际制度中掌握着一定的话语权,自然要承担推动国际秩序朝着公正合理方向发展的责任。中国在冷战后出现的金砖五国机制、上海合作组织、G20 等国际组织中发挥着很大的作用。

争夺制度性国际话语权,是大国博弈的重要内容。在这方面,中国也积极回应国际社会的需求和中国发展的需要,做了大量工作。无论是在对现有国际机制的改革上,还是在气候、反恐、核不扩散等具体领域,中国为增进自己的制度性话语权,都提出了许多主张,参与制定新的规则。中国积极参与 WTO 的改革,争取国际贸易规则的制定权,积极参与国际金融体系的改革,参与全球气候、国际海洋治理,践行新安全观,构建地区安全机制等,本编择其要而论之。

---

[1] 习近平:《推动全球治理体制更加公正更加合理,为我国发展和世界和平创造有利条件》,《人民日报》2015 年 10 月 14 日。

中国国际话语权建设的主要着力点

赵 柯

国际话语权建设是一项系统工程,但这并不意味着国际话语权建设千头万绪,无从下手,其中是有规律可循的。总体而言,一个成功的国际话语体系一般包括三个方面:第一,能够明确、清晰地表达自己的立场、观点和态度。也就是解决"能够说"的问题。第二,动员各种资源,建立各种渠道来最大限度地吸引听众,并且用世界多数国家都能理解的方式进行表达,同时建立自己言辞的信任度。也就是解决"有人听"的问题。第三,通过意见表达和提供理念来影响甚至主导国际规则的制定。也就是解决"影响力"的问题。

一、国际话语权的意义和重要性

既然话语权既是一种"权利",又是一种"权力",那么它无论是对国家内部,还是国际关系来说都意义重大。从国家层面来说,话语权的得失不仅关系到国内的社会稳定和健康发展,而且关系到合法性的维系,以及国际关系的正常发展。

第一,话语权是夺取政权、维系政权稳定的重要保证。我们党历来重视话语权的作用。毛泽东指出:"在革命战争年代,凡是要推翻一个政权,总要先造成舆论,总要先做意识形态方面的工作。革命的阶级是这样,反革命的阶级也是这样。"在革命斗争年代,我党在力量薄弱的时候,正是因为牢牢抓住了中国革命的话语权,大力倡导"民主"和"民生",团结了大多数革命团体,获得大多数老百姓的支持,最终赢得革命的胜利。毫不夸张地说,对话语权的争夺在很大程度上决定了中国革命的走向。话语权是决定人心向背和力量大小的关键性因素。在改革开放的今天,虽然我们已经取得了举世瞩目的经济建设成就,但西方反华势力出于意识形态考虑,对我们党和国家的舆论攻击并未销声匿迹。同时,我国在发展的过程中,也确实积累了一些社会矛盾,在社会治理和法治建设尚未完善的情况下,使个别地区不稳定因素和社会问题上升。因此,一些反华、反党、反政府的声音总像幽灵一样时不时冒出来,干扰我国的社会稳定和经济建设。例如2008年拉萨"3·14"事件发生后,个别西方媒体通过照片剪辑和信息筛选将打砸抢烧严重暴力犯罪行为打扮为受到中国军队镇压的和平请愿行为。西方通过运用手中所掌握的"话语权"对该事件不负责任的报道,无疑会增加民族分裂分子和极端宗教分子的气焰,带来更多的动荡与不安,而且还会抹黑中国政府的国际形象,增加西方民众对中国党和政府在西藏所实行的民族区域自治政策的误解。2009年在新疆发生的"7·5"事件也是受到民族分裂势力和极端宗教势力的错误思想影响。这也给我们敲响了警钟,即我们在边疆地区的民族问题和宗教问题上面临严重的话语权挑战。习近平总书记指出,要精心做好对外宣传工作,创新对外宣传方式,着力打造融通中外的新概念新范畴新表述,讲好中国故事,传播好中国声音。为了赢得国内外舆论的主导权,树立中国良好的国际形象,我们必须进一步努力掌握话语权。

第二,话语权是实现社会稳定、国家健康发展的必要条件。目前我国正处于深化改革的攻坚期,长期积累的社会矛盾大有集中爆发的趋势。近十年来,大型群体性事件层出不穷,而且越来越从纯粹的利益纠纷转移到社会治理和政治领域,各种维权事件频频出现。再加上微博、微信等新媒体的崛起,导致传统的宣传方式越来越难以适应现实的需要。部分不法分子在互联网编造或传播不实、不法信息,造成群众的思想混乱,社会不稳定因素增加。掌握新媒体领域的话语权,已经成为国家提升社会治理体系和能力的必要条件和重要目标。

第三,话语权是中华民族伟大复兴的重要路径。2012年11月29日,中共中央总书记习近平同志在参观"复兴之路"展览时,提出了实现中华民族伟大复兴的中国梦。要想实现这个梦想,首先要团结全党和全国人民的力量,使之成为全党和全国人民的共同追求。目前,我国社会主义市场经济已经取得了丰硕成果,社会阶层和利益的多元化已经成为一种现实。凝聚不同的社会阶层和利益共同为实现中国梦服务,需要打造整个社会都能接受的价值体系。这样一个体系的建立无疑需要对话语权的掌控。2012年11月,中共十八大报告明确提出"三个倡导",即"倡导富强、民主、文明、和谐,倡导自由、平等、公正、法治,倡导爱国、敬业、诚信、友善,积极培育社会主义核心价值观"。社会主义核心价值观既是我国话语权的主要内容,也是确保中国梦实现的路径保障。

第四,话语权是中国跻身世界一流国家的必要工具和重要标志。首先,任何一个国家的崛起都不可能纯粹依靠经济实力或物质力量的崛起,更重要的是能否创造出被其他国家和民族愿意接受的政治理念、制度和思想。苏联对共产主义的追求和实践使其一度成为社会主义革命和民族解放运动的灯塔,建立起庞大的社会主义阵营,成为当之无愧的"老大哥"。美国对自由民主理念的坚持和对联合国、国际货币基金组织、世界银行、关贸总协定等一系列国际制度的设计,则开创了二战后美国在世界的霸主地位。改革开放40多年来,中国选择了一条在坚持社会主义的前提下学习与融入国际体系的道路,获得了巨大的成功。然而由于历史与意识形态等因素的影响,国际上类似"中国威胁论"的观点一直阴魂不散,越来越成为影响中国和平发展的障碍和绊脚石。提出超越意识形态对抗和"修昔底德陷阱"的新理念,主导中国和平崛起的国际话语权,让越来越多的国家真诚地接纳中国的发展,分享中国的发展,就成为中国崛起的重要工具。此外,检验我国是否真正跻身世界一流国家之列的标志无疑是我国在国际舞台上拥有多大的话语权。

二、中国需要增强国际话语权

中国的经济总量居世界第二,在国际经济格局中占有举足轻重的地位,但是中国的国际话语权却并没有因为经济力量的增强而得到同等比例的提升。20世纪90年代至今,国际社会中各种版本的"中国威胁论"一直困扰着我们,这在一定程度上反映了中国国际话语权提升相对缓慢的事实。主要是因为,中国积极全面融入国际社会,但作为一个社会主义大国,不能否认以社会制度、意识形态为核心的政治因素仍然是中国与外部世界关系中的基本因素,是中国与美国等西方国家长期的矛盾焦点,是"中国威胁论"的主要依据之一。此外,国际话语权多为美欧等国家所垄断,世界上报刊报道的国际新闻90%来自美联社、路透社、法新社和合众国际社。西方50家媒体跨国公司占据了世界95%的传媒市场,美国控制了全球75%的电视节目的生产和制作。① 以华语为载体的信息量,只占全球信息总量的一小部分。在强势的西方宣传平台的鼓动之下,美欧等一些国家不断左右国际舆论的风向标,掌控对国际性事件的话语控制以及公平、正义等理念的定义权、裁量权。中国与西方之间虽然经济上相互依赖加深,共同利益增加,对话与合作成为主流,也拥有越来越多的共同话语。然而,西方仍然拥有主流的和强势的国际话语权,而中国处于弱势地位。冷战终结被西方和世界主流舆论解读为西方政治和经济制度的胜利,民主、自由、人权、市场经济等源自西方的话语,成为霸权性的国际话语。所谓"历史终结论""文明冲突论""民主和平论""人权高于主权论""失败国家论"等等论调,都是冷战后时代由美国及欧洲抛出而成为国际社会的主导性话语的。中国和广大发展中国家在这场舆论争夺战中处于被动的地位。

中国以往对国际话语权重视不够。改革开放后,特别是在冷战结束后,中国寻求全面融入国际体系,在各个领域大量引进和使用西方话语。这既是出于吸收借鉴西方先进科学技术和思想文化成果的自觉,也是迫于西方主导话语的软性压力而采取的应对之举。但是,在大量引进西方话语的同时,我们没能及时创建"自己的话语体系",极少输出自己原创而富有影响力的概念和话语。因此,我们在国际话语权竞争中常常陷入"人云亦云"的尴尬境地。中国在"与世界接轨"的过程中,还缺乏构建国际话语权的应对能力。国际社会针对我国的负面舆论仍然比较多。就中国目前的现实情况来看,国民经济处于进入"新常态"的过程中,随着经济结构的调整,产业的升级,经济增长从此前的高速转向中高速,在此背景下,"唱衰中国""唱空中国""中国拖累世界"等论调在世界范围内也开始不断出现。这类负面言论出现的原因,一部分是源于他国民众对中国缺乏了解,并由此产生了不必要的恐惧。同时,也有少数西方强国冷战惯性思维在作怪,他们出于一己私利,利用自身所掌控的舆论工具,对中国抹黑、施压,妄图以此来打压中国发展的空间。因此,我们必须增强向世界讲述"中国故事"的能力,用世界多数国家人民都能理解的方式将中国的实际情况进行有效传播。

---

① 胡正荣、关娟娟主编:《世界主要媒体的国际传播战略》,中国传媒大学出版社2011年版,第208页。

在国际体制机制上,中国的制度性话语权也需要提高。现行的国际制度性安排主要是在美国等西方强国的主导下建立的,在 IMF 和世界银行等具有制定全球经济行为规则能力的国际组织中,美欧等西方强国无不拥有超强的控制权,不能反映现在的国际力量对比。他们依据自身的利益,左右着国际规则,并从中攫取了无数红利,所以,对现行国际体制机制进行改革也是很多国家的要求。中国主张在现行国际秩序下进行改革,以增强发展中国家的发言权和代表权为目标,以渐进的方式进行。

三、中国国际话语权建设的主要着力点

国际话语权的本质,是以非暴力、非强制的方式改变他人的思想和行为,并使一国之地方性的理念和主张成为世界性的理念和主张。通过对中国在国际话语权建设过程中经验和教训的研究,我们认为,加强中国国际话语权建设需要做好以下几方面的工作。

(一)应该从理念上加强国际话语权建设

要以开放的心态继续向国际社会贡献话语。不能仅仅以"中国特殊国情"来反对某些西方的"普世性"话语,而是应该积极为世界贡献一些普世性话语。比如"三个世界""和平共处五项原则"都是中国贡献的普世性话语,为世界上许多国家所认同。随着中国国力的不断提升,中国更应该多多贡献给世界普世性话语。寻求能够将本国利益与其他国家利益相连接的话语。比如"包容发展""贸易自由化"等话语,既有利于发挥中国作为贸易大国的优势,也可以促进其他开放性经济体的发展。

近几年中国提出了许多新理念,对增强中国的国际话语权发挥了重要作用。中国需要借助传媒的力量增强中国话语权的国际分量。由于中国新闻传媒业起步较晚,在国际社会上的发言权还十分有限,在与美联社、路透社、法新社等这类具有左右世界舆论能力的国际传媒巨头竞争时还显得力不从心,因此,我们在进行国际新闻报道时更应当时刻秉持客观原则,只有这样才能为我

们赢得国际"口碑"、赢得尊重,国际话语权也会随之自然增加。同时,中国媒体在加强与西方主流媒体竞争本领的同时,还要加强与广大发展中国家同行的交流与合作。众所周知,发展中国家作为一个整体,在国际社会上始终忍受着来自西方发达国家的霸权欺压,不断面临着各方面的挑战,在国际话语权的争夺上更是属于弱势一方。身为发展中国家的一员,中国在进行社会主义建设的过程当中更是经历了西方发达国家对我国的种种无端指责与干扰,对于西方世界对发展中国家所采取的各类霸权主义行径有切身体会。因此,与西方国家争夺话语权,这就要求我们一定要团结广大发展中国家,联合各国传媒的力量,集中优势资源,努力破除西方话语霸权,在国际社会上传播发展中国家的正义呼声。除此之外,通过与发展中国家传媒同行的交流与合作,不仅可以有效地提升发展中国家整体的话语分量,而且还能提升我国新闻传媒的总体水平,这将为我国打造一支具有国际一流水准的传媒队伍奠定坚实的基础,可谓一举两得。要扩大中国新闻媒体在全球范围内的覆盖面,增加受众规模,表达中国对一系列国际事件的解读和立场,从而增强海外民众对中国的了解与认知,这要求我们明白"他们想要在我们这里得到什么,而同时我们能够给他们的是什么"。这需要从事新闻传播行业的人员能够熟知他国的风土人情、文化生活习惯,理解他们的思维与逻辑方式,将专业知识与对他国情况的认知进行紧密的有机结合。

(二)从提高政治操作能力方面来加强中国国际话语权建设

政治操作能力是将自己的话语转换为国际规则的关键,我们应当积极参与多边合作,更加重视国际组织对提升话语权的作用。2014年7月15日,在巴西举行的金砖国家领导人峰会发表了《福塔莱萨宣言》,宣布成立金砖国家开发银行和应急储备安排;2014年10月24日,21个亚投行首批意向创始成员国的财长和授权代表在北京依次签约,共同决定成立亚洲基础设施投资银行,标志着这一中国倡议设立的亚洲区域新多边开发机构的筹建工作将进入新阶段。中国在联合国、上海合作组织、二十国集团、APEC等许多多边国际机构和论坛上,都发挥着重要作用,我们要充分利用这些多边机构,把自己在全球治理方面的话语更为有效地转换为规则。

"一带一路"倡议是一个伟大的制度创新,但这种制度是与以往的国际制度不同的。对此,张宇燕教授有精辟的分析:"一带一路"不是国际组织,不是首脑会议,也不是单纯的贸易或投资协定安排,和已有的经贸领域的国际合作机制也都不一样。而且,它不是把包含的所有元素都先想好了再推进,而是在推动落实的过程中逐渐变得丰富,边干边学。这就为创新对外经济合作模式提供了无限的可能性。

第一,创新区域发展合作机制。在2016年召开的推进"一带一路"建设工作座谈会上,习近平总书记指出,要聚焦构建互利合作网络、新型合作模式、多元合作平台[①]。"引进来、走出去"的传统国际合作模式并不罕见,但"一带一路"强调各国发展战略的对接与合作,主要体现在多元化和开放性。合作机制的多元化归因于亚洲国家发展的多样性。经济上,亚洲各国发展水平参差不齐,差异巨大;政治上,存在以中国为代表的实行社会主义制度的国家;文化上,基督教、伊斯兰教、佛教在亚洲各国并存发展。亚洲各国的多样化特点决定了合作机制必须走向开放。这也就意味着,"一带一路"建设的沿途合作伙伴既可以是发达国家,也可以是发展中国家;既包括亚洲国家,也包括域外国家。

现有的区域经济合作机制可划分为五种形式:自由贸易区、关税同盟、共同市场、经济一体化和政治经济一体化[②]。显然,根据合作的目标和秉承的理念,"一带一路"建设都难以归入以上任何一种形式。"一带一路"建设要打破现有的区域合作机制,既要走传统意义上的自由贸易协定(FTA)的老路,也要加强互联互通,建设经济走廊、经济开放区,深化金融合作,开辟出一条对外经济合作的新路。

第二,创新政府间政策沟通机制。政策沟通是"一带一路"建设的重要保障。习近平总书记指出,"'一带一路'建设不是另起炉灶、推倒重来,而是实现战略对接、优势互补。"[③]加强政府间有效沟通与协商、共同制定区域合作计划与措施是实现沿线国家发展战略对接的根本保证。

近年来,中国同有关国家协调政策实现各国间发展战略的对接,包括俄罗

---

① 习近平:《总结经验坚定信心扎实推进 让"一带一路"建设造福沿线各国人民》,《人民日报》2016年8月18日。
② 李向阳:《构建"一带一路"需要优先处理的关系》,《国际经济评论》2015年第1期。
③ 习近平:《在出席"一带一路"国际合作高峰论坛开幕式并发表主旨演讲的讲话》,《人民日报》2017年5月15日。

斯提出的欧亚经济联盟、东盟提出的互联互通总体规划、哈萨克斯坦提出的"光明之路"、土耳其提出的"中间走廊"、蒙古国提出的"发展之路"、越南提出的"两廊一圈"、英国提出的"英格兰北方经济中心"、波兰提出的"琥珀之路"等。中国同老挝、柬埔寨、缅甸、匈牙利等国的规划对接工作也全面展开。各方通过政策对接,实现了"一加一大于二"的效果。

同时,在"一带一路"倡议的推动下,很多国家主动加强与中国的经济合作,各方达成了"一带一路"务实合作协议,其中既包括交通运输、基础设施、能源等硬件联通项目,也包括通信、海关、检验检疫等软件联通项目,还包括经贸、产业、电子商务、海洋和绿色经济等多领域的合作规划和具体项目,中国还同有关国家的铁路部门签署深化中欧班列的合作协议。

"一带一路"已经得到100多个国际组织的支持和响应,同20多个国家开展机制化的国际产能合作,在沿线20多个国家建立50多个自贸区。与沿线各国搭建区域合作平台,不仅刺激合作主体间的有效政策沟通与协商,还为政策协调提供了良好的实践经验。未来,在吸取现有经验的基础上,"一带一路"建设将会健全常规性政策沟通平台,并逐步形成政策沟通的长效机制,让沿线国家更多参与到"一带一路"的建设中来。这一系列的政府间政策沟通机制的创新极大地拓展了对外经济合作的深度和广度。

第三,建立创新合作机制。创新是推动发展的重要力量。在2008年全球金融危机爆发9年后,欧、美等发达经济体仍然深陷增长缓慢的困境,这恰恰是近年来民粹主义、民族主义以及贸易保护主义等思潮在西方强势回归,并引发全球政治动荡的深层次根源。其实早在2008年金融危机前,欧美发达经济体的增长就已经放缓,仅仅将当前增长乏力的原因归结为金融危机的"后遗症",显然是简单化了。根本原因是技术进步带来的创新不能为经济增长提供足够的动力,劳动生产率增长缓慢。1950—1973年,美国的生产率(每工作小时的GDP产出)增长为2.6%,西欧国家平均为4.9%,而2016—2026年预计美国只能达到1.4%,主要的欧洲经济体则为0.8%。[①] 可见,发达经济体在创新方面还远不能为全球经济的增长提供足够的推动力。创新需要新的机制来促进。

---

① 尼古拉斯·克拉夫茨:《经济增长走向何方?》,《金融与发展》2017年3月号,国际货币基金组织,第4页。

"一带一路"建设本身就是向创新要增长,坚持创新驱动发展,在"一带一路"框架下各国加强在数字经济、人工智能、纳米技术、量子计算机等前沿领域合作,推动大数据、云计算、智慧城市建设,连接成21世纪的数字丝绸之路。促进科技同产业、科技同金融深度融合,优化创新环境,集聚创新资源。启动"一带一路"科技创新行动计划,开展科技人文交流、共建联合实验室、科技园区合作、技术转移等合作。中国将在未来5年内安排2500人次青年科学家来华从事短期科研工作,培训5000人次科学技术和管理人员,投入运行50家联合实验室,设立生态环保大数据服务平台,倡议建立"一带一路"绿色发展国际联盟,并为相关国家应对气候变化提供援助。2016年9月,科技部联合多个部委发布了《推进"一带一路"建设科技创新合作专项规划》,科技部还专门研究制定了《"一带一路"科技创新合作行动计划》。《计划》提出,中国将与"一带一路"沿线国家在科技人文交流、共建联合实验室、科技园区合作、技术转移等四方面启动具体行动,应对沿线国家面临的共同挑战。在"一带一路"框架下,科技创新既服务于沿线各国人民的生产生活,也促进了新兴市场快速发展。未来,"一带一路"建设将会打造科技创新命运共同体,继续推动科技创新,催生科技成果,为增长提供源源不断的推动力。

四、以新理念引领国际经济合作新方向

"一带一路"倡议顺应了时代要求和各国加快发展的愿望,提供了一个包容性巨大的发展平台,具有深厚历史渊源和人文基础,能够把快速发展的中国经济同沿线国家的利益结合起来。让沿线国家得益于我国发展,坚持各国共享机遇、共迎挑战、共创繁荣。① "一带一路"倡议所蕴含的这些体现时代精神的发展理念,引领着新时期对外经济合作的新方向。

第一,坚持以共商、共建、共享为原则。在"一带一路"建设中充分尊重各国核心利益和重大关切。沿线国家数量众多,各国在经济发展水平、政治制度

---

① 习近平:《加快推进丝绸之路经济带和二十一世纪海上丝绸之路建设》,《人民日报》2014年11月6日。

建设和宗教文化信仰等方面都存在很大差异。但是,无论国家大小、强弱、贫富,他们都是国际社会平等的一员,都有平等参与多边合作的机会,都可以建言献策参与到"一带一路"的建设中来。各方应充分尊重他国的发展道路和发展模式,通过沟通与协商,努力达成合作的最大公约数,实现发展战略对接。各国发挥各自优势,促使资源在最大范围内实现优化配置。

"一带一路"沿线各国在地理位置、资源禀赋、资金储备、生产技术、科技人才等方面都有所不同。这要求在"一带一路"建设中,各方应各施所长,各尽所能,增强自主创新能力,保证最终实现共赢,成果实现共享。"一带一路"倡议虽然由中方提出,但收益却属于大家共同拥有。"一带一路"建设不是一句空洞的口号,而是看得见、摸得着的实际举措。它所取得的成果归根到底要惠及各国人民,让每一个普普通通的人真真切切地感受到获得感,实现国强民富。

在"一带一路"建设中,共商、共建、共享三者相互统一,密不可分。只有以共商为基础,共建才能得以实现;只有真正做到共商共建,成果才能最终实现共享。共商、共建、共享原则的核心在于"共",只有最终实现三者的统一,才能形成一个命运共同体。

第二,坚持以包容性发展理念为合作准则。党的十八大以来,"包容性发展"一词是中央领导人出访时多次使用的高频词汇,经过创造性的转化,已经成为富有中国特色的"中国话语",并具有丰富的内涵。在经济全球化深入发展的趋势下,"包容性"意味着一国的发展已经不能脱离他国而存在,一国的发展也不能建立在损害他国利益的基础上而获得发展,国际社会已经变成你中有我、我中有你的命运共同体。

包容性发展就是指强调建立一个机会平等基础上的经济发展,既要开放发展机会,坚持贸易投资自由化,反对贸易保护主义,又要在全球范围内实现社会与经济协调发展,保证人人公平参与全球发展过程并最终受益[①]。2013年以来,习近平主席在金砖国家领导人会晤、亚太经合组织领导人非正式会议等一系列国际场合,多次倡导各国要坚持"包容性增长"理念。强调世界经济发展和全球治理需要各国特别是新兴发展中国家的广泛参与,同时世界经济发展成果也应该由各国人民共同分享。

---

① 张燕生:《以"包容性发展"理念促进可持续增长》,《北京日报》2011年12月5日。

"一带一路"建设是开放包容的。它既没有国别的限制,也不存在排他性的制度设计。秉承共商、共建、共享的原则,大家有事商量一起办,实现互利共赢。坚持政策沟通、设施联通、贸易畅通、资金融通、民心相通的"五通"内容,更是包容性内涵的具体体现。"一带一路"沿线各国国土面积、资源禀赋、经济实力差异较大,相互之间进行合作需要互相包容,互相理解。可以预见,在开放包容的平等合作机制下,沿线各国不仅能够增进了解,减少其他国家对中国崛起的不适应感,而且各国之间距离不断拉近,还有助于增强彼此互信,建立更加紧密的联系。这无论是对中国的和平发展,还是维护世界的稳定与繁荣,都具有重要的作用。

包容性发展意味着"一带一路"不是封闭的,而是开放的。它重点面向亚欧非大陆,同时向所有国家开放。"一带一路"建设跨越不同地域、不同发展阶段、不同文明,是一个开放包容的合作平台,是各方共同打造的全球公共产品。不排除、也不针对任何一方①。在"一带一路"建设国际合作框架内,各方携手应对全球化带来的新挑战,开创新机遇,谋求新动力,拓展新空间。

第三,坚持以打造人类命运共同体为最终目标。自党的十八大报告提出建设"人类命运共同体"的崇高目标以来,习近平总书记多次在各种外交场合谈及这一理念,并不断地丰富其时代内涵。2015 年 9 月,习近平总书记在联合国大会演讲时,系统地描绘了人类命运共同体的具体内涵和实现途径。这不仅是对该理念做出的最详尽的阐述,也是对当前国际社会面临诸多问题做出的新的回答。

"一带一路"建设是构建人类命运共同体的伟大探索和实践。推进"一带一路"建设,不仅有利于促进中国区域协调发展,为西部地区注入经济活力,还有利于推动国内与国际市场互利合作,对内开放与对外开放同步对接,最终实现共同繁荣。正如习近平总书记2017 年 1 月在达沃斯世界经济论坛年会发表主旨演讲时所指出,树立人类命运共同体意识,携手努力、共同担当,同舟共济、共渡难关,就一定能够让世界更美好、让人民更幸福②。这意味着在"一

---

① 习近平:《开辟合作新起点 谋求发展新动力》,《人民日报》2017 年 5 月 15 日。
② 习近平:《在出席世界经济论坛 2017 年年会开幕式并发表主旨演讲的讲话》,《人民日报》2017 年 1 月 18 日。

带一路"建设框架内开展对外经济合作,各方要彼此照顾相互的利益关切,不能以牺牲他国的利益为代价换取本国的繁荣,不能将本国的成功建立在他国失败的基础上。各国应携手应对世界经济面临的挑战,实现优势互补、互利共赢,不断朝着人类命运共同体方向迈进。

现今人类社会正处在一个大发展大变革大调整时代。世界多极化、经济全球化、社会信息化、文化多样化深入发展,和平发展的大势日益强劲,变革创新的步伐持续向前,但是世界仍不太平,和平与发展的问题仍然没有得到很好的解决。当前世界经济增长需要新动力,发展需要更加普惠平衡,贫富差距鸿沟有待弥合。地区热点持续动荡,恐怖主义蔓延肆虐。和平赤字、发展赤字、治理赤字,这是摆在全人类面前的严峻挑战。这些问题如果得不到有效的解决,人类社会不仅会丧失不断进步的动力和活力,并且长期的衰落和不满情绪的积压会逐渐改变整个国际社会的氛围,由开放、包容、温和逐渐滑向封闭、狭隘和偏执,这对致力于推动全球自由贸易,主张构建开放型世界经济的中国而言,显然不是什么福音。

历史的经验一再证明,当世界经济长期处在增长乏力,甚至是衰退的困境,贸易保护主义就会变得越来越有市场,许多国家会越来越热衷于构建自我保护的狭隘、排他性的政治经济集团。人类在这方面的教训是沉痛的,两次世界大战之间的大英帝国在一连串危机的打击之下,失去了自信,放弃了自由贸易原则,转向在英联邦内建立更为封闭的"帝国特惠制"和"英镑区",其他国家也纷纷群起而效仿,整个统一的世界市场被分割成一个个"势力范围",各国竞相采取排他性的对外经济政策,这导致各国间政治互信恶化,继而开始军备竞赛,最终滑向了第二次世界大战的深渊。无论是从历史的经验还是从现实的利益来看,习近平总书记提出的"一带一路"倡议精准地把握住了时代的脉搏,为世界各国积极开展对外经济合作提供了新理念,注入了新动力,开创了新方向。在新的历史时期开展对外经济合作,本质上就是要构建以合作共赢为核心的新型国际关系,打造对话不对抗、结伴不结盟的伙伴关系。各国应该尊重彼此主权、尊严、领土完整,尊重彼此发展道路和社会制度,尊重彼此核心利益和重大关切。这是"中国智慧"为解决世界和平与发展问题贡献的"中国方案"。

构建保障周边命运共同体建设的地区安全机制

韩爱勇

大国崛起必先崛起于所在的地区,经历从地区大国到洲际大国再到世界大国的历程,这是国际关系史尤其是大国崛起历史的一个基本事实。从18世纪、19世纪英国对欧洲低地国家的强力护持,到1823年美国"门罗主义"的出台,无不折射出这一基本规律。周边地区由此也就成为大国的"战略依托带",这一历史规律对于崛起中的中国而言也不例外。经略周边需要增强在周边地区的影响力和话语权。2013年10月24日至25日,召开了新中国首次周边工作座谈会,确定了未来5年至10年周边外交工作的战略目标、基本方针、总体布局,明确解决周边外交面临的重大问题的工作思路和实施方案。习近平总书记指出:"把中国梦同周边各国人民过上美好生活的愿望、同地区发展前景对接起来,让命运共同体意识在周边国家落地生根。"[1]这是我国领导人首次将命运共同体适用于周边地区。2014年11月28日,习近平总书记在中央外事工作会议上,首次提出"打造周边命运共同体"理念。[2] 构建周边命运共同体成为新时代中国周边外交的整体目标。构建周边命运共同体不仅要塑造周边地区的共同利益,更要解决周边国家的安全关切,构建有效的地区安全机制,以制度性的安排保障周边命运共同体的建设已势在必行。

---

[1] 习近平:《坚持亲、诚、惠、容的周边外交理念》,《习近平谈治国理政》,第299页。
[2] 习近平:《中国必须有自己特色的大国外交》,《习近平谈治国理政》第二卷,第444页。

一、周边命运共同体的重要保障：构建地区安全机制

人们经常引用杰维斯的理解来定义安全机制,即,"容许国家相信其他国家将予以回报而在它的行为上保持克制的那些原则、规则和规范。这一概念不仅指便于合作的规范和期望,而且指超出短期自我利益追逐一种合作形式。"①也就是说,安全机制主要表现为一种服务于长远利益的国家间合作形式,当然这种合作形式集中体现在安全领域,解决国家所面临的安全问题。那么,在一个全球化的时代,周边地区国家间的长远利益又是什么呢？中国的探索就是,秉持"亲诚惠容"的理念,与周边国家一道推动构建周边命运共同体。

从逻辑上看,提出周边命运共同体的倡议在于这样的一个基本事实：在全球化的时代,随着生产力的发展,周边不同地区和国家人们的生活关联度越来越紧密,以至于周边国家在共享越来越多共同体利益的同时,也面临着越来越多的共同问题或者共同威胁。塑造更多的地区共同利益,解决面临的地区共同问题,就是这个时代赋予每一个周边国家的时代使命,回答了周边地区向何处去的时代之问。从内涵上讲,构建周边命运共同体的目的,在于将周边地区建设成一个"持久和平、普遍安全、共同繁荣、开放包容、清洁美丽"五位一体的全新世界,毫无疑问的是这五个方面汇聚了周边国家长远利益的最大公约数。也就是说,构建地区安全机制构成了保障和服务周边命运共同体建设的前提条件和必要手段。反过来,建设周边命运共同体也必然需要构建地区安全机制来做保障,这是由周边地区的安全形势和构建周边命运共同体的内在逻辑所决定的。

周边国家面临着复杂敏感的安全形势。周边国家大多是二战结束后新成立的民族国家,当前他们面临着两大历史任务：现代民族国家的建构和国家的现代化转型。与西方国家不同的是,西方国家是在基本完成了现代民族国家建构的进程之后,才走上国家的现代化转型之路,而周边国家则将这两个进程合二为一,在建构现代民族国家的同时,也在进行国家的现代化建设,两者具有共时性的特征。对于周边国家而言,国家的现代化进程固然重要,但现代民

---

① Robert Jervis,"Security Regimes", in *International Organization*,1982(Spring),Vol.2,p.357.

族国家的建构更为基础,这说明周边国家首要的存在形态还是"领土国家"。①特别是周边国家大多脱胎于西方的殖民体系,而恰恰前殖民者在领土划定过程中的随意性,导致周边地区领土纠纷普遍存在。其结果就是,大多数周边国家的发展并没有直接表现为国家的现代化建设,而是在为维护国家领土完整、政权稳定和军事安全而储备力量基础和物质手段。更甚者有些国家不惜采取极端的发展方式来护持国家的主权,如发展核武器,这也是冷战结束以来周边地区核扩散持续不断且难以缓解的基础性原因。如此一来,我们就会发现西方国家和周边国家所面临的安全问题截然不同,西方国家因为完成了现代民族国家的建构过程,因而对安全威胁的判断更倾向于非传统安全领域。但是,处于现代民族国家建构过程中的周边国家则更关注于维护政权稳定、领土完整和军事安全等传统安全领域,即便是来自非传统安全领域的安全威胁,他们也倾向于从传统安全领域的视角来评估对其国家主权安全的威胁程度。由此我们也看到,所谓传统安全与非传统安全威胁的二分法对于周边国家而言,其实际应用效果远比西方国家弱得多,甚至于完全不适用。因为国家发展阶段的不同,周边国家和西方国家所面临的安全问题根本不一致,使得西方国家的安全二分法难以完全套用在周边国家身上。

当周边国家关注于事关国家生存的安全议题时,一方面会导致国家间战略互信的缺失,关注传统安全议题并不会阻碍周边国家间关系的发展,却制约着国家间战略互信的达成,因为一个国家的安全威胁恰恰可能就来自于自己的周边邻国;另一方面则为域外国家的介入提供了便利条件,特别是当周边国家间的力量对比存在差距的情况下,弱小一方借助域外国家来平衡周边邻国就成为理性的政策选择。其结果就是,周边安全局势和安全议题因为涉及国家的主权而高度敏感,哪怕是安全形势的微小起伏,都有可能促使国家采取高强度的对抗措施,导致地区安全局势的紧张甚至恶化。同时还要看到,周边安

---

① 历史地看,国家的形态可以分为三种:领土国家、贸易国家和虚拟国家。在全球殖民时代,领土国家的形态尤为明显,故此,西方强国的一个主要国际竞争行为就是大肆掠夺殖民地,以扩张其领土控制的范围;二战结束以来,以德国和日本为代表的另一种国家形态出现了,即,国家可以不通过领土扩张而以开展国际贸易的方式,同样可以实现国家的崛起;冷战以后特别是进入21世纪以来,随着社会信息化的发展,国家的第三种形态出现了,即虚拟国家,在信息化和网络化的时代,国家的物理边疆依然存在,但网络的出现事实上使得国家的边界不再像以前那样么固化,而呈现出虚拟的形态。

全局势不仅只是敏感,还有复杂的一面。这有两个原因:一是域外力量的介入,使得地区互动超越了周边的地理限定,地区安全议题被国际化了。二是因为地区国家关注的是无法妥协的国家主权安全,任何领域的议题在国家互信不足的情况下都有可能被安全化,导致出现安全议题的多米诺骨牌效应。

不管是战略互信的缺失,还是引入域外力量来平衡地区大国,都说明一点,处于转型期的周边国家尤其是地区大国,其国力增长和行为的可预期性是不是一种正相关的关系,这是周边国家特别是中小国家尤为关注的。原因很简单,当力量存在差距的时候,小国希望国际规则能够规范和约束大国的行为,也就是通过社会化的方式,让大国的行为变得可预期。由此一来,地区安全机制要求国家在行为上保持克制的那些原则、规则和规范,对于小国而言更为重要也更为看重,这是保障他们安全的重要基础。但是原则、规则和规范总是由大国提出并在实践中逐步建构,对于地区大国而言,其实就是将未来影响地区这一收益的实现建立在当前国家行为自我约束的基础上。① 当前地区国家的这些忧虑恰恰说明,周边地区的安全规范、原则和规则存在着严重缺失。

周边国家关注主权安全有其历史原因和现实基础。对作为发展中国家的周边国家而言,发展是他们的一大核心利益。从理论上讲,发展需要稳定安全的周边环境,发展之后意味着国家拥有了更为坚实的保障国家安全和周边安全的实力基础,因而国家安全和周边安全将因为国家的发展而得以实现。但在现实的周边地区,却出现了完全相反的一种状态:国家和地区安全并没有因为国家实力的发展壮大而得以完全实现,反而出现了越发展越不安全的悖论。比如,中国改革开放之后的发展不可谓不成功,中国维护地区安全的意愿不可谓不强烈,但事实却是,中国持续的经济发展不仅未能带来国家安全收益的提高,反而在中美之间和中国的周边地区形成某种安全困境。这一现状也说明周边安全局势除了"敏感""复杂"之外,还有一个特征就是安全议题的"长期性"。也就是说,在周边地区国家没有完成现代民族国家的建构,没有实现国

---

① 〔美〕约翰·伊肯伯里:《地区秩序变革的四大核心议题》,《国际政治研究》2011年第1期;〔美〕约翰·伊肯伯里:《大战胜利之后:制度、战略约束与战后秩序重建》,门洪华译,北京大学出版社2008年版,第2章。

家的现代化转型之前,这些高政治的安全议题可能要长期存在,相伴于这两个进程的始终。这也说明,周边国家的一个具体的长远利益就是有效管控这些高政治的安全议题,而这恰恰也是构建地区安全机制的必要性之所在。

根据构建周边命运共同体的内在逻辑,周边命运共同体是一个有机整体,包括利益共同体、责任共同体、价值共同体等组成部分;其构建的过程需要经历经济(或利益)共同体、安全共同体,然后才是包含政治、经济、安全、社会、文化等多方面内涵的成熟的命运共同体。[①] 以利益共同体论,周边国家大多为发展中国家,塑造一个有利于国家发展和有利于维护国家安全的地区环境,就是地区国家最大的共同利益。也就是说,利益共同体蕴含了一个必然的内涵,即,要积极推动构建周边地区安全共同体。可以预期的是,一旦周边安全共同体建成了,在共同体内部必然存在着运行高效的地区安全机制,除此之外至少要具备四个条件:地区安全议题得到了有效的管控甚至以非暴力的方式得以解决,每个国家的发展都不再被视为周边邻国的威胁,相互之间提供必要的安全支持,地区内国家间的安全合作大大超过与域外力量的安全合作。[②] 考虑到周边安全形势的现实状况,这种理想状态的周边安全共同体的建构要远比建构经济利益共同体的难度大得多,其过程也将持续更长的时间。本着由易到难的路径,积极构建地区安全合作机制是当前周边国家的最优选择。

构建地区安全合作机制以保障周边命运共同体的建设进程,其价值体现在两个方面:一是工具性价值,即,有效管控地区复杂敏感的安全局势,为周边地区国家的发展塑造一个相对稳定和安全的周边环境。二是目的性价值,即,构建周边地区安全机制本身就是构建周边安全共同体的基础环节,推进地区安全机制构建的过程,也是推动周边命运共同体建设的进程。

二、构建地区安全机制面临的问题

鉴于地区安全机制的极端重要性,中国政府一直主张推进构建周边命运

[①] 周方银:《命运共同体:国家安全观的重要元素》,《人民论坛》2014 年第 6 期。
[②] 王缉思、赵建伟:《扎根亚太,构建人类命运共同体》http://www.aisixiang.com/data/107528.html。

共同体要积极开展安全合作,探索建立区域安全合作新框架。早在2014年4月,李克强就在博鳌亚洲论坛上指出,"构建命运共同体要注重安全合作,积极探讨建立亚洲区域安全合作框架。"①2014年5月,习近平在第四届亚信峰会上进一步提出,要搭建地区安全和合作新架构,努力走出一条共建、共享、共赢的亚洲安全之路。其目的也在于为推动构建周边命运共同体提供安全与信任的基础,在命运共同理念的引导下,周边安全机制构建无疑会呈现出新的进程。尽管如此,周边安全机制建设仍然面临着诸多挑战,需要进行详细分析。

一是中国崛起的周边外溢效应。21世纪国际政治最为显赫的一个变化就是中国的和平崛起,从国际政治的角度可以多方面地阐释中国崛起的意义和影响,如,促进国际权力格局演变、促进世界经济中心转移等等。具体到周边地区,中国的崛起意味着地区权力中心的重塑,周边关系也由此进入转型期,这是中国崛起最为显著的外溢效应。从积极的一面看,中国崛起为周边国家实现国家现代化提供了一个不同于西方的路径选择。尽管不同的周边国家对中国探索的理解不尽相同,但至少在五个方面具有通约性:强化现代民族国家的身份认同、塑造高效政府、实行改革开放(或曰革新开放)、突出经济发展和加强基础设施建设。出于对中国成功经验的效仿,周边一些国家纷纷走上类似的发展道路。最为典型的有1986年越共第六次全国代表大会提出革新开放政策,1992年印度开始实行改革开放,现在朝鲜也在做类似的有益尝试。从广泛的意义上看,这是中国发展道路在周边地区"社会化"的体现,它有助于增强周边国家对中国发展的认同感。当周边国家聚焦于国家现代化发展时,对地区"稳定"而非地区"安全"的诉求也随之提升,其正面的意义在于,即便周边安全问题浮现,只要不是至关紧要的安全议题,周边国家通常的做法就是通过协商解决而非将之公开化和对立化。也就是说,发展而非安全才是周边国家的首要诉求。

消极的一面则体现为,中国崛起在周边地区导致了三种担心,出现了三种行为,并给中国带来三重压力。首先,美国担心被挤出周边,防范和约束中国的一面明显上升,中国面临着被美国挤压战略空间的压力。特朗普的第一份

---

① 《李克强提出三个"共同体"建设和平繁荣开放亚洲》http://www.chinanews.com/gn/2014/04-10/6048613.shtml.

国家战略报告表述得很清楚,中国是意图侵害美国安全和繁荣的修正主义国家,是寻求取代美国在亚洲主导地位的战略竞争对手。其次,日印澳等地区强国担心所在周边次区域(如东南亚之于日本、南亚之于印度和太平洋岛国之于澳大利亚)的主导权旁落,从而加强与美国的战略互动,来自他们的牵制压力增加了。最后,部分周边中小国家担心中国能否抵挡住"霸权"的诱惑,崛起之后成为另一个不叫美国的美国;当然他们也担心周边秩序会随着中国崛起而重回历史上长期存在的朝贡体系,导致朝贡体系的历史复归。不管哪一种情况,周边中小国家对中国心存畏惧依然是"近而不亲";① 中国面临着增信释疑的压力。特别是那些与中国存在领土领海争议的国家压力更大,很容易与美国找到契合点。如何应对一个强势中国,防止中国"做大"似乎成为他们的"准共识"。② 现在的"印太战略"其实就是这些心理作用的产物。

更进一步讲,周边地区地缘政治格局近年来在无形中呈现出三个板块:中国和美国位于两端,中间的则是周边国家;在政策选择上,中美都在积极争取位于中间的周边国家,而几乎所有的周边国家均在中美两国之间持平衡的基本立场。③ 这种地缘政治格局的浮现意味着,当中国力主构建地区安全机制时,最大的障碍并不是中国有没有这样的实力和能力,而在于周边国家包括域外力量对中国的战略疑虑,也就是说,互信特别是战略互信的缺失将成为制约地区安全机制构建的关键障碍。

二是竞争性的地区安全理念。安全理念是构建地区安全机制的基础和先决条件。周边地区存在三种相互竞争的安全理念:同盟安全、均势安全和亚洲新安全观。美国及其周边盟友始终将同盟体系作为维持地区安全的基础,特别是美国始终持有一种浓郁的"民主国家"情结,认为"自由国家之间倾向于保持一种和平的关系。民主国家是彼此之间的天然盟友"④。因此,在安全问题上,美国在欧洲和周边地区采取了两种不同的方式,即集体安全和同盟安

---

① 李晨阳:《对冷战后中国与东盟关系的反思》,《外交评论》2012年第4期,第12页。
② 张蕴岭:《中国周边的新形势与思考》,《国际经济评论》2014年第5期,第40页。
③ 石源华:《中国周边已经出现新的"三个世界"架构》,《世界知识》2017年第15期,第6页。
④ Michael W. Doyle, "A Liberal View: Preserving and Expanding the Liberal Pacific Union," in T. V. Paul and John A. Hall ed., *International Order and the Future of World Politics*, Cambridge University Press, 1999, pp. 41—66.

全。在周边地区尤其是东亚,美国主要以双边同盟体系作为支柱维持地区安全,实现霸权治下的地区稳定。① 周边的中小国家则奉行均势安全,即,拉域外国家以平衡地区内大国影响力的扩展。其中尤以东盟为最,它认为在中美之间保持平衡既可以分享中国经济发展的红利,又可以以美国来制衡中国地区影响力,维持自己的安全地位。中国则主张"共同、综合、合作、可持续的亚洲安全观",强调凝聚共识,促进对话,走出一条共建共享共赢的亚洲安全之路。虽然东盟甚至美国的盟友并不排斥中国的安全理念,但对中国的发展壮大深怀疑虑,因而在实践中总是走走停停,致使亚洲新安全观更多的时候只是停留在理念的层面。

值得庆幸的是,周边国家所持有的安全理念正在经历从绝对安全到相对安全,从个体安全到共同安全,从均势同盟安全到多边合作安全的转变。如:俄罗斯对多边合作安全的制度安排越来越持有一种积极的态度;日本作为美国的盟国虽然以美日同盟作为其对外战略的基轴,但也期待着在多边安全合作中扮演大国的角色,发挥更大的作用;韩国通过美韩同盟再定义已基本实现"利益平衡"与"威胁平衡"的双重目标,②重新将其定位为东北亚的"平衡者",试图以此拉开韩美同盟的距离,维持韩国外交的独立性。东盟、南亚和中亚的一些国家也越来越倾向于在多边的框架下共同应对地区的安全威胁,避免地区或次区域的安全局势始终被某一个大国所主导。即便是美国近来在安全合作上也出现了多边主义的倾向,表现为双边同盟多边化,即追求同盟之间的合作,③进而构筑"美日韩大战略联盟"。④ 也就是说,多边合作安全理念越来越得到周边国家的青睐。

尽管有安全理念上的转变,但是周边地区仍缺乏共同的安全观。⑤ 在对待地区安全的态度上,中俄等国秉持新的安全观,美澳依然倾向于传统的同盟安全观念,日印则摇摆于两者之间,周边小国则依然试图在大国平衡中获取自

---

① 倪峰:《霸权稳定模式与东亚地区政治安全秩序》,《当代亚太》2002 年第 7 期。
② 汪伟民、李辛:《美韩同盟再定义与韩国的战略选择:进程与争论》,《当代亚太》2011 年第 2 期。
③ Matthew Augustine, "Multilateral Approaches to Regional Security: Prospects for Cooperation in North Korea", *The Korean Journal of Defense Analysis*, Autumn 2001, pp. 295—317.
④ 王传剑:《美国亚太安全战略中的美韩军事同盟》,《现代国际关系》2002 年第 5 期。
⑤ 崔立如等:《东北亚安全合作机制国际研讨会主要观点》,《现代国际关系》2005 年第 9 期。

己的安全收益。① 这种地区安全观念相互竞争的复合架构预示着周边地区的安全合作只能是综合传统安全合作与新型安全合作的复合架构,而地区安全机制的构建可能需要一个必要的前提,即,大国之间的安全协调。

三是安全机制的缺失和互不通约。客观地讲,周边地区其实并不缺乏安全机制,主要有五类安全机制:一是美国主导的同盟体系及其双多边安排。二是东盟地区论坛、东盟防长扩大会等以东盟为中心的安全对话合作机制。三是朝鲜半岛核问题六方会谈、阿富汗问题四方机制等旨在解决具体热点问题的专门机制。四是上海合作组织、亚信会议等跨区域安全合作机制。五是以香格里拉对话会、香山论坛、亚太圆桌会议等为代表的一轨半或二轨安全对话平台。这五类机制,既有冷战遗留问题,也有次区域之间的相互不协调,更有安全理念的不一致。② 换言之,周边地区缺乏的是能够覆盖整个地区的安全机制。而从既有安全制度安排的主导力量来看,周边安全机制的互不通约性极为明显且彼此之间相互竞争。周边地区既有的安全制度基本为美国、俄罗斯、印度和东盟所主导,这些区域或次区域安全合作制度往往是某一大国势力范围构建的后果。③ 也就是说,既有安全机制的目的并不在于解决地区的安全问题,而服务于次区域强国谋求区域主导地位的战略需要。各种碎片化且又互相竞争的地区安全机制的存在,一方面使得周边安全局势区域复杂,另一方面也加剧了构建地区安全机制的难度。

四是结构性安全热点问题的存在制约着安全机制的构建。周边地区存在着一些结构性的热点问题,主要有两类:领土领海纠纷和核扩散。短期内,这些问题根本性解决的可能性不是太大。就领土领海纠纷而言,周边地区的领土领海纠纷除了中亚地区之外,普遍存在于各个次区域。以中国为例,中国有8个海上邻国,与他们均存在海洋争端。中国主张管辖海域面积为300万平方公里,争议海域面积高达150万平方公里,占一半。黄海38万平方公里,应划归中国管辖的海域为25万平方公里,其中18.3万与朝韩存在争议,中韩之

---

① 关于安全观念的划分可参见周丕启:《安全观、安全机制和冷战后亚太的地区安全》,《世界经济与政治》1998年第2期。
② 刘振民:《完善区域安全架构 携手应对共同挑战》,《国际问题研究》2016年第6期。
③ Befh Greener,"East Asian Security Architecture:Where to from Here?" *New Zealand International Review*, Vol.34, NO.1(January/February 2009), pp.13—17.

间还有苏岩礁的问题。东海存在着中日海洋划界和钓鱼岛争端。南沙群岛露出水面的 50 多个岛礁,除中国大陆和台湾控制的 10 多个岛礁外,其余的 40 多个岛礁基本上已经被南海周边国家瓜分完毕。① 在陆地上,中印之间存在着领土纠纷。这些领土领海纠纷本质上属于周边国家构建现代民族国家过程中,确定领土国家边界的矛盾。在现代民族国家出现之前,周边国家之间的状态是有边疆而无边界,更没有海疆的概念,这体现了东方人特有的模糊哲学。依据国际法划定领土边界,是西方人追求确定性或者说是确定财产所有权的那种科学精神的体现。经济社会发展产生的人地矛盾,人与资源的紧张,迫使国家延展并确定地理生存空间时,划定边界所需的精确性与原有的模糊哲学迎头相撞,矛盾由此产生。现在看,这些矛盾并没有影响周边国家间关系的发展,但却制约着周边国家战略互信的达成。由此也就构成了地区安全机制构建的深层次制约因素。特别是领土主权的特殊敏感性和排他性,国家间关系很容易因领土问题而出现大的反复,导致已取得的成果被抵消,包括安全互信和安全合作的进展。

第二个结构性的热点问题就是核扩散,世界上九个有核国家,六个在周边地区。如此多的拥核国家在周边汇集,成为影响周边安全环境的一个重大因素。冷战结束以后,中亚地区实现了无核化,但 1998 年的印度和巴基斯坦、2006 年的朝鲜先后进行多次核试验,成为事实上的有核国家,周边地区的核扩散呈现出难以逆转的趋势。从能力上看,日本、伊朗、韩国甚至我国台湾地区在一定程度上也具备核开发的能力,核扩散的趋势会不会蔓延是个很大的问号。② 核扩散在其他地区是"如何防"的问题,但在周边却是"如何反"的问题,人家有的让他自动放弃,比人家没有的阻止他有,难度要大得多。核武器的出现固然有维持地区核恐怖平衡的功能,但另一方面却使得周边地区本就稀缺的互信更加难以达成,同时也为地区安全机制的构建增加了新的内容,即,首先要应对核扩散的问题,这可能也是周边地区构建安全机制不同于其他地区的地方。

---

① 吴士存:《南海问题的由来与发展》,《新东方》2010 年第 5 期;李金明:《南海争议现状与区域外大国的介入》,《现代国际关系》2011 年第 7 期。
② 张小明:《未来影响中国周边安全的因素》,《当代世界》2010 年第 6 期。

当然诸如地区大国地缘政治竞争加剧、部分周边国家的现代化转型等问题也在不同程度上影响着周边地区安全机制的构建,前者构成了构建地区安全机制所必须考虑的外部环境,后者则决定了地区安全机制如何应对地区国家内部的安全风险可能产生的外溢效应。

三、构建周边地区安全机制的思考

周边地区安全局势的复杂性和敏感性说明,构建保障周边命运共同体的地区安全机制,可能首先需要考虑三个问题:一是如何处理大国之间的竞争;二是如何整合周边地区既有的安全机制;三是如何使构建的地区安全机制为地区提供长期性的安全治理和安全保障。

从地区安全机制构建的角度看,大国间的地缘竞争其实就是安全机制构建的外部环境问题。就此而言,周边地区安全机制构建的最大外部因素就是美国。因此,要客观认识周边安全关系中的美国作用,确立"中美邻"的三边分析框架。从中国的角度看,有一种观点认为,相比周边美国更重要,搞好了中美关系就搞好了周边关系,是把周边问题都归因于美国的故意作对。客观地讲,周边安全环境的变化与美国有着莫大的关联,再加上美国的权力优势和防范中国的意图,很容易让人认为美国在捣乱——除了美国自己赤膊上阵,还教唆相关周边国家向中国寻衅。但周边关系的历史也告诉我们,周边之所以处在转型期,一个核心的因素是中国崛起,近年来周边环境大体稳定,虽然复杂但不是严峻,体现的就是中国塑造周边环境的能力上来了。从周边小国来看,任何单一大国主导周边地区都不利于其利益的实现,利用大国之间矛盾,主动在大国间寻求平衡才是最优选择。事实上,大国也总是在试图拉拢和影响小国,也正因如此,在大国间玩弄平衡以实现自己的利益,也成为小国的外交传统和生存之道。[①] 可以说,这一观点既夸大了美国的作用,也忽视了周边国家外交的自主性,更要紧的是低估了中国自己塑造周边环境的能力,失之于客观。与此相反的另一种观点则认为,相比美国周边更重要,中国要实现崛

---

① 张清敏:《搞好周边关系,需掌握小国外交的逻辑》,《世界知识》2017年第16期。

起,必须真正搞好周边关系,尽快把美国从中国周边挤出去。这同样具有片面性,低估了小国外交的难度,更低估了美国的优势和作用,但却高估了我们自身的影响力,同样失之于客观。虽然近年来中国国力提升较快,但跟美国还是有较大差距,尤其是军事力量的差距更大,而且还有一些国家与美国是盟国,这就使得他们在中美之间二选一的时候,很难把中国作为第一选择。[1] 基于"中美邻"三方均在周边问题中发挥着作用,分析周边问题需要一个"中美邻"的三边互动架构,将中美关系和周边关系联系起来而不是相互割裂甚至对立起来。

客观地讲,美国的作用也有积极一面,如提供地区公共产品、地区治理等。虽然美国的地区存在尤其是美国主导的同盟体系有其难以克服的弊端,但基于美国地区存在的长期性,任何试图将美国排除在外的地区安全架构短期内都不太现实。同样的道理,周边地区其他方向由地区大国构建的安全机制也不可能因为新安全机制的构建而自动消弭。这也就决定了未来地区安全机制一个极为鲜明的特征将是开放性,将各种有利于地区稳定与安全的因素都纳入进来。整合周边地区既有的安全机制,需要地区国家尤其是地区大国在安全理念上形成初步的一致认知。在这方面,中国所倡导的"亚洲新安全观"在舆论上有优势。现在看,在对安全的理解上融入"正义、开放和包容"这些新元素的"亚洲新安全观"有可能在观念上重塑周边国家对安全的认知。

首先,关于正义的理念。安全的实现需要有一个道德的底线:不能损害他国的安全,尤其是不能侵害他国作为国际社会平等一员的国家尊严,这是正义的安全理念的核心内涵。亚洲新安全观倡导通过国家间的平等合作实现大家的普遍安全,这就将平等的理念置于实现国家和地区安全的前提之下,给安全的实现赋予坚实的正义基础而不再是建立在机械的力学式的权力制衡基础上。

其次,开放的安全理念。安全不是封闭的和排他的,只有实现所有国家的安全,地区安全才有保障。同样,安全也不是垄断的和竞争的,而是共享的和合作的,只有地区国家拥有共同分享安全成果的机会,安全合作才能达成,安全威胁才能消除。在实践层面,周边地区的安全内涵越来越多元和复杂,应对

---

[1] 周方银:《周边环境走向与中国的周边战略选择》,《外交评论》2014年第1期。

安全威胁的需要已经远远超过某一国家或某一单一机制所能承受的能力范畴,需要地区国家秉持开放的安全理念共同合作应对地区安全威胁,需要各个地区安全机制相互协调、配合以打造全地区、全功能领域覆盖的安全合作框架,同时,以宽阔的视野寻求包括地区内外的安全合作路径并构建开放的合作平台。

再次,包容的安全理念。周边国家的差异性和多元化极为显著,不管是社会制度、发展道路、价值观念、文化传统还是发展阶段都不尽相同,这就决定了实现地区安全应以保留周边国家的差异性和多样化为前提。因此,周边安全的实现本质上是一种功能性的合作,即以实现安全保障功能为目的,不以制度特征、宗教背景和发展阶段为门槛。同时,周边安全合作进程也是一种结构性变化,即在实现安全这一共同功能的前提下,通过合作化解各方的差异性冲突,最终达到存小异而求大同。因此,新安全理念需要有包容的维度,安全合作中不再持有异端的心态,不再将遏制甚至对抗作为实现安全的唯一手段。

推动"亚洲新安全观"成为周边国家一致认同的安全理念,首先需要做的是让周边国家不将中国的行为视为地区安全威胁,这一方面需要中国明确自己利益诉求尤其是安全利益诉求的边界;另一方面要坚定奉行地区多边主义,将多边主义的规范内化为自己的行为模式。国际社会的经验表明,只有用多边主义的规则来界定自己的行为和利益时,大国的行为才变得可以预期和可以约束。[①] 此时大国的力量不再是地区安全的威胁而有可能成为护持地区安全的保障。这一点对于今天的中国而言,具有一定的启示意义。

好的安全理念需要有效的安全实现架构来付诸实施,才能为地区提供长期性的安全治理和安全保障。周边地区大国林立、安全机制众多、安全理念各异、安全局势复杂敏感的现状,周边地区的安全机制更有可能以一种复合型安全架构的面目出现。基于实践的观察,以解决安全问题为导向的"开放型大国协调"有可能在这一复合型安全机制建构过程中发挥独特而有效的作用。

大国协调是指国际体系(包括全球层次或地区层次)中最重要的几个国家同意就全球或地区安全问题展开合作,通过召开一系列的外交会议来共同

---

① 〔美〕约翰·伊肯伯里:《大战胜利之后:制度、战略约束与战后秩序重建》,门洪华译,北京大学出版社 2008 年版,第 2—3 章。

维持和平。① 周边地区大国协调的核心行为体可以为中国、美国、俄罗斯、日本以及印度五国,协调旨在就各国的战略利益以及地区广泛的安全问题而达成一致的原则,作为集体行动或集体反应的合法性依据,从而保障地区不出现危及地区稳定的重大安全危机。这样一来因为囊括了地区的所有大国,因而可以实现安全治理的地区覆盖。在具体的安全问题上,大国协调应具有相应的开放性,即,应对某一个次区域方向的安全议题时,将某个或某些地区国家纳入进来形成"大国+X"的协调架构,既照顾到地区个别国家的安全关切,同时又与既有的、有针对性的地区安全机制如联盟、安全论坛、安全热点专门机制、跨区域安全合作机制和安全对话机制等实现对接。② 如此一来就可以形成以开放型的大国协调机制为基础,对接既有的地区安全机制构建地区复合型的安全架构。需要注意的是,在大国协调机制内,有必要设立相应的制度,以约束大国的冒险行为和背叛集体行动的行为。

虽然复合型安全机制有效地整合了既有的安全机制,特别是发挥了大国在地区安全治理上的特殊作用和特殊责任,从而能对地区安全事务管理,尤其是在"管控分歧"上起到更为有效的作用,③但整个周边地区的安全秩序尚处于渐进性的演变之中,因此,这种复合型安全架构不可避免地具有过渡性质。如果这一安全架构能够保持地区的稳定,促进地区国家间安全互信的达成,它的功能性价值也就体现了出来。推动构建周边命运共同体是一个长期的过程,构建地区安全保障机制虽然是基础性工程,但同样也是一个长期的过程。就此而言,任何地区安全机制都不可避免地具有过渡性和演进性的特质,但只要两者是相向而行的,都必然是周边国家值得探索的有益尝试。

---

① 于铁军:《中美日协调是当前构建亚太地区复合安全架构的重点》;刘贞晔:《大国协调与美国战略重心东移的应对策略》,《国际关系学院学报》2012 年第 4 期。
② 刘振民:《完善区域安全架构 携手应对共同挑战》,《国际问题研究》2016 年第 6 期;凌胜利:《构建周边命运共同体:挑战与对策》,《国际问题研究》2017 年第 5 期。
③ 宫力:《冷战后美国对外战略演变与中美关系》,《美国研究》2012 年第 3 期。

积极参与全球贸易体制改革　争取贸易规则的制定权

熊　洁

进入新世纪以来,特别是2008年金融危机之后,在逆全球化潮流兴起和全球贸易结构变化的深刻影响下,WTO主导的全球贸易体制遭遇了前所未有的挑战,要求WTO改革的声音愈来愈高。在这一背景下,中国审时度势,积极发挥在全球贸易体制中不可替代的作用,努力提高中国和广大发展中国家在此问题上的话语权。

一、WTO主导的全球贸易体制遭遇前所未有挑战

第二次世界大战以后,《关税及贸易总协定》(GATT)及其后继者世界贸易组织(WTO)推行的多边主义构成全球贸易体制的基石,并在全球贸易治理中发挥了基础性作用。与金融、投资等其他领域相比,世界贸易体系构架相对完备,组织相对完善,职能相对清晰。作为关税与贸易总协定(GATT)的继承者,1995年成立的WTO在制度建设方面远超于前者,在贸易领域,超越了传统的货物贸易议题,在"与贸易相关的知识产权协定""与贸易相关的投资协定""与贸易相关的服务协定"三驾马车的支撑下,议题扩充到了知识产权、投资和服务等多个领域。[①] 然而进入新世纪之后,WTO的运行日渐举步维艰,2008年全球金融危机加剧了这一趋势。而自成立之日起WTO主要履行三个

---

① WTO成立的协定(Agreement Establishing the WTO)中官方提到的职能是五个,另外两个职能分别是推动WTO协定的执行,以及与IMF、世界银行等世界组织协调以保证全球经济政策制定的连贯性。参见Article III Functions of the WTO, Agreement Establishing the WTO。

功能——多边贸易谈判、争端解决机制、对成员国自由贸易政策监督和执行——都遭遇了前所未有的困境。

(一) 多边贸易谈判：多哈回合谈判停滞不前

旨在降低关税,推动自由贸易的多边贸易谈判是 GATT 和 WTO 最重要的职能之一。2001 年 11 月开始的多哈回合,宗旨是促进世贸组织成员削减贸易壁垒,通过更公平的贸易环境来促进全球特别是较贫穷国家的经济发展。谈判包括农业、非农产品市场准入、服务贸易、规则谈判、争端解决、知识产权、贸易与发展以及贸易与环境 8 个主要议题。多哈回合虽是多边谈判,但真正的谈判主角是美国、欧盟和由巴西、印度、中国等发展中国家组成的"20 国协调组"。虽然各方分歧非常复杂,但主要分歧还是发达成员和发展中成员之间的分歧,主要原因是发展水平不同,因此利益和需求也不同。发展中成员希望美欧降低农业补贴并开放农业市场,取消农产品补贴;美欧等发达成员的主要目标是进一步打开发展中成员的工业品和服务市场,同时在多边协定中以本国法为蓝图,制定服务贸易、知识产权、环境、劳工等高标准规则。[①] 双方利益难以调和,如何达成一项平衡的协议,使各方均得到好处而又尽量避免损失就成了谈判中的最大难题。多哈回合谈判的几届部长级会议谈判陷入僵局,进展甚微。

(二) 争端解决机制：上诉机构停摆

争端解决机制是 WTO 成立后新增机制,也是 WTO 区别于 GATT 的重要进步。如果一个成员国对另一个成员国提起诉讼,上诉机构可以对违反 WTO 现行法律的行为做出裁决,还可以批准采取提高关税的报复措施。自成立至今,WTO 争端解决机制已经接受处理了 595 起诉讼,其中美国发起或参与发起的诉讼有 124 起,美国被诉 154 起,[②]显然美国对该机制的判决结果并不满

[①] 陈伟光、王燕:《全球经济治理制度博弈——基于制度性话语权的分析》,《经济学家》2019 年第 9 期。

[②] 根据 WTO 争端解决机制案例数据整理,https://www.wto.org/english/tratop_e/dispu_e/find_dispu_cases_e.htm。

意。近些年美国多次表达了对WTO争端解决机制的批评,同时强调它是美国要求WTO必须改革的重要内容。美国官员曾表示,上诉机构经常试图填补WTO规则中的漏洞,而不是解读法律。① 美国对WTO争端解决机制不满的表面原因是争端解决机制自身缺陷,如程序透明度和第三方参与的不足。但其更深层原因则是美国近年来在若干涉美争端中的败诉以及WTO立法职能的瘫痪。比如2008年以来,中国在四起针对美国和欧盟的反倾销、反补贴案中获得关键问题的胜诉,使美国认为WTO不但未能维护其利益,还给其带来了灾难。② 因此,美国阻挠WTO争端解决机制下上诉机构法官连任及纳新,迫使争端解决机制停摆。WTO上诉机构(The Appellate Body)常设七位法官,正常运转至少需要四名法官。自2017年7月以来,美国一直在程序方面阻挠任命上诉机构的新法官。由于上诉机构法官无法纳新达到规定人数,2019年12月11日,WTO上诉机制正式陷入瘫痪,长此以往WTO争端解决机制可能名存实亡。一旦该机制失效,国际贸易有可能陷入"丛林法则"支配的危险境地,世贸成员尤其是发展中成员恐陷入无力维权的困境。

(三)对成员国自由贸易政策监督和执行:诸边协定和地区贸易协定的冲击

从GATT到WTO的传统是一揽子协定,即所有成员国只要加入世界贸易组织,有义务和责任受到WTO框架下所有多边协定(the agreements in the WTO package)的约束。比如一个新的成员国经过谈判加入WTO之后,将自动受到《与贸易相关的知识产权协定》(TRIPs)的约束。同样地,一旦有成员国决定退出WTO,这意味着它退出WTO框架下所有协定。而对于诸边协定(plurilateral agreement)完全是另外一套逻辑,WTO成员可自愿加入,加入诸边协定并不是成为世贸成员的必需条件;诸边协定只对签字国有效,其

---

① 《全球贸易需要独立的仲裁机构》http://www.ftchinese.com/premium/001085502?archive.
② 王燕:《全球贸易治理的困境与改革:基于WTO的考察》,《国际经贸探索》2019年第4期。

所确立的权利与义务并不当然地给予世贸组织的所有成员。① 诸边协定分为排他性协定和开放式协定。WTO 曾有两个诸边协定,国际奶制品协定和国际牛肉协定,在 1997 年年底终止,并入到农产品以及卫生防疫协定中。WTO 协定附件中现在尚存的两个诸边协定——民用航空器贸易协定和政府采购协定——都是排他性协定,均是 20 世纪 80 年代东京回合遗留的产物。前者只有 32 个签署国,后者有 48 个签署国;其协定内容仅对参加方适用,不允许其他成员"搭便车"享受协定利益。2015 年取得突破性进展的《信息技术协定》(ITA)谈判则是开放式诸边,1997 年谈判的时候只有 40 个国家参与谈判,扩围谈判的国家也只有 20 多个国家,但是这些"关键少数国"的信息技术产品占全球 90%以上。该协定内容多边化,允许其他成员享受协定带来的好处。

随着 2008 年金融危机后多哈回合谈判陷入僵局,诸边谈判似乎成为 WTO 谈判的新选择,甚至有人提出"诸边协定是 WTO 的逃生路线"。② 2015 年内罗毕部长级会议时发展中国家和发达国家对多哈回合谈判的议题和形式的分歧达到白热化:发展中国家坚持继续既有的授权谈判议题,这些议题框架基本上是在乌拉圭回合谈判中确定的;而发达成员则主张通过探索新的框架和谈判议题,推进谈判新进展,这里新的谈判框架即诸边协定。2017 年布宜诺斯艾利斯部长级会议时诸边谈判有所回归,会议期间出现了各种不同组合的成员小组,不再是单纯的发达成员或发展中成员的组合。无论是电子商务、投资便利化还是中小微企业,这些议题的推进成员既有欧盟、日本等发达成员,也有智利、哥伦比亚等中小发展中成员。③ 目前关于诸边协定的看法仍然有诸多分歧,反对者认为诸边协定违背了 WTO 一贯的多边主义原则,事实上是一种倒退,更是对以多哈回合为代表的自由贸易谈判遭遇停滞的一种妥协。倡导者则认为诸边谈判显然效率更高,为贸易谈判提供了新的路径选择,诸边机制可以增强 WTO 的基本功能,增进成员之间的国际合作,是 WTO 未来改革的重要方向。甚至有激进的支持者甚至将自由贸易协定(FTAs)视作诸边

---

① WTO, *Agreement Establishing the WTO*, pp. 13—14, https://www.wto.org/english/res_e/booksp_e/agrmntseries1_wto_e.pdf.

② Rudolf Adlung and Hamid Mamdouh, "Plurilateral trade agreements: An escape route for the WTO?", January 2017, https://www.wto.org/english/res_e/reser_e/ersd201703_e.htm.

③ 雷蒙:《多边贸易体制发展进入新时代》,《WTO 经济导刊》2018 年第 1 期,第 11 页。

协定的重要组成部分。①

与诸边协定共存的还有地区贸易协定。20世纪90年代之后伴随地区主义的兴起,地区贸易协定蓬勃发展,进入新世纪之后特别是2008年金融危机之后,地区贸易协定迎来了新一轮的发展。截至2020年1月17日,在WTO报备的涉及货物、贸易和新增项目的地区贸易协定数量达到483个,其中已经生效实施的303个。② 地区贸易协定究竟是多边贸易体系的垫脚石还是绊脚石,换句话说,它是对全球贸易体系的加强,还是对全球贸易体系的分化,一直存在争论。2008年金融危机后地区贸易协定的发展趋势显然有了新的特征,其一,其广泛性更强,涉及的国家数量多于过去,比如跨太平洋伙伴关系协定(TPP)、区域全面经济伙伴关系协定(RCEP)、跨大西洋贸易与投资伙伴协议(TTIP)等。其二,跨区域协定有所增加。过去的地区贸易协定一般都是特定区域内的合作,今天跨区域的贸易协定成为新趋势,比如TPP/CPTPP涉及的国家包括亚洲、北美、南美等多个区域。其三,涉及议题远超从前。传统的地区贸易协定以货物贸易为主,2008年之后服务贸易以及新增项目,比如电子商务等相关内容显著增加。新一轮地区贸易协定,特别是跨区域贸易协定的推进对举步维艰的WTO而言意义非常,很多在WTO框架下多边贸易谈判中无法推进的议题和内容,被相关国家在地区贸易协定践行,如美墨加协定中充斥了众多美国在其他多边场合无法推行的议题和标准,比如超高标准的劳工原则和原产地原则、数据贸易等等。有学者认为发达国家正在"曲线救国",通过地区贸易协定将部分议题和标准变为现实,以便在未来WTO多边谈判中获得更多的砝码,迫使发展中国家接受。

二、全球贸易体系变化背后的深层原因

全球贸易体系变化是由国际战略力量对比变化引起的。以中国为代表的

---

① Michitaka Nakatomi, Plurilateral Agreements: A Viable Alternative to the World Trade Organization? in Richard Baldwin, Masahiro Kawai and Ganeshan Wignaraja ed., *A World Trade Organization for the 21st Century—The Asian Perspective*, Edward Elgar Publishing Limited, 2014, pp. 372—374.

② WTO官方数据整理,参照 https://www.wto.org/english/tratop_e/region_e/region_e.htm#facts。

新兴经济体发展迅速,发展中国家和发达国家的整体差距在缩小,对全球经济增长贡献超过发达国家。后危机时期全球经济增长动力结构发生深刻变革,20世纪90年代美国对全球增长贡献为29.1%,G7贡献56.8%,发达国家整体贡献76%;2008年金融危机爆发十年来,该指标分别下降到10.2%、15.1%和25.9%。20世纪90年代中国对全球增长贡献为8.3%,金砖国家贡献11.5%,新兴和发展中国家贡献23.9%;过去十年该指标分别上升到35.4%、47.9%和74.1%。这一趋势自然会体现在国际贸易领域。

(一)国际贸易领域格局发生变化

从2012年起,发展中国家的货物贸易进出口的年增长都超过发达国家以及全球平均水平。2014年发展中国家的货物贸易已经接近全球体量一半,达到48%,2019年发展中国家的货物贸易达到8.779万亿美元。① 其中中国的表现非常亮眼,2010年中国GDP超过日本,成为世界第二大经济体,2011年成为世界第一大制造业国,2012年成为世界第一大贸易国。美国国家统计局数字显示,2017年中美贸易顺差3755.6亿,2018年中美贸易顺差4195.27亿。中国海关数据,2017年中美贸易顺差为2758亿美元,2018年中美双边贸易进出口总值为6335.2亿美元,其中出口4784.2亿美元,进口1551亿美元,贸易顺差为3233.2亿美元。② 其他发展中国家表现也很突出,2008—2018年10年间越南的货物贸易年平均增长达到14.8%,服务贸易达到10%;缅甸10年间服务贸易的年增长达到40.9%。③ 由于发展中国家经济结构的提升和产业链的延伸,发展中国家之间的出口(南南贸易)已经超过发展中国家对发达国家的出口,占其出口总量的52%。④

发展中国家与发达国家力量对比的变化也深刻反映在多哈回合多边贸易谈判过程中。20世纪乌拉圭回合谈判时,发达国家在其中扮演核心作用,所有议题基本是在发达国家"四国集团"示意下设定的,同时通过大棒+利诱、议

---

① WTO, *World Trade Statistical Review 2019*, p.8.
② 根据中国海关和美国国家统计局数字整理。
③ WTO, *World Trade Statistical Review 2019*, p.12.
④ Ibid., p.13.

题联系等多种方式迫使发展中国家接受。此次多哈回合谈判发展中国家开始扮演重要角色,不但在议题设置方面和发达国家针锋相对,坚持 WTO 固有原则,并且在农产品准入等核心问题上与发达国家展开拉锯战。可以说,发展中国家开始团结并且发挥积极作用,是多哈回合谈判陷入僵局的重要原因之一。

(二) WTO 现有制度存在问题——无法适应国际贸易的巨大变化

WTO 成立以来,特别是 2008 年以来,随着全球化的迅速发展和新兴国家的群体性崛起,国际贸易无论是规模,还是内容都发生了巨大变化,而 WTO 并没有及时对此做出反应。

第一,国际贸易内容发生变化,WTO 现有制度无法积极应对。WTO 相关制度政策未能充分应对。尽管筹备 WTO 的乌拉圭回合谈判已经未雨绸缪,前瞻性地起草了《与贸易相关的服务协定》等多边协定,但整个 WTO 的制度框架更多地基于传统的货物贸易,这与近年贸易的强劲发展趋势格格不入。另外,WTO 创建四分之一世纪以来,世界经济快速发展并出现多重深刻演变。信息技术产业革命与互联网快速普及重构世界经济,电子商务与数字经济新业态蓬勃发展要求创新相关多边经贸规则填补空白。[①] 与此同时,各国关注的数字贸易、环境问题、劳工标准等议题,在现有的 WTO 制度中或体现不足,或尚未关注,但很多地区贸易协定已经将这些议题纳入,甚至制定了具体的标准和准则,因而对 WTO 起到倒逼作用。

第二,WTO 现有制度效率较低,遭到质疑。仅以 WTO 争端解决机制为例,目前该机构被抨击过分依赖专家组程序和上诉程序,磋商程序几乎不起任何实际作用;上诉法庭审案拖沓,逾期审结案件成为常态。这也是美国执意放任 WTO 争端解决机制上诉机构停摆的重要理由。根据上诉机构的程序规则,上诉法庭应该在 60 天内审结案件,在案情复杂的情况下,上诉法庭审理案件的时限可以延长至 90 天。但到目前为止,上诉法庭基本上没有遵守这一规定。自 2013 年以来,上诉法庭审理纠纷的平均期限为一年,在"美国飞机案"

---

① 卢峰:《WTO 改革 2019 新进展(下篇)》http://www.ftchinese.com/story/001085367?ad-channelID=&full=y&archive.

中,上诉机构共用了346天;上诉机构最近审理的三个案件,分别用了265天、207天和262天。WTO原总干事拉米,也曾表示WTO现有行动手册还没有发展到确保每位成员都能在平等竞争环境中被提供服务。因此,WTO需要在特定领域进行更新改革,以实现这一目标,并保持其有效性和相关性。①

(三)逆全球化兴起,西方国家国内政治对国际贸易认知的变化

2008年金融危机之后,逆全球化思潮抬头,主要西方发达国家因为对其国内部分行业、地区和要素的不公平的分配后果而质疑全球化,甚至全面否定全球化。逆全球化倡导者认为,西方国家的全球化政策和策略所带来的一系列全球问题,不仅使发展中国家深受其害,而且也不利于西方发达国家的发展。2008年金融危机之后,西方国家内部出现民粹主义、绿色政治,民众要求公平与正义。2016年英国公投脱欧,拉开逆全球化序幕;2017年特朗普就任美国总统,其名言"美国优先",上台后力推贸易保护主义,经济逆全球化趋势进一步明朗。进而德国、法国、意大利和巴西等国的政治局势都不同程度转向保守与民粹,"意大利优先""巴西高于一切"等民族主义抬头;在印度鼓吹民族主义的莫迪政府实现连任。逆全球化思潮的直接表现:一是鼓吹本国利益优先的贸易保护主义,二是民粹主义政党上台,三是倡导全球化和自由贸易的声音式微。在政策调整过程中,由于各国都以自身利益为重,从而催生了贸易保护主义的发展趋势。保护主义具有传导性特征,一国的保护主义措施会导致与相应国家政策调整的恶性循环,破坏了世界自由贸易的正常运转,破坏各国政策的延续性和可预期性。毫无疑问,逆全球化思潮使得倡导多边主义的全球贸易体制更加举步维艰。

(四)特朗普政府贸易领域新举措

第一,用"公平贸易"取代"自由贸易"。特朗普政府一改二战后推动"自

---

① 帕斯卡尔·拉米:《WTO改革迫在眉睫》http://www.ftchinese.com/story/001082202?ad-channelID=&full=y&archive.

由贸易"的传统,转向"公平贸易"。二战之后,由于自身经济实力相对于其他经济体的优势地位,美国默许对包括欧洲盟友在内的世界其他经济体相对倾斜的贸易政策,允许他们保持对美国产品相对高的关税水平,同时通过关税与贸易总协定(GATT)以及世界贸易组织(WTO)等多边机制,倡导自由贸易。20世纪70年代末以来,由于美国贸易赤字不断增加,美国转而开始讨论"公平贸易",或者互惠贸易。① 在这种情况下,"自由但是公平的贸易"②的新理念开始流行。特朗普上台之后,重新开始推崇"公平贸易"以及"对等贸易"的理念。特朗普本人及其政府高级官员都在公开场合表示美国在国际贸易中处于不利地位,要求其他国家包括盟国采取对等互惠的关税政策。相比于自由贸易政策,"公平贸易"政策更适于竞选活动或集会拉票,利于加固选票基础。当美国面临的竞争压力增大时,就会指责他国存在不公平贸易行为,试图转移压力。③ 在美国的话语体系中,如果其他国家的开放水平低于美国的开放水平,自由贸易就被认为是"不公平"的。换言之,公平贸易意味着要求在开放水平方面实现对等。当然,从有利于减少贸易壁垒的角度讲,这里关于公平贸易的要求值得称道,但这一主张忽视了各国发展水平的不同。如果因为他国不屈服于美国的要求,就对他国关闭美国市场,有违自由贸易原则。从理论上讲,即便没有获得对等,美国仍然会从单方面的开放中获益;如果在他国开放市场的同时,美国也打开自己的市场,一般来说美国会得到双重红利。如果开放对方市场的要求被拒绝,美国继续向那些一开始不愿开放的国家展示自由贸易的好处,或是去游说他们开放,才是正确的做法。"公平贸易"政策的本质是美国优先,即美国利益至上。

第二,采用单边政策或者双边谈判取代多边路径。特朗普总统从竞选伊始就表达了对当时美国贸易政策特别是多边贸易机制的不满,上台之后旋即退出跨太平洋伙伴关系协定(TPP),重起北美自由贸易区谈判;并且通过包括

---

① Senator Max Baucus,"A New Trade Strategy: The Case for Bilateral Agreements",*Cornell International Law Journal*,1989,vol. 22,p. 1.

② Bhagwati,J.,"United States Trade Policy at A Crossroad",*The World Economy*,1989 Dec.,pp. 439—470.

③ Douglas Irwin,*Clashing over Commerce: A History of US Trade Policy*,The University of Chicago Press,2017,p. 602.

威胁退出 WTO 等各种方式施压,要求 WTO 按照美国意愿进行改革。同时,美国充分利用本国在全球经济中的权重和话语权,粗暴使用"301 条款""232 条款""长臂管辖"单方面提高关税等方式,迫使其他国家(包括盟友)坐在谈判桌前与其开展或重谈双边经贸协定,比如美韩自由贸易协定、美日自贸协定、中美经贸谈判、美欧经贸谈判等等。

三、各方关于 WTO 改革的立场

特朗普上台后,从来没有停止对全球贸易体制的批评,他指责 WTO 的协议是"史上最糟糕的贸易协定",他曾多次威胁,如果 WTO 不做出让他满意的改革,美国就退出 WTO。由于美国的施压,WTO 改革受到了前所未有的关注。2018 年 APEC 领导人非正式会议议程、二十国集团领导人第十三次峰会议程等多个多边场合,都将 WTO 改革列入其全球经济治理的议事日程。美国、欧盟和日本的贸易部长在多个场合会晤,并且就 WTO 改革联合提案达成一致。在发达国家积极行动的背景下,各主要大国和地区组织也在不同场合发声,阐述自己关于 WTO 改革的立场,甚至提出具体原则和方案。

2019 年 3 月 1 日美国贸易代表办公室发布的《2019 贸易政策议程及 2018 年度报告》中,提到美国对 WTO 改革的建议如下:[①](1)WTO 必须解决非市场经济的挑战。WTO 的规则框架没有充分预料到经济主要由国家主导的成员对全球贸易造成的破坏性影响。(2)WTO 争端解决必须充分尊重成员的主权政策选择。WTO 的争端解决机制,尤其是上诉机构层面的争端解决机制,已经偏离了最初的谅解,大大削弱了现行制度的政治可持续性。(3)WTO 成员必须遵从通知义务。对通知义务的遵从不力使 WTO 缺乏对现有义务的重要执行信息,并且也相应导致谈判进展不足。(4)必须改革

---

① USTR,2019 Trade Policy Agenda and 2018 Annual Report of the President of the United States on the Trade Agreements Program, March 2019, pp. 101—102, https://ustr.gov/sites/default/files/2019 _Trade_Policy_Agenda_and_2018_Annual_Report. pdf.

WTO对发展中国家的待遇问题,以反映全球贸易现状。虽然WTO适用联合国标准界定了"最不发达国家"(LDC),但"发展中国家"的界定并没有WTO标准。

2018年7月,欧委会正式公布"WTO现代化的欧盟提议",针对三个方面提出WTO改革建议:(1)WTO例行工作和透明度;(2)WTO的规则制定,包括处理发展问题的方式;(3)WTO争端解决。① 该文件认为WTO当前面临危机、持续被边缘化,其根源在于WTO现有体制的低效率。在规则制定方面,除了拓宽谈判议程(例如对服务和投资建立新规则)、对发展问题采取新的处理方式,还应加强WTO规则制定活动的程序,尤其是增强谈判方式的灵活性。欧盟主张"灵活的多边主义"理念。其含义是指:对特定议题感兴趣的成员,在该议题未能得到"完全的多边协商一致"情况下,应当能够推进该议题并达成协定,只要协定的收益在最惠国待遇基础上可以被所有的其他成员获取。② 欧盟提出以下建议:(1)在可能取得成果的领域继续支持多边谈判;(2)在多边协商一致无法实现的领域,积极支持和寻求诸边谈判,此种谈判应面向所有成员开放,使其可参加,且结果将在最惠国待遇基础上实施。

针对美欧等发达经济体就WTO改革的频频发声,发展中国家也表达了自身的立场。2019年5月13—14日,中国、印度等23个WTO发展中国家专门在印度德里举办部长级会议,发表了《共同努力加强WTO以促进发展和包容》的成果文件,文件强调了WTO的核心价值和基本原则,重点关注了WTO上诉机构法官补缺、特殊和差别待遇、农业协议对发展中国家不公正、渔业补贴等问题。尤其表达了希望WTO充分考虑发展中国家特别是最不发达国家的实际状况和利益。2019年7月非洲国家联盟、印度等国家提出"通过包容性方式加强WTO透明度",强调应优先考虑发达国家承诺未履行的义务通报问题。同年7月22日,印度、古巴、玻利维亚、厄瓜多尔、马拉维等发展中国家向WTO提交提案"加强WTO以促进发展与包容",明确表示反对单边主义,坚决维护多边贸易体制;WTO上诉机制改革应当保持其建立以来的基本特

---

① European Commission, WTO-EU'S Proposals on WTO modernization, Brussels, July 2018, WK 8329/2018 INIT.

② 谢珵:《诸边贸易协定和WTO谈判的路径选择》,《国际经济法学刊》2019年第2期。

征,比如独立的双层争端解决机制、程序启动的自主性、决策的反向协商一致(negative consensus)等。①

四、中国的角色与应对

改革开放 40 多年来,随着中国经济的快速发展,中国已经成为当之无愧的贸易大国,特别是 2001 年加入世界贸易组织之后,中国在全球贸易版图中起着举足轻重的作用。2018 年中国是货物贸易第一大国,货物出口量 2.49 万亿美元,占全球份额 13%(1983 年为 1.2%,2003 年为 5.9%),排名第一,货物进口量 2.14 万亿美元,占全球份额 11%(1983 年为 1.1%,2003 年为 5.4%),仅次于美国,排名第二。② 另外,中国是世界第二大服务贸易国(服务进出口量总和),2018 年服务进口 5210 亿美元,占全球份额 9.5%,排名第二,仅次于美国;服务出口量 2650 亿美元,占全球份额 4.6%,排名第五,次于美国、英国、德国和法国。③ 从贸易行业和产品看,中国在制造业、钢铁、办公和电信设备、纺织品、服装等产品的出口中位列世界前茅。④ 2006 年美国是 127 个国家最大贸易伙伴,中国是 70 个国家的最大贸易伙伴,2012 年中国进出口贸易量总和超过美国,成为全球最大贸易国,同时成为 124 个国家的最大贸易伙伴,美国则保留 76 个国家最大贸易伙伴身份。⑤ 在中国实力日益增长、在全球贸易中扮演举足轻重角色的背景下,特别是国际贸易的"冬天正在来临"的关键时刻,中国正在通过发出更响亮的中国声音、奉献更多的中国智慧、提供更多的中国方案,为促进全球贸易和经济增长注入正能量。

---

① WTO, WT/GC/W/778/Rev.1, Strengthening the WTO to Promote Development and Inclusivity, 22 July 2019.
② WTO, *World Trade Statistical Review 2019*, pp.48—51, pp.98—101.
③ Ibid., p.102.
④ Ibid., pp.114—120.
⑤ China Overtakes US as World's Largest Trading Country, RT News, 11 Feb, 2013, https://www.rt.com/business/china-us-largest-trading-country-908/.

(一) 积极推进 WTO 改革和贸易谈判进程

第一,中国积极发声表达中方关于 WTO 改革的立场和原则。针对美欧日就 WTO 改革的密集对话以及外交游说活动,2018 年 9 月 27 日,中国商务部发言人高峰表示,世贸组织并不完美,特别是当前保护主义和单边主义盛行,世贸组织权威性和有效性受到挑战。为此,中方支持对世贸组织进行必要的改革,推动多边贸易体制与时俱进,更好地回应时代的发展。2018 年 11 月,中国发布《中国关于世贸组织改革的立场文件》,阐述了对世贸组织改革的基本原则和主张。① 2019 年 5 月 13 日,中国向世界贸易组织正式提交了《中国关于世贸组织改革的建议文件》,提出 WTO 改革坚持三项基本原则:第一,维护非歧视、开放等多边贸易体制的核心价值,为国际贸易创造稳定和可预见的竞争环境。第二,保障发展中成员的发展利益,纠正世贸组织规则中的"发展赤字",解决发展中成员在融入经济全球化方面的困难,帮助实现联合国 2030 年可持续发展目标。第三,遵循协商一致的决策机制,在相互尊重、平等对话、普遍参与的基础上,共同确定改革的具体议题、工作时间表和最终结果。中国主张,WTO 改革的行动领域主要包括如下四个领域:一是解决危及世贸组织生存的关键和紧迫性问题;二是增加世贸组织在全球经济治理中的相关性;三是提高世贸组织的运行效率;四是增强多边贸易体制的包容性。②

第二,通过与其他发展中国家密切合作,在多边场合就 WTO 改革等问题联合发声。中国一直积极参与多边贸易体制,并利用贸易、援助、资本合作、优惠贸易安排等措施支持发展中国家特别是最不发达国家从多边贸易体制受益,同时和发展中国家阵营一道在多边谈判表达自身立场。除了对 WTO 改革的立场原则作出明确阐释之外,中国还和发展中国家一道针对美国为代表的发达国家的具体指责和要求作出积极回应。比如,针对美国提出的发展中国家身份的特殊和差别待遇问题,2019 年 2 月 18 日中国与印度、南非、委内瑞拉

---

① 《中国关于世贸组织改革的立场文件》http://shangwutousu.mofcom.gov.cn/article/mycz/201812/20181202818335.shtml.

② 《中国关于世贸组织改革的建议文件》http://sms.mofcom.gov.cn/article/cbw/201905/20190502862614.shtml.

等四国共同提交《惠及发展中成员的特殊和差别待遇对促进发展和确保包容的持续重要性》报告,通过指标说明发展中国家与发达国家发展水平鸿沟依然存在,发展中国家自我认定法具有历史合法性。强调目前WTO核心问题不是发展中国家自我认定,而是贸易保护主义、单边主义、AB产生机制停滞及多哈回合僵局。

第三,在多边谈判遭遇僵局时,中国从包容性出发,积极斡旋各方,推动谈判进程继续推进。多哈回合内罗毕会议陷入谈判僵局时,针对发达国家的消极态度,中国在会议中提出贸易包容性发展主张,得到各方积极响应,为会议达成共识起了良好的引导作用。中国代表强调,多边贸易体制和多哈回合的历史就是一部不断解决困难的历史。面对困难轻言放弃,不仅是短视和不负责任的行为,更是多边贸易体制的严重倒退。推进多哈回合谈判,要秉持"责任""互信""包容"的理念,正视各个成员发展水平、贡献能力和重点关切的差异。①

(二)努力推动其他多边层面贸易机制建设

第一,继续推进经济全球化,提出"共商共建共享"的全球治理观。中国领导人在不同场合阐述全球化和全球经济治理的必要性,努力改变全球舆论。2017年习近平主席在达沃斯世界经济论坛,肯定了"经济全球化是社会生产力发展的客观要求和科技进步的必然结果,不是哪些人、哪些国家人为造出来的。经济全球化为世界经济增长提供了强劲动力,促进了商品和资本流动、科技和文明进步、各国人民交往"②。习近平强调,"世界命运应该由各国共同掌握,国际规则应该由各国共同书写,全球事务应该由各国共同治理,发展成果应该由各国共同分享。"③推动全球治理体系变革是国际社会共同的事业,只有坚持共商共建共享,才能在全球治理体系变革中凝聚各方共识、形成一致行动。

---

① 陈建:《〈内罗毕部长宣言〉达成凸显中国作用》,《经济日报》2015年12月22日。
② 习近平:《共担时代责任 共促全球发展》,《习近平谈治国理政》第二卷,第477页。
③ 习近平:《共建人类命运共同体》,《习近平谈治国理政》第二卷,第540页。

第二,积极参与 G20 机制,推动全球贸易合作。2008 年金融危机后,G20 取代 G7 成为全球经济治理重要平台。中国通过参与 G20 机制更加深入了解和融入到全球经济治理进程中,实现了从被动参与到主动发挥引领作用的转变。G20 杭州峰会上中国首次以创始国和核心国成员身份参与全球贸易治理,提出了《G20 全球贸易增长战略》《G20 全球投资指导原则》等方案。在杭州峰会上,由于中国的提议,G20 第一次将贸易投资列入重要议程,并为此打造贸易部长会和贸易投资工作组等机制化平台;将制定全球首个多边投资规则框架——全球投资指导原则。

第三,积极推进区域全面经济伙伴关系(RCEP)建设。为了应对新一轮地区贸易协定兴起以及 WTO 举步维艰的现实,特别是世界主要大国积极推进的 TPP、TTIP 等地区经贸协定,中国接受东盟建议,积极推进 RCEP 建设。东盟十国发起,邀请中国、日本、韩国、澳大利亚、新西兰、印度共同参加,通过削减关税及非关税壁垒,建立 16 国统一市场的自由贸易协定。它是由东盟国家首次提出,并以东盟为主导的区域经济一体化合作,是成员国间相互开放市场、实施区域经济一体化的组织形式。若 RCEP 签署成功,将涵盖约 35 亿人口,GDP 总和将达 23 万亿美元,占全球总量的 1/3,所涵盖区域也将成为世界最大的自贸区。RCEP 组建符合中国对外开放发展,有利于坚持互利共赢的开放战略,统筹双边、多边、区域次区域开放合作,提高抵御国际经济风险能力。在当前贸易保护主义、单边主义抬头的背景下,这一协定的达成,有利于区域各国向世界发出积极信号,不但有利于本地区的发展与繁荣,并将刺激全球贸易的向好发展。

(三)在实践中推进全球贸易的开放性发展

第一,创造性地提出和推动"一带一路"倡议。2013 年习近平主席提出"一带一路"倡议,该建议成为践行中国全球治理方案的新平台。150 多个国家和国际组织与中国签署共建"一带一路"合作协议,互联互通合作网络正在形成。共建"一带一路"倡议及其核心理念已写入联合国、二十国集团、亚太经合组织以及其他区域组织有关文件中。"一带一路"的重要内容之一就是通过互联互通积极推进贸易便利化。"一带一路"沿线国家在全球投资中的地位日益凸显,跨境资本增速远高于其他区域,已成为全球最重要的外资流入地。世界银行相关研究显示,"一带一路"确实实现了推进相关国家的贸易便利化,"一带一路"参与国之间的贸易成本低于非"一带一路"国家的贸易成本。按照目前趋势,"一带一路"将使3200万人脱贫,增加全球2.3%的收入,帮助沿线国家吸引FDI的增长超过7.6%。①

第二,举办年度中国国际进口博览会,通过主动增加进口,进一步扩大开放。在上海举办的中国国际进口博览会是迄今为止规模最大的以进口为主题的国家级博览会。改革开放40年之际,改变以往的出口导向逻辑,强调进口,召开进口博览会,对正在进行开放型经济升级的中国,以及正在遭受贸易保护主义和逆全球化的世界,都凸显非同一般的意义。中国国际进口博览会是中国产业结构调整发展到新阶段的重要体现,是满足人民日益增长的美好生活需要的重要选择。不仅为全球商品和服务生产商提供进入中国市场的机遇,也为消除保护主义、推动全球贸易树立了榜样。2019年第二届中国国际进口博览会180多个国家参加,包括250多个世界五百强企业在内的3800多家企业参展,累计实现意向成交额711.3亿美元。② 需要指出的是,中国国际进口博览会考虑到了发展中国家的实际情况,专门在发展中国家举办宣介会,积极邀请其参会,在展示自我的同时抓住更多商机。习近平主席在中非论坛专门提及支持非洲国家参加中国国际进口博览会,免除非洲最不发达国家参展费用。

第三,在国内推行自由贸易区建设,打造中国对外开放新格局。中国自由贸易区是指在中国国境内设立的,以优惠税收和海关特殊监管政策为主要手段,以贸易自由化、便利化为主要目的的多功能经济性特区。原则上是指在没有海关"干预"的情况下允许货物进口、制造、再出口。中国的自由贸易区是政府全力打造中国经济升级版的最重要的举动,其核心是营造一个符合国际惯例的、对内外资的投资都要具有国际竞争力的国际商业环境。2013年中国批准了中国(上海)自由贸易试验区,随后先后批准在17个省市自治区建立

---

① World Bank, *Success of China's Belt & Road Initiative Depends on Deep Policy Reforms*, *Study Finds*, June 18, 2019.
② 中国国际进口博览会官方网站数据 https://www.ciie.org/zbh/

自由贸易试验区。自贸试验区以制度创新为核心,加快商品、服务、人才、资本、信息等便利自由流动,从要素开放上升到国际贸易投资规则的开放,是新时期中国在探索投资、贸易、金融、外商投资服务和管理等方面,不断进行制度创新和扩大开放的高地。自贸试验区主要着眼于体制机制创新和产业发展,更有助于营造良好的营商环境。① 世界银行 2019 年年底发布的《全球营商环境报告 2020》显示,中国营商环境在全球 190 个经济体中排名第 31 位,较去年的第 46 位大幅提升。中国连续第二年位列营商环境改善幅度全球排名前十。②

总之,中国作为世界第一贸易大国,自然要积极参与国际贸易体制的改革。中国一方面不断扩大改革开放的力度,完善各项法规,融入世界经济的大潮;另一方面积极捍卫多边自由贸易体制,反对贸易保护主义,主张扩大发展中国家的国际话语权,国际贸易体制的改革要有利于包括发展中国家在内的所有成员国的发展。随着中国经济实力不断增强,中国在国际贸易领域的国际话语权也会不断提高。

---

① 《自贸区建设推动扩大开放不断深入》http://www.gov.cn/xinwen/2019-11/05/content_5448689.htm.

② World Bank Group, *Doing Business 2020*: *Comparing Business Regulation in 190 Economies*, 24 October, 2019, p.8.

积极参与全球金融治理 提升中国国际金融话语权

尤 苗

世界处于大发展大变革大调整时期,全球治理处于重要的历史转折期。金融作为资源配置和利益分配的重要手段,已成为全球治理转型的核心。掌控国际金融话语权不仅有利于更好地参与国际金融体系的变化和全球金融治理,还是一国国家综合实力的重要体现。虽然当前单边主义盛行,但是金融全球化是不可逆的历史潮流,中国未来如何更好地参与到全球金融治理之中,如何把握全球金融治理的变革机遇、提升中国的国际金融话语权,既是当前全球金融治理的时代需要,又是中国提高国际话语权的重要路径。

一、全球金融治理的历史进程:竞争和合作的反复

全球金融治理改革和进展缓慢,根源在于全球治理是公共产品。公共产品具有稀缺性和非排他性,公共物品的属性使得参与者都希望别人为治理买单,自己搭便车。全球治理不同于国内治理,国内(经济)制度设计强调市场原则和国家宏观调控的综合作用,但是在全球范围内,类似国内政府的"全球政府"并不存在,所以无法通过行政调控规避"治理失灵"现象[①]。正是基于全球金融治理的公共产品属性,从历史经验来看,全球金融治理失灵在较长历史时期内都是存在的。核心问题就在于,谁来为全球金融治理买单?

第一次世界大战前是金本位时期,在金本位下黄金本身是货币,并且资本可以自由流动,汇率决定机制是由各国的黄金含量决定,只在黄金输出点附近

---

① 张宇燕、任琳:《全球治理:一个理论分析框架》,《国际政治科学》2015 年 7 月。

波动。国际收支的调节主要靠市场自动调节,因此,在这个阶段,各国对全球金融合作的诉求不大。一战爆发之后金本位崩溃了,处于战争中的各国为了筹集资金,大举发行货币,各国通胀严重,很难实现均衡汇率。全球金融体系的混乱自此拉开了序幕,货币战开始爆发。在经历无休止的货币战后西方大国开始痛定思痛,意识到这种缺乏国家间金融协商机制,只想"搭便车"而不想"买单"的行为对各国都没有好处,于是逐渐抛弃以邻为壑的思想,开始尝试开展国家间的金融合作。1936年英法美签署的《三方货币协议》算是国际金融体系的有限合作开始。之所以称为"有限合作"是因为这个协议只是个"君子协议",没有强制性约束力,只是英法美三国同时发表的一份声明,此时的金融合作没有上升到全球金融治理的层面。然而三方协议的历史意义在于,标志着英法开始接受美国主导下的国际货币体系,国际货币体系进入到新的阶段①。

第二次世界大战即将结束之际,1944年7月1日在美国东北部新罕布什尔州的一个小镇,来自44个国家的730名代表齐聚于此共同讨论战后的国际经济秩序的安排。此次会议建立了布雷顿森林体系,标志着全球金融治理的真正开始。布雷顿森林体系的成功建立,除了英美两国对战后全球金融治理体系的政治合作意愿,还因为布雷顿森林体系设计的三大支柱,即国际货币基金组织、世界银行和关税总协定,确实会对战后各国恢复经济和世界和平起到一定的积极作用。在美国的主导下,本次会议还建立了美元和黄金挂钩,各国货币和美元挂钩的"双挂钩"货币制度。固然,布雷顿森林体系存在许多缺陷。1960年美国经济学家罗伯特·特里芬在其《黄金与美元危机——自由兑换的未来》一书中提出:"由于美元与黄金挂钩,而其他国家的货币与美元挂钩,美元虽然取得了国际核心货币的地位,但是各国为了发展国际贸易,必须用美元作为结算与储备货币,这样就会导致流出美国的货币在海外不断沉淀,对美国国际收支来说就会发生长期逆差;而美元作为国际货币核心的前提是必须保持美元币值稳定,这又要求美国必须是一个国际贸易收支长期顺差国。这两个要求互相矛盾,因此是一个悖论。"这一内在矛盾被称为"特里芬难题(Triffin Dilemma)"。这一不可克服的"特里芬难题"使双挂钩的货币制度在20世纪70年代最终瓦解。但是,如果仅从刚刚经历过两次世界大战,美国和

---

① 谈谭:《从"货币战"到"有限合作"》,《世界历史》2009年第6期。

英国能达成共识,共同规划出战后全球金融秩序的角度来看,布雷顿森林体系的建立可以称得上是全球金融治理的真正开端。有学者甚至将战后布雷顿森林体系的建立看作是"一项奇迹",认为"奇迹成为可能,是因为它是在一场战争结束之后完成的,这场战争的结束使得建设更加美好的事业有望实现,使公众舆论能够被动员起来支持这一事业;因为英美两国都有深谋远虑的领导人,并且有一群全力以赴、能力超群的国际主义者辅佐"[①]。

从全球金融治理的历史维度来看,布雷顿森林体系下的大合作阶段是短暂的,相当长的历史阶段中全球金融治理都处于合作和竞争的反复中。2008年金融危机的爆发,凸显了全球金融治理体系的缺陷,也为新兴经济体参与全球金融治理提供了历史契机。新兴经济体开始走上世界舞台参与全球金融治理,比如危机之后短短一个月内二十国集团从部长级会议升级到国家首脑会议,迅速成为应对全球金融危机的核心治理平台,全球金融治理才开始有了"全球"色彩。虽然新兴经济体不断开始参与全球金融治理,影响力日益提升,但是我们还应该清醒地认识到当前全球金融治理的改革仍然十分滞后,以美元为主的国际货币体系依旧没有本质改变,新兴经济体在全球金融治理中的话语权还有待提高。

二、当前全球金融治理面临的主要困境

2008年金融危机之后,全球经济进入了深刻调整期。新兴和发展中国家对世界经济的复苏和增长贡献率明显超过发达国家。IMF发布的预测数据显示,2017年全球经济总量接近78万亿美元,其中发达国家为46.9万亿美元,发展中国家近31.1万,发达国家和发展中国家占全球经济总量的比例分别为60.1%和39.9%。金融危机之后的近十年来,发展中国家占全球经济总量的比例从2008年的31.1%上升到2017年的39.9%,增长了近9个百分点。另据国际货币基金组织《世界经济展望》预计,到2020年全球新增GDP的58%

[①]〔美〕理查德·加德纳:《英镑美元外交》,符荆捷、王琛译,江苏人民出版社2014年版,第5页。

将来自新兴经济体。与这种世界经济格局不相适应的是,国际金融机构的改革滞后,没有反映出新兴经济体日益上升的影响力。正如国际政治经济学者利普西在金融危机之后对国际货币基金组织的评价:"国际货币基金组织在如此剧烈的变化下正变成旧时代的纪念品。国际货币基金组织必须进行改革,以更好地反映崛起中的经济大国的利益和关切。"①

全球金融体系话语权的争夺本质上还是利益冲突。随着全球化的深入发展,发达国家和发展中国家在全球金融治理中的利益关注点不同。发达国家想通过全球金融治理进一步巩固其金融优势,发展本国经济,提高国民福利。而大部分发展中国家和新兴经济体虽然对现有全球治理体系不满,寄希望能在更加有效的治理体系下,搭便车继续发展本国经济,提高国家竞争力,但是提供国际公共产品的能力普遍不足。当前全球金融治理面临的困境具体表现为以下三个方面:

一是国际金融机构改革滞后,没有及时反映当前世界经济的新格局。2010 年 IMF 的改革方案就提出,将国际货币基金组织的配额增加 1 倍,并进行重新分配,给予中国等国家更大发言权。国际货币基金组织的第 14 次改革方案在 2010 年就已完成,但此方案迟迟未被美国国会通过,直到 2015 年才被获得批准,2016 年才开始实施。即使该方案执行之后,中国在国际货币基金组织的投票权份额将从 3.8% 提高至 6.19%,而美国的投票权份额微幅降至 16.5%。但根据国际货币基金组织的决策规则,涉及国际货币基金组织协议修订等重大事项改变需要获得 85% 以上多数票才能通过,在 85% 获胜的决策规则下,美国只要拥有 15% 以上的份额,仍然具备在重大事项上的绝对否认权。此外,早在 2010 年的一揽子改革方案出台时,国际货币基金组织就曾设想将第 15 次配额总审查的完成工作推迟到 2014 年 1 月。但实际上,第 14 次配额总审查在 2015 年底才通过。2016 年 12 月 5 日,国际货币基金组织理事会又通过一项决议,呼吁迅速开展第 15 次审查工作,根据这项工作计划,执行董事举行了一系列非正式会议,就配额的计算公式和重新调整配额份额以及基金资源的充足性等问题交换意见。按照国际货币基金组织的计划,第 15 次

---

① 崔志楠、邢悦:《从"G7 时代"到"G20 时代":国际金融治理机制的变迁》,《世界经济与政治》2011 年第 1 期。

份额审查最晚也不会晚于2019年10月份国际货币基金组织年会,预计2020年或者稍后时间实施。

国际货币基金组织是以份额为基础的机构。份额是指每个成员国向IMF认缴的资金,这些资金实际上就构成了国际货币基金组织的财产。各国份额的多少是由成员国根据协议缴纳的,各成员国不得随意要求增加份额。份额改革之所以重要,一方面是因为份额多少决定了国际货币基金组织资金是否充足,是国际货币基金组织实现其维护全球金融稳定、提供危机援助等功能的重要保证;另一方面是因为份额的多少和各成员国在国际货币基金组织中的权利和义务密切相关。也就是说,份额不仅是成员国对国际货币基金组织的出资承诺,更是各成员国在国际货币基金组织中权利分配的重要依据。具体来说,国际货币基金组织的投票权分为基本投票权和加权投票权,基本投票权和份额无关,主要是为了体现平等原则;而加权投票权就是以份额为基础,按份额每10万个特别提款权分配1票,体现的是权利和责任相一致原则。随着国际货币基金组织的不断增资扩容,基本投票权已被大大稀释,实际上,在现有的投票机制下,份额才是决定成员国投票权大小的重要基础。虽然份额和投票权没有简单的线性关系,但是大体来说,份额仍然决定了各成员国在国际货币基金组织中的投票权分配。因此,份额和投票权改革一直备受国际社会关注。根据IMF的规定,至少每五年要对份额进行一次评估,评估的主要内容包括份额规模和份额分配。自1945年成立至今,国际货币基金组织一共进行了14次的份额评估,其中有9次通过了份额增加的决定。份额增加分为两种情况,一种情况是普遍增资,当国际货币基金组织的流动性不足,需要更加充裕的资金时,会做出扩大基金份额规模的决定。另一种情况是选择性增资,根据国际货币基金组织的份额计算公式考察个别成员国在世界经济版图中的地位变化,通过新增份额的方式使得个别成员国的份额增加。比如,在2006年的国际货币基金组织年会上,为了更好地反映发展中国家占世界经济比重不断上升的趋势,国际货币基金组织专门提出了要增加中国、韩国、墨西哥和土耳其的份额改革方案。2008年国际货币基金组织的"份额和声音改革"也强调增减新兴经济体在国际货币基金组织中的份额方案,同时要保证低收入国家的基本份额不变。最近一次的份额评估,也就是第14次份额审查改革,是在2010年12月完成,2016年才正式宣布通过。第14次份额审查改革的主要内容:一是在规模上将基金的份额扩大一倍;二是在基金份额的配置中提升新兴经济体国家的份额,同时保证低收入国家所占份额的比重不变,但改革后的份额分配仍无法充分反映当前全球经济的新变化。

二是美元本位的国际货币体系没有发生实质改变。货币是金融的核心,国际货币体系是全球金融治理的核心。2008年金融危机之后,美元主导下的国际货币体系暴露出诸多问题。首先,"特里芬难题"依旧存在。虽然布雷顿森林体系确定的"双挂钩"已经瓦解,但美元作为当前全球最重要的储备货币,始终无法破除"特里芬难题"的诅咒。其根源在于,美元作为国际货币的公共产品属性和其本身的资本属性相矛盾。其次,作为当前最重要的国际储备货币,美元在全球范围内独享货币红利。基于在国际信用评级体系的垄断地位,美国政府在全球范围内以极低的利息发行国债,获得大量资金。同时,美国企业借助其国际货币的属性,融资成本极大地降低,且无需承担汇率波动带来的风险。而各国投资者不仅要承担汇率波动的风险,还要承受因美国国内通胀而引起的美元贬值。第三,美国货币政策外溢效应引发国际资本流动的增加和全球流动性的失衡。2008年金融危机爆发之后,美国利用其在国际货币体系中的霸主地位,开始了不断加码的量化宽松过程。国际投资者担心美元的泛滥,于是资金开始在全球寻找避风港,瑞士法郎短期内迅速升值,最终一向被视为资本天堂的瑞士央行不得不设立升值上限①。2014年之后,随着美国经济的好转,美联储加息预期的增加,又使得新兴经济体资本流出明显。为了提高本国出口竞争力,抑制资金外逃,新兴经济体货币也进入了加速贬值的通道。在金融全球化的今天,没有一个国家可以在这场资本流动、恶性货币竞争的战争中独善其事。历史不会简单地重复,但总会押着相同的韵脚。金融危机后美元的量化宽松政策再次印证了1971年美国放弃兑换黄金承诺时财政部长康纳利所言"美元是我国的货币,却是你们的麻烦"。② 第四,货币问题已成为各国经贸关系的核心。贸易摩擦是特朗普政府时期中美关系的关键词。当焦点更多地在中美关系和两国贸易摩擦的发展时,其实还应关

---

① 张红力等著:《中国金融与全球治理》,中信出版社2016年版,第326页。
② 〔美〕本·斯泰尔:《布雷顿森林货币战》,符荆捷、陈盈译,机械工业出版社2014年版,第339页。

注贸易摩擦背后的货币问题。原因也不难理解,当一国商品出入国境时必然会面临两国货币的结算问题,汇率的高低直接决定着进出口商品的价格,这也就是为什么特朗普在他的国际贸易政策中除了贸易保护政策还要列出"汇率操纵国"的原因。

  历史经验表明,贸易和货币是一个硬币的两面,密不可分。早在20世纪30年代西方资本主义国家陷入经济大萧条时,当时的世界强国英国为了恢复本国经济,便放弃了其一直倡导的自由贸易政策,转向了贸易保护。通过1932年7月签订的《渥太华协定》在英帝国范围内确立了特惠关税制度,对区域外的进口产品征收高额关税;加强外汇管制,组成英镑集团。参加英镑集团的国家之间可以自由兑换外汇,而对集团外的外汇交易则实行严格的管制。英国希望通过货币集团和英帝国特惠关税制度构建起防火墙,避免英国被当时的世界经济危机所拖累。在这种以邻为壑思想的指导下,西方主要国家都纷纷成立了货币集团,如以英镑为首的英镑集团、以法国为核心的金集团和以美国为首的美元集团。各国货币竞相贬值,进一步加剧了经济危机的影响,结局自然是没有任何一个国家能够在经济危机中得以幸存。虽然在20世纪30年代后期各国痛定思痛,走上合作共赢的多边主义道路,比如英法美签订了《三方货币协议》,但是由于缺乏约束力效果甚微。直到二战后英美重新合作建立了布雷顿森林体系,确定了固定汇率制度,在很大程度上才使得世界经济重新进入了大发展阶段。再来看20世纪80年代日美贸易不平衡和广岛协议的签订。当时日本对美国有巨大的贸易顺差,出口强劲,经济增长迅速。美国总统里根为了刺激本国经济,在供给学派的理论指导下实施了大规模减税的刺激方案,但效果不如预期。减税使得财政赤字短期扩大,引发长期国债利率的上升,随着推高美国利率,美元走强,对美国经济产生了负面影响。为了解决美日贸易逆差和抑制资本回流推高美元,1985年9月,美国联合英、德、法、日5国签署"广场协议",五国政府联合干预外汇市场,使得美元对主要货币汇率有序贬值,其中日元升值对美国贡献最大。广岛协议的签订也被许多学者认为是日本后来经济衰退的一个重要原因。总之,不管是20世纪30年代英国帝国特惠区和货币集团的配合,还是20世纪80年代日美贸易不平衡和广岛协定的签订,历史经验表明贸易问题和货币问题密不可分,当我们更多关注聚光灯下的贸易摩擦时,不妨转过头来,看看其背后蕴藏的货币问题。

2017年初,很多经济界人士预测,美元会随着美国经济好转和特朗普促增长政策的实施而攀升,但是美元却持续走低。特朗普在美元的态度之所以不如贸易保护主义么坚定,是因为货币问题更加复杂。汇率是影响国际贸易的关键因素,弱美元既可以提高美国企业参与国际市场竞争,扩大出口,解决美国巨大的贸易赤字问题,又可以为国内创造更多的制造业就业岗位,满足大众阶层的利益诉求,赢得国内选民支持;短期来看,似乎更有利于特朗普贸易政策的实施。但是美元作为当今世界最重要的国际储备货币,"特里芬难题"依旧存在,特朗普政府也必然深知强势货币对维护美元霸权的重要作用。因此,即使特朗普政府为了配合其贸易政策,倾向于弱美元,但是从长远来看必然要维护其强势美元,巩固美元霸权地位,这才更符合美国优先的原则。这其实也是特朗普政府面临的一个难题:弱美元有利于美国出口和弥补贸易赤字,但是对维护市场信心不利;强美元有利于美元霸权但却对美国出口不利,如何看待和把握美元的强弱走势将是特朗普政府关注的重点。一旦贸易摩擦加深,汇率的动态均衡问题也许更是考验各国决策者的新议题。世界主要大国能否担当起大国重任,摒弃零和博弈的思维,以合作共赢的理念和切实可行的合作方案,战胜"以邻为壑"的单边主义,既是历史遗留的问题也是现实残酷的考验。

三是主导大国开始退回关注本国利益,而新兴经济体的影响力依旧有限。全球金融治理作为公共产品,核心问题就是谁来承担责任的问题。二战后美国接替英国,为战后全球经济治理规划了蓝图。历史经验表明,危机之后各国合作的意愿更为强烈。全球金融危机也是引发国际金融治理转变的一个关键节点。2008年爆发于美国的金融危机,迅速蔓延为全球金融危机,各国为了共同的目标很容易达成一致。也就是在此背景下,一直被边缘化的二十国集团走上了历史舞台,替代了传统的七国集团和国际货币基金组织,短时间内迅速发展成为国际金融治理的重要机制。然而,随着金融危机的影响逐渐消减,各国经济逐渐复苏,各国在危机中建立的团结一致也慢慢瓦解。由于复苏的程度不同,各国都将主要精力转向维护本国利益。同时,出自各自利益的考虑,发达国家和发展中国家在全球金融治理的理念也有所不同。随着美国在全球治理中的后退,谁来主导并提供全球治理的公共产品成为新的难题。

首先,"美国优先"原则使得美国在全球金融治理中意愿不足。美国新总统特朗普上台提出的"美国优先",让国际社会无法接受。但是实际上,美国在参与全球金融治理的过程中一直践行着"美国优先"的理念,只是不同时期的表现形式不同而已。二战后在美国的主导下,建立了布雷顿森林体系,奠定了美国的金融霸权地位,直至今日还对全球金融有着深刻的影响。2008年金融危机爆发,奥巴马政府进一步寻求增强美国在包括金融治理等多方面的全球治理上的领导地位,并且极力推动TPP协议的达成,目的是为了不能让中国等国书写全球经贸规则。虽然特朗普一上任就宣布退出TPP,但不意味着美国想放弃全球治理的主导权,而是特朗普政府认为多边机制不是实现"美国优先"原则的有效手段,美国需要寻求更能实现美国利益的途径,即双边机制。因此,特朗普上台之后,一边退出TPP,指责TTIP,另一边却开启了一轮新的双边谈判。虽然表面看起来和奥巴马政府的做法截然不同,但本质上目标一致,就是通过调整全球金融贸易规则来确保美国利益优先。那么,按照这个逻辑来看美国未来在国际金融治理中的作用,美国缺乏足够的动力去推行国际货币体系的改革,更不会有意愿提高新兴经济体在国际金融治理体系中的话语权。"美国优先"的原则使得美国将更多的国际责任转移出去,在全球治理的舞台上不断后退,2017年6月1日,美国宣布退出《巴黎协定》就是最好的例子。

其次,新兴经济体在全球金融治理舞台上的影响力依旧有限。2008年爆发的金融危机,在不到一个月的时间内,二十国集团从部长级会议升级到国家首脑会议,迅速成为应对全球金融危机的核心治理平台。随着二十国集团的机制不断改革和发展,实现了新兴经济体参与全球金融治理的制度化机制,并且在应对金融危机中发挥了重要作用。但是,也应该清醒意识到新兴经济体尚未形成参与和影响全球治理的合力。新兴经济体参与全球金融治理的重要机制G20是论坛机制,与正式的国际组织如国际货币基金组织等相比,G20没有设立秘书处、国际雇员和专门办公地点,这种相对松散的机制形式虽然赋予了G20灵活性,但也带来执行效率的不确定性。各国领导在峰会上发表声明之后,都是根据各自的执行意愿来履行承诺,因此,G20的对声明落实的约束力和各国推进的行动力都有待加强。同时,G20是协商一致的论坛机制,而非基于投票权的国际金融治理的决策主体,虽然成员国多是新兴经济体,但是没法将这种新兴经济体的代表优势转换为决策影响力。并且在议题的选择等方面还很大程度上受到传统金融治理机制 G7 的影响。近年来,新兴经济体积极参与全球金融治理之中,并且凸显了自己的智慧和能力,但是不能否认的事实是,新兴经济体没有形成合力,影响力依旧有限。

三、提升中国在全球金融治理中的话语权

"世界经济论坛"年会论坛主席克劳斯·施瓦布表示,世界正以空前的速度持续变化,在这关键转折点,需要有担当有领导力的新模式来应对世界面临的新挑战。在全球治理变革的转型期,中国提出的"共商共建共享"是对全球金融治理的理念创新,也将指导中国未来参与全球金融治理的实践。习近平总书记在 2017 年 9 月在二十国集团工商峰会开幕式上提到:"中国所倡导的新机制不是为了另起炉灶,也不是为了针对谁,而是对现有国际机制的有益补充和完善,目标是实现合作共赢、共同发展。"积极参与全球治理已是中国的对外战略选择,正如党的十九大报告所指出:"中国将继续发挥负责任大国作用,积极参与全球治理体系改革和建设,不断贡献中国智慧和力量。"中国强调的亲诚惠荣,中国所倡导的包容联动,是当前全球金融治理的一股清流,是打破霸权,建立合作共赢的时代需要。未来的全球金融治理体系将更符合世界格局新变化,更多反映新兴经济体和发展中国家的利益诉求,而中国作为最大的新兴经济体,随着国内金融改革的不断深化,中国以务实的态度积极维护和推动现有的全球金融治理体系的改革,积极参与现有全球金融治理,提高新兴经济体的代表性和话语权。

(一)积极参与国际货币基金组织的份额和投票权改革

国际货币基金组织是二战后建立的全球三大经济支柱之一,建立之初的目的是确保双挂钩全球货币体系下的汇率制度稳定,维持各成员国之间的国际收支平衡。但是随着布雷顿森林体系的瓦解以及多次国际金融危机的爆发,国际货币基金组织的职能也发生了变化。现在国际货币基金组织的主要职能是维护全球金融稳定,预防金融危机,并对成员国提供危机救助。虽然金

融危机之后,国际货币基金组织的作用和功能遭到质疑,但是不可否认的是,作为当前全球最大的全球性金融治理平台,目前国际货币基金组织的作用和地位还没法完全被取代,因此,积极参与 IMF 的份额改革,既符合金融全球化的发展趋势,也符合中国积极参与全球金融治理的理念。提高中国在国际金融机构的话语权,应重点关注以下几个方面:

1. 调整份额计算公式

国际货币基金组织是以份额为基础的国际组织,而份额公式又是决定份额分配比例的基础。现在使用的份额公式是 2008 年第 13 次份额审查时修改的,包括经济实力、经常性收支、净资本流入和官方储备四个经济变量,根据不同的权重计算而得。其中,经济实力指标 GDP 所占权重最大,一部分是按照市场汇率计算,一部分是按照购买力平价计算。自 2008 年以来调整之后该份额计算公式在过去十多年时间内变化不大,但近年来国际货币基金组织通过不断征求意见和更新公式,已为第 15 次份额审查对公式的调整做好准备。是否需要修订份额公式是即将进行的第 15 次份额审查的重要内容,目前在变量调整上还存在很多争议,比如是否继续使用 GDP 作为权重最大的指标,权重是否需要调整,目前对 GDP 的两种计算方法是否能反映出当前全球经济格局的变化,再如一国黄金和外汇储备指标是否能完全代表该国出资意愿和能力,以及未来份额公式设计如何保证低收入国家的代表性等问题。如果按照计划,在 2020 年的国际货币基金组织年会之前各成员国针对新的份额公式进行调整,中国需要提前准备调整的方案和具体建议。

2. 增加份额规模和调整份额分配

从 1958 年国际货币基金组织进行增资活动,总份额累计放大了 36.8 倍,相当于每年大约 7% 的速度增加,但是与国际资本的规模增速以及全球贸易增速相比,国际货币基金组织的资金实力是在下降的。因此,应该随着全球经济规模的扩大,而增加国际货币基金组织的份额规模。新增加的份额应该更好地反映当前全球经济格局的变动,向发展中国家和新兴经济体倾斜。

此外,国际货币基金组织还要保证低收入国家的代表性,在一定程度维护各国权利的均衡。1945 年国际货币基金组织成立时基本投票权占总投票权的 11%,到了 2006 年下降到 2% 左右。2008 年 IMF 改革方案提出将基本投票权扩大 3 倍之后,比例才提高到 5.502%,但是和基金成立之初的差距还是很大。如何在新的份额审查中提高基本投票权,保证低收入国家的权利,提高新兴经济体的份额比例,这是新一轮国际货币基金组织份额改革的重点。

3. 改革投票机制

目前国际货币基金组织的决策规则有三种:一般事务过半通过,技术性条款修订超过70%通过,管理性条款修订需要85%以上通过。其中,涉及管理性条款修订为主的,比如份额调整、汇兑安排、IMF组织与管理、特别提款权原则性修订、特别提款权分配、撤销与中止等重大事项,需要获得85%以上表决通过方可通过。该投票机制其实是赋予了美国享有绝对否认权,这也是国际货币基金组织备受诟病的方面,损害了各成员国对IMF维护全球金融稳定的信心。其实在国际货币基金组织成立初期,使用的是70%的特别多数决策规则,而且适用该规则决策的情形也相对较少。总体来看,近年来国际货币基金组织在份额规模和份额分配上已经开始了新的改革,也是其主要改革方向,但是在投票决策机制上还有很大改革空间。在新的一轮份额改革中,还要着力推进国际货币基金组织在管理性条款修订等重大事项中采用70%多数获胜的原则,这既有利于完善国际货币基金组织自身的决策机制,同时也有利于维护新兴经济体在国际货币基金组织中自身决策权。

(二)稳步推进人民币国际化,实现国际货币体系的多元化

作为愈益走近世界中心的大国,中国的崛起过程必然伴随金融开放,在风险控制能力有效提升的基础上,我们应当在金融体系对外开放方面不失时机地审慎推进。一是深化人民币汇率形成机制改革。进一步推进结售汇制度改革,丰富外汇交易市场参与主体,完善交易工具和交易机制,稳步提升人民币汇率形成机制的市场化水平。二是稳步推进人民币国际化。进一步扩大QFII、QDII规模,在总结沪港通、深港通成功实践的基础上,推进境内外资本市场联通,逐步提高以人民币计价的金融资产在国际资产配置中的比重;通过扩大边境贸易、自贸区建设和"一带一路"建设,稳步推进以人民币作为结算货币的贸易份额和基础设施投资;逐步提高人民币SDR比重,扩大人民币货币互换的协议范围。三是稳妥推进金融业对外开放。对境外金融机构境内业务给予更大空间,同时在风险可控的前提下尝试项目带资金的方式有限放

开资本流出,带动本土金融机构的境外服务,培育境外金融服务的客户资源及运作能力。

截至2018年底,人民币已连续八年为中国第二大国际收付货币,全球第五大支付货币、第三大贸易融资货币、第八大外汇交易货币、第六大储备货币。全球已有60多个央行或货币当局将人民币纳入外汇储备。超过32万家企业和270多家银行开展跨境人民币业务,与中国发生跨境人民币收付的国家和地区达242个。人民币作为支付货币功能不断增强,作为投融资和交易货币功能持续深化,作为计价货币功能有所突破,作为储备货币功能逐渐显现。此外,2016年10月,人民币正式加入国际货币基金组织(IMF)特别提款权货币篮子,权重为10.92%,在篮子货币中排名第三。2016年第四季度,IMF官方外汇储备货币构成(COFER)中人民币储备规模为907.8亿美元,这是IMF首次公布人民币储备信息。截至2018年第四季度末,COFER中人民币储备规模为2027.9亿美元,占比1.89%,在主要储备货币中排名第6位。据不完全统计,已有60多个央行或货币当局将人民币纳入外汇储备。[①] 未来,随着我国国内金融市场的双向开放程度不断加大,离岸市场和在岸市场的不断融合发展,人民币国际化的程度将不断提升,推动现有国际货币体系朝向多元化发展。

(三)主动提供全球金融治理的公共产品,提升中国的国际话语权

面对传统金融机构治理失衡的现状,中国主动承担其国际金融治理的增量改革,完善多层次的国际金融体系。中国的发展得益于国际社会,也愿为国际社会提供更多公共产品。亚投行作为第一个由发展中国家倡导、世界各国广泛参与的金融机构,是中国参与全球金融治理的一个创新。在发展理念上,亚投行虽然是中国创立的,但是57个创始会员国遍及五大洲,成为联通发达国家和发展中国家的合作平台。在治理理念上,中国虽然是创立国,但是却没有一票否认权,亚洲内国家的投票比重为75%,亚洲外的国家投票比重为25%,兼顾各方利益的同时保障亚洲特别是亚洲发展中国家的利益,并且致力

---

① 中国人民银行:《2019年人民币国际化报告》,第2页。

于通过民主协商的方式促成各方达成共识。在项目运行上,亚投行还重视与现有国际金融机构比如亚开行、世界银行和欧洲复兴开发银行的合作。其次,中国还开创了新的合作模式,在开放、包容、合作、共赢的新理念下,金砖银行和金砖应急储备基金的运作,使得金砖国家的合作更加务实。金砖银行为构建新兴国家市场及发展中国家安全网起到了重要保障作用。此外,中国推动上海合作组织开发银行、中东欧金融公司,都是在共商共建共赢的理念下,完善全球多层次的金融体系,为全球金融治理的转型贡献中国力量。

总之,当前全球金融治理面临着前所未有的挑战,现有合作平台的改革停滞不前、国际货币体系的失衡以及难以形成的大国共识诸多因素都为未来全球金融合作带来了更多的不确定性。未来中国参与全球治理的路径大致分为两种,一种是存量改革:在现有的国际货币基金组织、世界银行、二十国集团等多边机制中,进一步推动改革,更好地反映现有世界经济格局的变化,提高发展中国家的话语权;继续推进人民币国际化进程,未来的方向更应侧重于推进人民币逐渐成为自由使用的货币,推动国际货币体系的多元化趋势。另一种是增量创新:在理念上,倡导中国参与全球金融治理的共商共建共享;在实践中,更好发挥亚投行、丝路基金、金砖国家银行等多边合作机制在完善全球金融治理方面的作用,不断提高中国国际金融话语权。

中国参与全球气候治理的方案与路径

李孝天

在世界发生百年大变局的背景下,全球气候变化已成为全球治理必须应对的最重要和最紧迫问题之一。中国作为一个实力与影响日趋增强的国家,在全球治理中发挥着越来越重要的作用。中国遵循"促美支欧团结发展中国家"的路径,积极引领全球气候治理沿正确方向推进,成为全球气候治理的重要参与者、实践者、引领者和塑造者,在三足鼎立的全球气候治理话语权格局中异军突起。中国努力促成了《巴黎协定》的成功签署,并在某些参与方后退的背景下,为捍卫《巴黎协定》的有效性做了很多工作。进一步强化"后巴黎时代"中国在全球气候治理中的地位与作用,中国还需持续提升自身的国际话语权。

一、气候治理成为全球治理的重要课题

随着人类社会生产力的迅猛发展,全球气候变化也日趋明显。气温上升引发海平面上升、极端恶劣天气频发、大量动植物灭绝、山火蝗虫等自然灾害严重……,已经开始严重影响人类社会的生存与发展,需要各国增强危机意识,采取有效措施。1979年第一次世界气候大会在瑞士日内瓦召开,标志着气候变化开始成为国际社会关注的全球性问题。冷战结束以来,全球化进程加速推进,世界相互依赖程度不断加深,以气候变化为代表的全球性生态问题也日益突出。日益严峻的全球气候变化问题,没有任何一个国家能够独自妥善应对。鉴于此,世界各国开始在全球层面通过协商与合作的方式共同应对全球气候变化问题。联合国环境规划署和世界气象组织于1988年联合成立了联合国政府间气候变化专门委员会(Intergovernmental Panel on Climate

Change,IPCC),为政策制定者提供有关气候变化及其影响和潜在风险的常规科学评估,并提出如何适应或缓解气候变化的建议。

2014年IPCC发布的第五次有关气候变化及其影响和潜在风险的评估报告称,近几十年来,气候变化已经对自然环境和人类社会产生了巨大影响,可能导致严重的自然灾害和粮食危机,从而引发社会动荡和生活方式的改变,严重的、持续的、具有破坏性的气候变化带来的挑战将远超国际恐怖主义。① 2020年2月,东非国家开始出现蝗灾,并可蔓延至印度、巴基斯坦等国,使得受灾国面临粮食危机,并遭受较大经济损失。联合国粮农组织(FAO)判断,此次蝗灾可能持续扩散,规模或将急剧扩大。有专家指出,此次蝗灾的源头可能就是气候变化。② 当月,南极半岛首次出现20摄氏度以上高温,或将导致海平面大幅上升,从而对世界各国的生存与发展构成严重威胁。③ 概言之,全球气候变化已成为全球治理必须应对的最重要和最紧迫问题之一。

为应对全球气候变化问题,国际社会开展了持久、广泛和密切的合作。2015年12月12日,近200个缔约方在持续13天的巴黎气候变化大会上通过了《巴黎协定》,标志着全球气候治理将进入一个前所未有的新阶段。"新"主要体现在七个方面:第一,提出新的长期目标,缔约各方承诺将全球气温增幅控制在低于2摄氏度的水平,并向1.5摄氏度的温控目标努力;第二,确立新的理念,将绿色、低碳、环保作为未来全球气候治理的核心理念;第三,新的减排格局,以法律框架约束所有缔约方履行各自的减排承诺;第四,新的国际气候谈判模式,由以往的"自上而下"模式转变为"自下而上"模式,确定了2020年后以"国家自主贡献"为主体的国际应对气候变化机制安排;第五,新的谈判重心,将重心转移至具体的政策与实施;第六,新的治理模式,转向多元治理模式,开始强调非公共行为体的重要性;第七,对全球气候治理新的信心,向国

---

① Intergovernmental Panel on Climate Change, *Climate Change 2014*: *Impacts*, *Adaption*, *and Vulnerability*: *Summary for Policymakers*, *Working Group II Contribution to the Fifth Assessment of The Intergovernmental Panel on Climate Change*, Cambridge: Cambridge University Press, 2014, pp.4—6.
② Madeleine Stone, "A Plague of Locusts has Descended on East Africa. Climate Change may be to Blame," *National Geographic*, February 14, 2020, https://www.nationalgeographic.com/science/2020/02/locust-plague-climate-science-east-africa/, 2020.3.6.
③ 《警报! 南极半岛首次出现20°C以上高温》,国家地理中文网,2020年2月21日,http://www.ngchina.com.cn/environment/9532.html, 2020.3.6。

际社会传达了缔约各方有意愿、有能力共同应对全球气候问题。① 然而,2017年6月1日,美国总统特朗普宣布退出《巴黎协定》,并于8月4日向联合国递交退出文书。2019年11月4日,美国政府正式通知联合国,要求退出《巴黎协定》。美国国务卿蓬佩奥于当日也发表声明,宣布美国正式启动退出《巴黎协定》的程序。此后,美国开始削减气候变化问题的研究经费,并停止向绿色基金会拨款。根据《巴黎协定》规定,退出该协定的过程需要一年。这意味着美国将于2020年11月4日正式退出《巴黎协定》。美国此举无疑对全球气候治理构成了严峻挑战。

美国启动退出《巴黎协定》的程序,加大了国际社会完成减排目标的难度,导致全球气候治理进一步碎片化,尤其是治理权威的碎片化,打击了国际社会对于全球气候治理的信心,可能致使缔约各方业已形成的共同政治意愿难以完全付诸实践,进而削弱全球气候治理的有效性与合法性。面对全球气候治理的大变局,中国作为世界第二大经济体、第一人口大国和第一大温室气体排放国,有责任团结所有缔约方共同努力,缓和美国此举带来的(潜在)消极影响,督促各方兑现《巴黎协定》的承诺。中国政府的积极态度与行为有助于重新整合全球气候治理的权威,重拾国际社会对全球气候治理的信心。

二、中国在全球气候治理问题上的话语权不断增强

1988年IPCC成立,标志着全球气候治理进入萌芽阶段,尽管当时全球治理这一概念还未出现。1990年IPCC发布第一次气候变化评估报告,评估了气候变化的表现及其产生的消极影响,并提出了部分减排温室气体的政策建议,引起了国际社会的广泛重视。此时已经走上改革开放之路的中国,开始积极参与国际社会为应对气候变化而进行的协商,并于1992年6月签署了《联合国气候变化框架公约》,标志着全球气候治理进程伊始,也标志着中国正式

---

① 以上七个方面是作者根据张海滨教授的观点整合而成,详情参见张海滨:《〈巴黎协定〉开启2020年后全球气候治理新阶段》,新华网-国际频道,2015年12月14日,http://www.xinhuanet.com/world/2015-12/14/c_128528644.htm,2020.2.27;张海滨、胡王云:《巴黎气候大会与全球气候治理的未来及中国的角色转换》,《中国国际战略评论》2016年第00期。

参与全球气候治理。《联合国气候变化框架公约》谈判进程由发达国家主导，中国还没有太多话语权。

1997年在日本东京举行的《公约》第三次缔约方会议，通过了《京都议定书》（下文简称《议定书》），并于1998年3月16日至1999年3月15日期间开放签字，包括中国在内的84个缔约方正式签署。《议定书》首次以法律形式规定了发达国家控制温室气体排放的义务，通过"自上而下"的方式规定主要发达国家2008年至2012年期间的温室气体排放量要在1990年的基础上减少5.2%。其中，欧盟将6种温室气体（CO_2,CH_4,N_2O,$HFCs$,$PFCs$,SF_6）的排放量削减8%，美国削减7%，日本削减6%。然而，作为当时全球温室气体排放量最大的美国却于2001年宣布拒绝批准《议定书》，理由是减少温室气体排放将影响美国经济发展，以及发展中国家也应当承担减排和限排温室气体的义务。美国此举使加拿大、日本等国对践行减排承诺的态度也变得消极。[①] 经过8年的艰难谈判，《议定书》于2005年2月16日正式生效，再次明确了发达国家的第一阶段减排任务。但《议定书》生效未能缓和或消除美国和欧盟就发达国家减排任务制定上的分歧，以及发达国家与发展中国家在减排义务的分歧。

在参与全球气候治理的进程中，中国积极为发展中国家争取气候治理的话语权，赞成《公约》确立的"共同但有区别的责任"原则，即对发达国家与发展中国家规定的义务以及履行义务的程序有所区别，得到了发展中国家的支持。2001年美国退出《议定书》后，中国抓住机会积极推动《议定书》生效的谈判进程，主动寻求与发达国家就气候变化问题搁置争议、达成共识。中国继续团结发展中国家，坚持捍卫"共同但有区别的责任"原则的有效性，同时积极支持欧盟在气候谈判中的主导地位，与欧盟一同尝试将美国重新拉入谈判进程。在双边层面，中国与美国、印度、澳大利亚、韩国、日本共同发布了《亚太清洁发展与气候新伙伴计划意向声明》，与欧盟共同发布了《气候变化联合宣言》，在开展低碳技术研发、应用和转让等方面开展合作。中国采取的灵活务实策略无疑产生了积极成果。到2005年《议定书》正式

---

① 受到美国的错误示范行为的影响，2011年12月，加拿大宣布退出《京都议定书》，成为继美国后第二个签署又退出的国家。

生效时,中国已被视为全球气候治理的重要行为体,且未来有望成为核心行为体。①

从2007年开始,美国重返国际气候谈判。美国在巴厘岛会议上作出妥协,承诺参加未来两年的气候谈判。此后,欧盟与美国的立场再次趋同,开始要求中国等发展中国家承担减排义务,并拖延对发展中国家的资金提供和技术转让。在此背景下,中国逐渐形成了相对独立的认知和原则立场,开始为全球气候治理提供方案,亦即可持续发展方案,并将该方案付诸国内实践。面对美国等发达国家不愿兑现减排承诺并将减排问题引向主要发展中国家的行径,中国坚持"共同但有区别的责任"原则,敦促美国、欧盟等发达经济体遵守《议定书》的相关规定,兑现减排承诺,坚决维护中国作为发展中国家的发展权益。2007年6月3日,中国国务院印发第一部应对气候变化的全面政策性文件,即《中国应对气候变化国家方案》,提出到2010年中国应对气候变化主要坚持六个原则:第一,在可持续发展框架下应对气候变化的原则;第二,遵循《公约》规定的"共同但有区别的责任"原则;第三,减缓与适应并重的原则;第四,将应对气候变化的政策与其他相关政策有机结合的原则;第五,依靠科技进步和科技创新的原则;第六,积极参与、广泛合作的原则。同年6月8日,时任中国国家主席胡锦涛在八国集团同发展中国家领导人对话会议上指出,"气候变化是环境问题,但归根到底是发展问题","应该在可持续发展框架下解决",应当遵循《公约》确立的"共同但有区别的责任"原则,发达国家应率先履行承诺,发展中国家也应在力所能及的范围内为全球可持续发展作出积极贡献。中国"将继续积极参与气候变化领域的国际合作,致力于在南南合作框架下加强同发展中国家的合作"。② 中国成立国家应对气候变化及节能减排工作领导小组,还将单位GDP能耗目标纳入"十一五"规划中。总体而言,这一阶段中国出于维护"共同但有区别的责任"原则以及本国发展利益的考虑,对全球气候治理的参与程度相对有限,但已开始主动提出方案,并遵循灵活务实的路径实践之,获得了一定的国际话语权。

---

① Ida Bjørkum, *China in the International Politics of Climate Change: A Foreign Policy Analysis*, The Fridtjof Nansen Institute, December 2005.
② 《胡锦涛出席八国集团同发展中国家领导人对话会议并发表重要讲话》,《解放军报》2007年6月9日。

随着发展中国家的工业化程度与发展水平越来越高,温室气体排放量逐步增高,美国等发达国家在考虑减排有碍本国经济发展的基础上,对"共同但有区别的责任"原则越发不满。全球气候治理的政治博弈色彩愈加浓厚,涉及的国家利益纠葛越发明显。全球气候治理的主要相关方都面临承担国际责任与维护国家利益的两难境地,导致国际气候谈判一度陷入僵局。为助推全球气候治理进程朝正确方向发展,中国应对全球气候变化的立场也发生了一些变化。2009年9月22日胡锦涛在联合国气候变化峰会开幕式上提出,共同应对气候变化应当坚持四大原则:第一,"履行各自责任是核心";第二,"实现互利共赢是目标";第三,"促进共同发展是基础";第四,"确保资金技术是关键"。① 同年12月7日,哥本哈根世界气候大会召开,致力于落实"巴厘路线图",达成具有普遍法律效力的2012—2020年全球减排协议。在谈判过程中,欧盟主张放弃"共同但有区别的责任"原则,在修改自身减排目标的同时,催促中国、印度和美国作出更多的减排承诺,还提出了针对发展中国家的"三可原则"(可测量、可报告、可检验)。面对欧盟的消极态度和行为,中国拒绝欧盟的主张,主动分担责任,在大会上宣布了自愿减排目标,决定到2020年单位GDP二氧化碳排放量在2005年的基础上下降40%—45%。中国不仅在部分省市开展低碳试点工作,还在"十二五"规划中提出到2015年单位GDP二氧化碳排放量比2010年降低17%,非化石能源占一次能源比重达到11.4%,增加森林蓄积量6亿立方米。2013年11月,国家发改委发布《国家适应气候变化战略》,分析了国内气候变化的形势,提出了治理的总体要求、重点任务、区域格局和保障措施。这是中国参与全球气候治理进程以来首次作出明确的自愿减排承诺,起到了良好的示范效应,有助于国际社会重拾应对全球气候变化的信心。

中国继续以积极的姿态参与联合国框架下的国际气候谈判,向国际社会贡献全面、协调、可持续的科学发展观方案,表明中国的原则立场。例如,《中国应对气候变化的政策与行动(2011)》白皮书指出,中国参与国际气候谈判的原则立场有五:第一,"坚持《公约》和《议定书》基本框架,严格遵循巴厘路线图授权";第二,"坚持'共同但有区别的责任'原则";第三,"坚持可持续发

---

① 《胡锦涛出席气候变化峰会开幕式并发表讲话》,《人民日报》2009年9月23日。

展原则";第四,"坚持统筹缓解、适应、资金、技术等问题";第五,"坚持联合国主导气候变化谈判的原则,坚持'协商一致'的决策机制"。① 2012 年和 2013 年《中国应对气候变化的政策与行动》白皮书指出,中国将继续扮演建设性角色,坚持"共同但有区别的责任"原则,遵循缔约方主导、公开透明、广泛参与和协商一致的原则,敦促落实《公约》《议定书》和"巴厘路线图"的规定,为构建公正、合理的国际气候变化应对机制作出积极贡献。②

面对美国和欧盟的消极态度和行为,中国遵循"主动贡献、求同存异"的思路,积极构建欧盟、美国和中国相对平衡的全球气候治理话语权格局。在坚持与发展中国家站在统一战线的前提下,中国积极与美国开展清洁能源等领域的合作,缓和与美国在减排义务分担、气候融资、技术转让等方面的分歧,尝试与美国一同引导全球气候治理进程。同时,中国还积极与欧盟开展协调合作。欧盟出于弥补哥本哈根会议失利的考量,对中国释放的积极信号予以回应,二者逐渐形成全球气候治理的战略伙伴关系。③ "国际气候谈判呈现出群雄纷争的局面,出现中国、美国和欧盟'三足鼎立'的利益格局。"④当然,在争取全球气候治理话语权的过程中,中国仍主要走相对"温和保守"(moderate conservative)⑤的路线。

三、努力捍卫《巴黎协定》,推进全球气候治理

从 2014 年开始,中国调整气候外交战略,积极推动相对停滞的全球气候

---

① 《〈中国应对气候变化的政策与行动(2011)〉白皮书(全文)》,http://www.scio.gov.cn/tt/document/1052047/1052047_8.htm,2020.2.29.

② The National and Development and Reform Commission, The People's Republic of China, "China's Policies and Actions for Addressing Climate Change (2012)," pp. 24—27; The National and Development and Reform Commission, The People's Republic of China, "China's Policies and Actions for Addressing Climate Change (2013)," pp. 53—59.

③ David Belis and Simon Schunz, "China and the European Union: Emerging Partners in Global Climate Governance?" *Environmental Practice*, Vol. 15, No. 3, 2013, pp. 190—200.

④ 庄贵阳等:《中国在全球气候治理中的角色定位与战略选择》,第 14 页。

⑤ Eduardo Viola et al, "Climate Governance in an International System under Conservative Hegemony: The Role of Major Powers," *Revista Brasileira de Politica Internacional*, No. 55, Special Edition, 2012, p. 27.

治理进程。中国遵循的基本路径是"拉美—联欧—支持发展中国家"。① 在巴黎气候变化大会召开之前,中国主动与美国、欧盟和法国就全球气候变化问题协调立场、达成共识,发布双边气候变化联合声明。同时,中国还与印度和巴西分别发布双边气候变化联合声明。中国支持发展中国家维护本国在应对气候变化方面的利益,敦促发达国家落实对发展中国家的援助承诺,还承诺提供200亿元人民币建立"中国气候变化南南合作基金",并于次年启动在发展中国家开展10个低碳示范区、100个减缓和适应气候变化项目以及1000个应对气候变化培训名额的合作项目,帮助发展中国家提高应对气候变化的能力。同时,中国还致力于"贡献完善全球治理的中国方案,为人类社会应对21世纪的各种挑战作出自己的贡献"。②

在2015年11月底召开的巴黎气候变化大会上,习近平主席公开表示,"中国在'国家自主贡献'中提出将于2030年左右使二氧化碳排放达到峰值并争取尽早实现,2030年单位国内生产总值二氧化碳排放比2005年下降60%—65%,非化石能源占一次能源消费比重达到20%左右,森林蓄积量比2005年增加45亿立方米左右"。③ 中国的积极态度与行动,为巴黎气候变化大会的顺利召开以及《巴黎协定》的顺利通过奠定了坚实基础。《巴黎协定》的顺利通过,打破了此前全球气候变化谈判陷入的僵局,推动全球气候治理进入全新阶段,"是全人类和地球的一个巨大胜利"④。2016年4月22日,《巴黎协定》在联合国纽约总部签署,同年9月3日,中国批准加入《巴黎协定》,随后在9月4—5日举行的G20杭州峰会上中美一起向联合国秘书长提交批准文书,对促成该协定于同年11月4日正式生效产生了积极作用。

中国的积极态度和行为不仅获得了发展中国家的广泛支持,也得到了欧盟的认可。2015年3月,欧盟委员会在提出"自主决定贡献"的文件中,呼吁欧盟、美国和中国共同发挥正式领导作用。某种意义上,欧盟的呼吁意味着对

---

① 李慧明:《全球气候治理新变化与中国的气候外交》,《南京工业大学学报(社会科学版)》2017年第1期。
② 习近平:《在德国科尔伯基金会的演讲》,《论坚持推动构建人类命运共同体》,第93页。
③ 习近平:《携手构建合作共赢、公平合理的气候变化治理机制》,《论坚持推动构建人类命运共同体》,第292—293页。
④ 《潘基文:〈巴黎协定〉是全人类和地球的一个巨大胜利》,http://world.people.com.cn/n1/2015/1213/c1002-27921673.html.

中国的全球气候治理话语权的承认。至此,欧盟、美国和中国三足鼎立的全球气候治理话语权格局正式确立。三方基于各自的能力和动机,表明谈判立场和原则,争夺国际话语权,共同推动全球气候治理格局的变迁。① 中国在巴黎气候谈判中的合作意愿、原则立场和具体行为,体现出中国在全球气候治理中的角色发生深刻改变。中国更加灵活地践行"共同但有区别的责任"原则,从发展中国家权利的坚守者和南方阵营的协调者向全球层面的国际政治领导者转变。②《巴黎协定》的通过则标志着,中国在全球气候治理中的角色从参与者转变为引领者。正如党的十九大报告所指出的,中国积极"引导应对气候变化国际合作,成为全球生态文明建设的重要参与者、贡献者、引领者"③。当然,中国的角色变化并不意味着中国是所谓全球性的掌控者和规划者。④

特朗普担任国家总统后,美国对全球气候治理的态度大变。特朗普政府认为,《巴黎协定》对美国十分不公平,损害了美国的经济发展利益,对中国却没有太大影响。⑤ 基于这种考量,美国宣布退出《巴黎协定》。美国此举打破了三足鼎立的全球气候治理话语权格局,导致全球气候治理制度碎片化与领导力缺失,全球气候治理权威开始重新分配,⑥全球气候治理需要进行"体系性的大调整"(systemic overhaul)⑦。对于美国宣布退出《巴黎协定》的决定,中国外交部发言人华春莹表示,"无论其他国家的立场发生了什么样的变化,中国都将继续贯彻创新、协调、绿色、开放、共享的发展理念,立足自身可持续发

---

① 段哲哲等:《欧盟气候变化议题领导力变迁研究——一个解释框架》,《武汉理工大学学报(社会科学版)》2017年第5期。
② 汤伟:《迈向完整的国际领导:中国参与全球气候治理的角色分析》,《社会科学》2017年第3期。
③ 习近平:《决胜全面建成小康社会 夺取新时代中国特色社会主义伟大胜利——在中国共产党第十九次全国代表大会上的报告》,人民出版社2017年版,第6页。
④ 郇庆治:《中国的全球气候治理参与及其演进:一种理论阐释》,《河南师范大学学报(哲学社会科学版)》2017年第4期。
⑤ The White House, "Statement by President Trump on the Paris Climate Accord," June 1, 2017, https://www.whitehouse.gov/briefings-statements/statement-president-trump-paris-climate-accord/, available at March 3, 2020.
⑥ Thomas Hickmann, "The Reconfiguration of Authority in Global Climate Change," *International Studies Review*, Vol. 19, No. 3, 2017, pp. 430—451.
⑦ EPW Engage, "Climate Change Requires a Systemic Overhaul for a Peaceful Future," September 18, 2019, https://www.epw.in/engage/article/climate-governance-requires-systemic-overhaul, available at March 3, 2020.

展的内在需求,采取切实措施,加强国内应对气候变化的行动,认真履行《巴黎协定》"。①

为捍卫《巴黎协定》的有效性,中国利用多边外交平台,如《公约》缔约方大会、G20峰会、中欧领导人会晤、"基础四国"气候变化部长级会议等,力图牢固《巴黎协定》中有关全球气候治理达成的共识,并将之落到实处。在促美方面,中国积极与美国进行沟通,呼吁双方增加互信,敦促美国履行应尽的义务。在支欧方面,中国支持与欧盟协同在全球气候治理中发挥积极的主导作用。在团结发展中国家方面,中国坚持发展中国家的身份,努力与其他发展中国家一道维护自身的正当发展利益,兑现自身作出的减排承诺。

考虑到特朗普政府"美国优先"的消极态度和行为,中国更加重视与欧盟在应对气候变化上的合作,双方不断夯实气候治理伙伴关系。2018年7月,中国与欧盟发表《中欧领导人气候变化和清洁能源联合声明》,双方确认各自在《巴黎协定》中所作的承诺,进一步合作贯彻落实协定,"落实2030年可持续发展议程,推动全球温室气体低排放、气候适应型和可持续发展"。同时,双方还表示将强化在九大领域的合作,包括制定长期温室气体低排放发展战略、碳排放交易、能源效率、清洁能源、低排放交通、低碳城市合作、气候和清洁能源项目投资、应对气候变化相关技术合作以及与其他发展中国家开展合作。② 在此基础上,中国与欧盟积极推进渔业与农业(科技)的可持续发展合作、北极合作以及低碳循环经济合作等。2019年12月16日,中国外交部部长王毅在欧洲智库媒体交流会上表示,"气候变化是当前最突出的全球性问题之一,也是中欧合作的一大亮点","中欧双方可就此加强协调合作,增进相互理解,推进《巴黎协定》全面有效落实,积极推进低碳和可持续发展"。③

中国把推进《巴黎协定》上升到构建人类命运共同体的高度。政治、安全、经济、文明、生态五位一体,构成了打造人类命运共同体的目标,其中,在生

---

① 《外交部:无论其他国家立场如何变化 中国将认真履行〈巴黎协定〉》,https://world.huanqiu.com/article/9CaKrnK3eum.
② 《中欧领导人气候变化和清洁能源联合声明》,http://www.xinhuanet.com/energy/2018-07/17/c_1123136631.htm.
③ 王毅:《气候变化是中欧合作亮点》,http://www.xinhuanet.com/politics/2019-12/17/c_1125356943.htm.

态领域构建人类命运共同体,中国提倡建设一个清洁美丽的世界。应对气候变化是中国可持续发展的内在需要,也是深度参与全球治理、构建人类命运共同体、推动人类共同发展的大国责任担当。在参与全球气候治理、建设清洁美丽世界的过程中,中国秉持共商共建共享的全球治理观,倡导践行尊重自然、顺应自然、保护自然的环保理念,坚持走绿色、低碳、循环、可持续的发展道路,既要维护本国生态环境,也要维护整个地球的生态环境,支持联合国发挥积极作用,支持扩大发展中国家的代表性和发言权,各国平等合作应对气候变化,共同推动《巴黎协定》实施。此外,习近平主席在2018年5月召开的全国生态环境保护大会上还指出,要"共谋全球生态文明建设,深度参与全球环境治理,形成世界环境保护和可持续发展的解决方案,引导应对气候变化国际合作",①共建地球生命共同体。从中我们可以看到,中国在全球气候治理中的角色已从"消极追随者"(passive follower)转变为"建设性的塑造者"(constructive shaper)。②

在构建人类命运共同体方案框架内,中国不断向国际社会表明中国的全球气候治理观,推动全球气候治理理念转型。中国的全球气候治理观主要建立在三个基础之上:第一,中国传统文化中关于社会正义的思想;第二,中国国际关系理论;第三,新型国际关系和人类命运共同体思想。③ 换言之,中国主要通过知识供给的方式,争取全球气候治理话语权。例如,《国家应对气候变化规划(2014—2020年)》文件提出,中国应对气候变化的原则有四:第一,"坚持国内和国际两个大局统筹考虑";第二,"坚持减缓和适应气候变化同步推进";第三,"坚持科技创新和制度创新相辅相成";第四,"坚持政府引导和社会参与紧密结合"。④ 此外,习近平主席在巴黎气候大会表示,"中国将把生态文明建设作为'十三五'规划重要内容,落实创新、协调、绿色、开放、共享的发展理念,通过科技创新和体制机制创新,实施优化产业结构,构建低碳能源体

---

① 习近平:《坚决打好污染防治攻坚战 推动生态文明建设迈上新台阶》,《人民日报》2018年5月20日。
② Lina Li et al,"China and It's Climate Leadership in a Changing World-From Passive Follower to Constructive Shaper of the Global Order," *Climate Diplomacy*, *Discussion Paper*, July 2017, pp.1—10.
③ 薄燕:《中国全球气候治理观的要义、基础与实践》,《当代世界》2019年第12期。
④ 《国家应对气候变化规划(2014—2020年)》,http://www.scio.gov.cn/xwfbh/xwfbh/wqfbh/2014/20141125/xgzc32142/Document/1387125/1387125_1.htm.

系、发展绿色建筑和低碳交通、建立全国碳排放交易市场等一系列政策措施,形成人与自然和谐现代化建设新格局"。① 党的十九大报告指出,"加快生态文明体制改革,建设美丽中国""人与自然是生命共同体,人类必须尊重自然、顺应自然、保护自然",中国要坚持新发展理念,"发展必须是科学发展,必须坚定不移贯彻创新、协调、绿色、开放、共享的发展理念","构筑尊崇自然、绿色发展的生态体系"。② 2017年、2018年、2019年《中国应对气候变化的政策与行动》白皮书提出,中国将继续本着高度负责的态度,秉持公正、"共同但有区别的责任"和"各自能力"原则,积极推动联合国框架下的多边气候治理进程,广泛深入参与气候变化磋商与合作的其他多边进程,引导应对气候变化国际合作,推动《巴黎协定》的贯彻落实。③ 事实证明,在百年大变局下,中国有责任、有意愿、有能力成为全球气候治理的引领者,引导全球气候治理朝更加公正、合理的方向发展。

在"后巴黎时代"中国需要争取的全球气候治理的话语权,这一话语权的内涵更加丰富,主要包括制度性话语权、科学性话语权和道义性话语权。④ 目前,中国在国际舆论上占据明显优势,享有较大的道义性话语权,成功塑造了积极的负责任大国形象。相比之下,中国的科学性话语权和制度性话语权则有待进一步增强。在争取科学性话语权方面,中国持续加强应对气候变化的科研和交流合作力度,注重技术创新,不断制定出更加合理可行的具体方案,提升自身的技术领导力。在争取制度性话语权方面,中国更加重视全球气候治理的制度建设和议程设置能力。例如,2019年9月23日在纽约召开的气候行动峰会上,中国主动引领"基于自然的解决方案"(Nature Based Solutions,

---

① 习近平:《携手构建合作共赢、公平合理的气候变化治理机制》,《论坚持推动构建人类命运共同体》,第292页。
② 习近平:《决胜全面建成小康社会 夺取新时代中国特色社会主义伟大胜利——在中国共产党第十九次全国代表大会上的报告》,第50、21、25页。
③ The National and Development and Reform Commission, The People's Republic of China, "China's Policies and Actions for Addressing Climate Change (2017)," pp. 60—65; The National and Development and Reform Commission, The People's Republic of China, "China's Policies and Actions for Addressing Climate Change (2018)," pp. 41—45; The National and Development and Reform Commission, The People's Republic of China, "China's Policies and Actions for Addressing Climate Change (2019)," pp. 24—26.
④ 李强:《"后巴黎时代"中国的全球气候治理话语权构建:内涵、挑战与路径选择》,《国际论坛》2019年第6期。

NBS)付诸实践,拟建立"基于自然的解决方案之友小组",将"基于自然的解决方案"纳入"2020年全球生物多样性框架",取得了积极成果。在未来参与全球气候治理、构建人类命运共同体的过程中,中国应坚持推动全球气候治理理念转型,让国际社会充分认识气候治理的重要性和紧迫性。加强与欧盟的合作,提供国际气候谈判的制度增量供给,构建新型气候援助体系。努力坚持科学发展观,以实际行动引领全球低碳发展,助推全球气候治理良性转型。

中国提高国际海洋治理话语权的目标与着力点

刘维杰

随着海外利益和海洋实力的发展,"依海富国、以海强国"成为中国的战略选择。党的十八大报告正式提出"建设海洋强国",十九大报告明确为"坚持陆海统筹,加快建设海洋强国",将陆海兼顾推进到陆海统筹的战略层次。中国以更加积极的姿态参与全球海洋治理,发出中国声音、提出中国方案,改善和提升中国的国际海洋话语权。

一、参与国际海洋治理是中国发展的需要

第一,中国的国家利益不断向海外延伸。新中国成立后相当长的时期,中国与国际社会处于"斗争大于合作、猜忌压倒协调、对峙多于对话的关系,是'造反者'对抗'权势者'的态势。中国像是一个不断抗争的、孤独的革命巨人,站在国际体系圈子之外"[①]。实行改革开放后,中国逐步实现了从"适应世界"到"影响世界"的转变,需要加强国际话语权。作为世界第一大货物贸易国、第一大造船国和第一大石油消费国,决定了中国必须高度重视海洋安全和海洋治理问题。中国前10位的进出口对象有欧盟、美国、东盟、日本、韩国等,绝大多数货物依赖海运。2017年中国成为全球第一大原油进口国,中国的能源、资源安全与海洋安全联系得更加紧密,海外投资与人员流动规模庞大且不断增长。2018年中国对外非金融类直接投资额1205亿美元,其中对"一带一路"沿线国家投资额156亿美元,增长8.9%;国内居民因私出境15502万人

---

① 王逸舟:《创造性介入:中国之全球角色的生成》,北京大学出版社2013年版,第25—26页。

次,对外劳务合作派出各类劳务人员49万人。①

中国海外利益面临国际和地区动荡、恐怖主义、海盗活动等现实威胁,驻外机构、海外企业及人员多次遭到袭击,在海洋治理的法治化、信息化和国际化等方面的话语建构仍有不足。此外,中国已成为全球海洋渔业第一大国,由于近海资源的过度捕捞,越来越依靠远洋捕捞。中国远洋渔业作业海域已扩展到太平洋、印度洋、大西洋公海和南极海域,也出现了一些渔民侵犯他国权益的行为。例如,有的中国籍渔船存在闯入他国专属经济区捕鱼、非法捕捞幼鱼、在他国禁渔期间捕鱼以及套牌船等违法行为,②个别渔船甚至与当地海警发生冲突,引发当事国和相关国际组织的不满。这种"远洋海盗捕捞"的做法不仅会破坏海洋生态,在发生冲突时,也会危及中国渔民的生命财产安全,损害中国的国际形象与利益。

第二,国际社会关注中国的海洋行为。在世界海洋大国中,中国是唯一一个尚未实现国家统一的国家,也是海洋地缘环境最富挑战、海洋争端最复杂的大国。早在20世纪90年代,就有观察家将中国的崛起与一战前的德国相提并论,"中国正在积极寻求将美国从东亚吓跑,这与第一次世界大战前德国通过建立无畏舰队恐吓英国并无二致。"③中国未来以什么样的方式来实现"海洋强国",必将深刻影响世界海洋秩序。毕竟在国际关系史上,大国围绕制海权的争夺几乎总是与军备竞赛、冲突甚至战争相伴,尤其是中国作为全球海洋治理的后起者,更需要向全世界阐述自身的海洋治理目标与理念。

第三,中国面临海洋治理的话语困境。随着中国经济军事实力的发展,有些国家重提"中国威胁论",甚至担忧中国的发展会危及地区和平。美国前亚太事务副助理国务卿柯庆生(Thomas J. Christensen)曾在《外交事务》撰文指出,中国崛起给美国外交带来两大挑战,即如何防止中国破坏东亚的稳定,以及如何鼓励中国为全球治理贡献力量。而且他还认为,美国在涉华海洋争端中扶持盟友虽然没有立即解决问题,但促使中国认识到不那么咄咄逼人且更

---

① 国家统计局:《2018年国民经济和社会发展统计公报》,http://www.stats.gov.cn/tjsj/zxfb/201902/t20190228_1651265.html.
② 《农业农村部办公厅关于部分远洋渔业企业及渔船涉嫌违法违规问题调查情况和处理意见的通报》,http://www.moa.gov.cn/nybgb/2018/201803/201805/t20180528_6143244.htm.
③ Arthur Waldron, "How Not to Deal with China", *Commentary*, Vol. 103, No. 3, March 1997, pp. 44—49.

令人安心的(less aggressive and more reassuring)方针是更有利的。① 美国认定中国在南海的"过度海洋主张"包括"外国军事船舶无害通过领海需要事先允许""对专属经济区上空的管辖""将专属经济区内的外国测量船活动定为犯罪"等。② 针对中国在南海的岛礁建设,日本认为中国试图依靠实力改变现状,对于"航行自由"的担忧越发强烈,③美国借"航行自由"的名义多次派遣舰机进入争议海域,实施抵近侦察。这种行为既增加了双方海上冲突的风险,又可能造成围绕"航行自由"的不同理解导致的法律斗争的长期化。谋求在国际海洋法斗争中的优势地位并强化话语权,是美国"航行自由"行动的核心目标。2012 年 1 月,美国国防部发表《维持美国的全球领导地位:21 世纪国防的优先任务》,认为美国和中国对东亚和平稳定负有责任,中国必须增强军事透明度以避免摩擦。④ 到 2019 年 6 月,美国发布的《印太战略报告》已经将中国定义为谋求扩张的"修正主义大国",在挑战程度上置于俄罗斯之前。⑤ 这对中国解决相关争议、参与海洋治理是极为不利的。中国需要增强自己的海洋话语权,增信释疑,顺利推进"一带一路"倡议和海洋强国建设。

在海洋环保领域,国际社会比较关注中国快速增长的远洋捕捞能力以及工农业生产对海洋生态系统所造成的损害。中国尚处于工业化阶段,沿海经济发达地区同时也是污染排放和过度开发的重灾区。由于海水环境的流动性,污染物会随洋流、海浪扩散到周边国家,进而造成环境纠纷。而在海洋污染责任认定、排放标准及治污技术转让等问题上,有些国家和国际组织高举

---

① Thomas J. Christensen, "Obama and Asia: Confronting the China Challenge", *Foreign Affairs*, Vol. 94, No. 5, 2015, pp. 28—36.

② 张烨:《特朗普上台后美国在南海"航行自由"行动的变化与应对》,《太平洋学报》2018 年第 9 期。

③ 2014 年《防卫白皮书》认为,中国在海洋权益冲突问题上试图依靠实力改变现状,在东海设定防空识别区、在南海加强活动,妨碍公海的航行与飞行自由,不透明的国防开支与军事活动危及海上生命线。参见日本防卫省:《防卫白皮书》(2014), http://www.clearing.mod.go.jp/hakusho_data/2014/html/ns007000.html, 2019.09.12.

④ United States Department of Defense, "Sustaining U. S. Global Leadership: Priorities for 21st Century Defense", January 2012, p. 2. http://www.cfr.org/defense-strategy/sustaining-us-global-leadership-priorities-21st-century-defense/p26976, 2019.09.23.

⑤ United States Department of Defense, "The Department of Defense Indo-Pacific Strategy Report", June 1, 2019. https://media.defense.gov/2019/Jul/01/2002152311/-1/-1/1/department-of-defense-indo-pacific-strategy-report-2019.

"环保"旗帜占据道德高地,质疑中国的发展中国家地位并要求中国承担更多国际责任。此外,一些传统的饮食观念也导致中国在海洋环保议题上受到非议。

二、中国海洋治理话语的理念与目标

国际话语权的本质,是以非暴力、非强制的方式改变他人的思想和行为,并使一国之地方性的理念和主张成为世界性的理念和主张。理念贡献能力和政治操作能力构成了衡量一国国际话语权建设是否成功的两个关键指标。[①] 由于一国政府在国内政策、国际机制、对外政策中所倡导的价值观能够强烈影响他国的喜好,[②] 由此可以增强本国对外政策在国际上的合法性,减小其实现外交目标的阻碍。体现在海洋治理话语上,中国有两个基本目标:一是维护国家海洋权益,加快建设海洋强国;二是推动国际海洋秩序向着公平、公正、合理的方向发展,实现海洋的可持续发展。

第一,维护国家海洋权益和海外利益,在参与中履行大国责任。在捍卫领土完整和主权方面,中国明确宣示了海洋权益,就钓鱼岛问题、南海问题发布符合国际法与国际规范的立场文件与白皮书等,有理、有力地向国际社会展示中国政府维护主权的坚定意志和决心。在管控海上危机、防止海洋争端升级和扩大方面,中日在东海方向建立海上联络机制,落实2014年7月达成的处理和改善中日关系四点原则共识,本着"正视历史、面向未来"的精神,将东海建成"和平、合作、友好之海"。在南海问题上继续坚定推进"双轨思路",即南沙有关争议由直接当事国通过协商谈判妥善解决,南海地区和平稳定由中国和东盟国家携手共同维护。反对美国等非争端当事国介入南海争议,继续推进落实《南海各方行为宣言》和商谈"南海行为准则"。

维护国家海外利益、履行大国责任需要多种手段,不可避免地会使用军事力量,在实践中可能面临干涉他国内政的问题。国际人权运动已经成功地将

---

① 左凤荣、赵柯:《中国国际话语权建设的经验、挑战与对策》,《对外传播》2014年第12期。
② 〔美〕约瑟夫·S. 奈:《软实力》,马娟娟译,中信出版社2013年版,第12、20页。

联合国的主要使命从"保护主权转向了保护人权",①受"保护的责任"等概念的影响,中国学界也在讨论创新和修正不干涉原则,如"参与式倡导"②和"创造性介入"③等,尝试通过主动参与而非被动卷入国际集体努力,在参与国际集体努力的过程中维护本国的利益。中国在此方面特别谨慎,主要是在联合国框架下参与维和行动。2008年12月至今,根据联合国安理会第1816号决议,中国海军赴亚丁湾、索马里海域实施常态化护航行动,与国际护航力量合作,共同维护国际海上通道安全。当时中国是最后一个出兵护航的大国,一度面临"搭便车""推卸责任"的非议。此后,中国在理念与实践上有所调整:一是主动使用海军开展国际人道主义救援。2011年的利比亚撤侨行动成功撤离近4万名中外公民,是新中国成立后第一次动用军事力量参与撤侨;2015年春,也门内战爆发,中国海军首次直接靠泊交战区域港口护送近千名中外人士撤离。另一个是通过主动参与国际集体努力来维护和贯彻不干涉内政原则,如2014年中国海军参与完成叙化武海运护航任务,履行了安理会常任理事国对维护世界和平与安全的大国责任。

第二,推进"一带一路"倡议,构建海洋命运共同体。随着经济社会发展,中国的油气、渔业需求迅速上升,"经略海洋"上升为国家意志,中国如何建设"海洋强国"也备受关注。有学者将海权发展模式分为四类:世界性海洋霸权大国、挑战世界海权的传统型海洋强国、崛起中的新兴海洋大国和发展中的海洋国家。④ 中国作为崛起中的新兴海洋大国,明确宣示了建设海洋强国的理论框架和原则要求,是"统筹国内国际两个大局,坚持陆海统筹,坚持走依海富国、以海强国、人海和谐、合作共赢的发展道路,通过和平、发展、合作、共赢方式,扎实推进海洋强国建设"。⑤ 延续了和平合作、互利共赢的发展道路,而

---

① W. Michael Reisman, "Sovereignty and Human Rights in Contemporary International Law," *American Journal of International Law*, Vol. 84, No. 866, 1990, pp. 872—873.
② 潘亚玲:《从捍卫式倡导到参与式倡导——试析中国互不干涉内政外交的新发展》,《世界经济与政治》2012年第9期。
③ 王逸舟:《创造性介入:中国之全球角色的生成》,北京大学出版社2013年版。
④ 高兰:《海权发展模式研究与中国海权理论构建》,《亚太海洋与安全研究》2019年第5期。
⑤ 习近平:《进一步关心海洋认识海洋经略海洋 推动海洋强国建设不断取得新成就》,《人民日报》2013年8月1日。

非像一战前的德国与二战前的日本那样以武力争夺海洋霸权。2013年9月和10月,国家主席习近平分别提出建设"新丝绸之路经济带"和"21世纪海上丝绸之路"的合作倡议,倡导和平合作、开放包容、互学互鉴、互利共赢的丝绸之路精神,成为落实合作共赢的海洋发展理念的重要载体。中国海洋经济发展规划充分体现了构建人类命运共同体、利益共同体的理念,以对外合作的"基本原则"为例:从"国际视角,开放发展"①(即利用国内外市场和资源)调整为"开放拓展、合作共享"②(即主动参与国际海洋经济合作,构建利益共同体)。其基本立足点从为了中国更好地发展,转变为强调共同体意识和共享发展成果的大国担当,实现了从突出利用全球化机遇发展自身,向开放创新、包容互惠和共商、共建、共享的发展前景转变,助推"一带一路"建设。

海洋安全天然具有跨国属性,没有共同的海洋安全就无法共享海洋安全。进入新时代以来,中国参与全球海洋治理的理念集中体现在"和谐海洋"与"海洋命运共同体",二者分别是"和谐世界"与"人类命运共同体"理念在海洋治理领域的体现和延伸。中国近年来提出了构建不冲突、不对抗、相互尊重、合作共赢的新型大国关系,构建相互尊重、公平正义、合作共赢的新型国际关系,构建人类命运共同体等重要外交理念,以及"走共建、共享、共赢的亚洲安全之路"和坚持共同、综合、合作、可持续的新安全观等安全理念,也势必体现在海洋治理领域的话语建构中。2019年4月23日,国家主席习近平在新中国海军成立70周年之际,首次提出了"海洋命运共同体"的理念。"我们人类居住的这个蓝色星球,不是被海洋分割成了各个孤岛,而是被海洋连结成了命运共同体,各国人民安危与共。"③此后"海洋命运共同体"正式成为指导新时代中国海洋外交政策与实践的重要理念。

---

① 国务院:《关于印发全国海洋经济发展"十二五"规划的通知》,http://www.gov.cn/zwgk/2013-01/17/content_2314162.htm.
② 《海洋经济可持续发展十三五规划》,http://www.ndrc.gov.cn/zcfb/zcfbghwb/201705/U020170516530439547022.pdf.
③ 《习近平集体会见出席海军成立70周年多国海军活动外方代表团团长》,《人民日报》2019年4月24日。

第三，积极参与全球海洋治理，使国际海洋秩序更加公平合理。在国际无政府状态下，主权国家依旧是全球海洋治理最重要的行为体，国家主权的独立性与国家利益的自利性导致合作动力不足，难以就治理规则达成共识。气候变暖和海平面上升事关全球海洋安全与发展，在这个问题上，大国面临的是减排而小岛屿国家面临的是生存考验，双方在合作预期上是严重不对等的，但弱势一方可以借助国际组织和国际海洋法规的影响力，限制大国的行为。这种情况下，某些大国的自利行为和施压很难迫使小岛屿国家做出让步，相互尊重、合作共赢的伙伴关系成为全球海洋治理的重要路径。近年来，中国所倡导的伙伴关系的一个突出特点是强调对弱小国家的关注和照顾，注重发展的公平性，这得到了广大发展中国家的支持。

2017年1月18日，国家主席习近平在联合国日内瓦总部发表题为《共同构建人类命运共同体》的主旨演讲时提出，"要秉持和平、主权、普惠、共治原则，把深海、极地、外空、互联网等领域打造成各方合作的新疆域，而不是相互博弈的竞技场。"①中国基于人类命运共同体的视角，将自身的理念推向全球海洋治理：倡导创新、协调、绿色、开放、共享五大发展理念，与联合国《2030年可持续发展议程》提出的人类、地球、繁荣、和平、伙伴五大理念相融相通；构建"开放包容、具体务实、互利共赢"的蓝色伙伴关系，符合联合国《2030年议程》所提倡的"不让任何一人掉队"和"尽力帮助落在最后面的人"的精神和理念，服务于建立更加公正、合理和均衡的全球海洋治理体系；坚持"共同但有区别的责任"原则，维护发展中国家和小岛屿国家的利益，等等。2017年9月，在福建平潭召开中国—小岛屿国家海洋部长圆桌会议，通过的《平潭宣言》提出秉持"相互尊重、平等合作、互利共赢"的原则，构建基于海洋合作的"蓝色伙伴关系"。2018年7月，中国与欧盟也签署了在海洋领域建立蓝色伙伴关系的宣言。中国主张推动包括国际组织在内的各方共同成为全球海洋治理的参与者、贡献者和受益者，为构建人类命运共同体，建设共同繁荣、开放包容和清洁美丽的世界做出努力，在发展问题上促使全球海洋秩序更加公平合理。

---

① 习近平：《共同构建人类命运共同体》，《习近平谈治国理政》第二卷，第541页。

三、努力增强中国参与国际海洋治理的制度性话语权

制度性话语权就是利用国际规范、国际制度和机制来使自身话语合法化、权威化,从而限制他人、维护自身利益的一种力量。① 如何将本国的理念上升为国际议题、转变为国际规则,是取得国际话语权的关键。中国秉持共商共建共享的全球治理观,以"国际海洋法治的维护者、和谐海洋秩序的构建者、海洋可持续发展的推动者"②的身份,以构建机制、完善规范、参与立法的方式增强制度性话语权。

第一,主动参与和构建国际机制,增强中国在海洋非传统安全领域的话语权。国际海洋机制的创设权、主导权是全球海洋治理话语的重要体现,鉴于美国在海洋传统安全议题上的主导地位,中国以打击海上犯罪、海洋环保等非传统安全机制作为重要切入点,参与制定国际协定、举办国际会议,与相关国家举行海上安保演习,提升该领域的制度性话语权。在打击海盗问题上,"东京与北京,尽管对彼此在共享海岸海域的海军建设相互怀疑,但对保护从中东和非洲来的石油运输线的安全方面有着共同的兴趣"。③ 中国早在2004年就参与制定了《亚洲地区反海盗及武装劫船合作协定》(ReCAAP),但日本在海上执法规范上占据了优势地位。④ 中国积极参与索马里海盗问题联络小组会议以及"信息共享与防止冲突"护航国际会议等国际机制,也在机制构建与执法规范制定等领域独立开展活动,维护国际航道安全。2012年2月,在南京举办由中国发起的首次国际护航研讨会,以此提升中国在海洋执法与护航规范方面的话语权。如前所述,海军的访问和联合演习是海军外交的重要内容,可以管理或塑造有利于本国的战略环境。中国与马六甲海峡国家举行了多次联

---

① 张焕萍:《论国际话语权的架构》,《对外传播》2015年第5期。
② 《常驻联合国代表团临时代办吴海涛大使在第72届联大关于"海洋和海洋法"议题的发言》,https://www.fmprc.gov.cn/ce/ceun/chn/zgylhg/flyty/hyfsw/t1516977.htm。
③ 〔美〕索尔·科恩:《地缘政治学:国际关系的地理学》,严春松译,上海社会科学院出版社2011年版,第282页。
④ 2006年9月,在马来西亚举行的马六甲海峡安保磋商会议上,决定由日本海上保安厅协助各国研究海上执法参考模式。日本在事实上主导了该领域的海上执法规范,从而在地区反海盗机制和实践准则的设定上取得先机。

合演习。其中,2015年9月,中国与马来西亚在马六甲海峡及附近海域举行首次实兵联合演习。多达1160名中国军人参加联合护航、海上搜救等科目,是当时中国与东盟国家举行的最大规模双边演习。谁来主导、和谁演习、在哪里演习、演习什么是海洋话语权的体现。

在海洋可持续发展领域,以海洋垃圾、蓝色经济、综合管理为主题的伙伴关系发展迅速,通过促进主体间广泛的沟通和协作,形成一种非正式治理模式,对政府间治理起到了支持、补充和促进落实的作用。中国作为主要发起国,积极推动"东亚海环境管理伙伴关系计划"(PEMSEA,简称"东亚海项目")与"东北亚次区域环境合作方案"(NEASPEC)的实施,在海洋生态保护、可持续发展方面取得重要成果。2012年第17次NEASPEC高官会议设立东北亚海洋保护区网络(NEAMPAN),重点保护海洋动物及其栖息地。由"东亚海项目"发起的东亚海岸带可持续发展地方网络(PNLG),其秘书处及其办事机构永久设在厦门,是中国参与区域海洋环境治理的重要机制和发声窗口。中国还依托现有的地区性环境合作机制(主要是中日韩环境部长会议和西北太平洋行动计划),交流经验和信息,制定并完善区域内海洋环境保护规则。

第二,注重危机管控机制建设,开展海洋安保对话。国际机制能够在不同议题之间建立沟通渠道,达成协议也会更加方便。正如基欧汉所指出的,一个机制建立起来以后,处理每一个追加议题的边际成本将比没有机制要低。[①]中国从维护周边海洋安全入手,主动构建与争端当事国之间的海洋安全保障对话机制和相关联络机制,避免海洋争议的"外溢",管控发生海上冲突的风险,改善中国形象并借此提升制度性话语权。目前起步最早、成效最显著的是中日就东海问题建立的一系列危机管控机制,即中日海洋事务高级别磋商和海上紧急联络机制。2012—2019年,中日已开展11轮高级别磋商,推动了海洋政策及海洋法对话以及中日海上联络机制、海上搜救协定的实施,促进了打击海上犯罪合作。

中日建立海上紧急联络机制的设想,主要基于围绕东海钓鱼岛主权争端,

---

① 〔美〕罗伯特·基欧汉:《霸权之后:世界政治经济中的合作与纷争》,苏长河等译,上海人民出版社2006年版,第91页。

双方舰船和军机在争议海域及上空可能发生冲撞危机。① 2007年4月,温家宝总理访日,与日本首相安倍晋三同意共建军队联络机制,防止发生海上不测事态。2008年4月至2012年6月,中日双方就该机制进行了三轮磋商,但"购岛"事件拖延了这一进程。2015年1月,中日在东京举行海上联络机制第四轮专家组磋商,就机制的名称、运行方法以及相关的技术规范达成了共识。这是日本政府将钓鱼岛所谓"国有化"以来两国首次恢复这一磋商。2016年6月在东海上空发生日方战机使用火控雷达照射中方军机事件。这一危险迹象表明,在东海争议短时间内不能解决的情况下,中日及早构建海上危机管控与联络机制迫在眉睫。2018年6月8日,中日海空联络机制启用。中日这两个重要的海洋大国构建起初步的海上危机管控与联络机制,对其他国家也具有示范意义。

进入21世纪以来,中美在南海发生多次舰机对峙事件,近年来美国借"航行自由"的名义多次派遣舰机进入南海争议海域,实施抵近侦察,增加了双方在海上发生冲突的风险。中国本着不冲突、不对抗、相互尊重、合作共赢的原则处理与美国的军事关系,构建海上危机管控机制。增强双方的军事透明度,降低因为偶发事件引发危机的风险。2014年11月,中美建立起"两个互信机制",即"建立重大军事行动相互通报信任措施机制"和"海空相遇安全行为准则"。"准则"规定了双方"不使用不文明语言或不友好肢体动作"和"军用舰艇海上相遇,应当保持安全距离,避免碰撞危险"等内容。② 2015年双方就新增"军事危机通报""空中相遇"附件达成共识,2017年中美建立了外交安全对话和联合参谋部对话两大机制。

第三,参与和倡导制定地区海洋规范,将中国的海洋治理理念转化为共同遵守的规则和国际共识。一个国家要想成功确立国际话语权需要解决"能够说""有人听""影响力"这三个问题。前两个方面是理念贡献能力,"影响力"实际指的是政治操作能力,主要体现为按自己的理念来提出议题、设定议程,

---

① 根据日方公布的数据,2010年以后,日本针对中国战机实施的紧急空情急速上升,到2012年已超过俄罗斯。参见日本防卫省:《防卫白皮书》(2014),http://www.clearing.mod.go.jp/hakusho_data/2014/html/zuhyo.html.

② 《中美关于海空相遇安全行为准则谅解备忘录》,http://www.mod.gov.cn/affair/2014-12/06/content_4555927_8.htm.

将自己的理念转变为国际规则。为推动南海各方和平合作,中国积极推进"南海行为准则"磋商。2012年11月,第15次中国—东盟领导人会议发表了"纪念《南海各方行为宣言》签署十周年联合声明",宣布要在各方协商一致的基础上共同推进制定"南海行为准则"。经过多轮磋商,2017年5月达成了"南海行为准则"框架。在此过程中,双方商讨了搭建热线平台、在南海地区适用《海上意外相遇规则》等内容。2018年11月发布的《中国—东盟战略伙伴关系2030年愿景》,表示尊重和致力于"南海航行与飞越自由",根据包括《联合国海洋法公约》在内的公认的国际法原则,由直接相关的主权国家通过友好协商和谈判,以和平方式解决其领土和管辖权争议。① 中国在南海问题上继续坚定推进"双轨思路",并将推动其落实为共同文件。通过不懈努力,证明了中国与东盟可以排除外界干扰,制定出可以共同遵守的地区规则,将南海问题回归为双边问题,改善和提升了中国在南海事务上的话语权。

在海洋发展和保护方面,中国及时把握联合国通过《2030可持续发展议程》的重要契机,依托自身在海洋防灾减灾、气候变化领域的积累,主动提供公共产品,参与海洋规则的制定。2017年6月,中国发布了《"一带一路"建设海上合作设想》,倡导建立积极务实的蓝色伙伴关系,推动形成海上合作的利益共同体。中国还发布《南海及其周边海洋国际合作框架计划(2011—2015)》和《南海及其周边海洋国际合作框架计划(2016—2020)》,秉持平等互利、长效务实的合作原则,以推动"一带一路"建设为重点,引领和推动区域海洋合作。其中,2017年年底,由中国承建的南中国海区域海啸预警中心开始业务化试验运行,为越南、印尼、菲律宾等国提供预警服务。这标志着中国从防灾减灾入手在南海海洋治理中取得突破。

第四,稳步推进国际海洋立法进程,推动极地保护与合作。中国高度重视海洋立法进程,在不同国际场合阐述自身立场,并为发展中国家发声。国家管辖范围以外区域海洋生物多样性(BBNJ)国际协定谈判是当前海洋法领域最重要的立法进程,事关公海的国际法律秩序调整和海洋资源等利益

---

① 《中国—东盟战略伙伴关系2030年愿景》(全文),http://www.xinhuanet.com/world/2018-11/15/c_1123718487.htm,2019.10.14.

的再分配。① 目前,谈判已经正式转入政府间会议的阶段。2015年12月,中国在第70届联大全会上提出,BBNJ相关谈判应循序渐进,充分顾及各国特别是发展中国家合理利用海洋生物资源的需要,不应损害现有法律制度和框架。② 在2017年4月举行的BBNJ国际协定谈判预备委员会第三次会议上,中国代表提出了4点建议:BBNJ国际文书谈判应以协商一致为原则,避免采取投票方式决定有关事项;应以《公约》为依据,不能破坏《公约》建立的制度框架;应以维护共同利益为目标;BBNJ国际文书制度设计应以合理平衡为导向。③ 美国、日本及北欧等国强调国家在启动和开展环评以及相关决策方面的主导地位,而欧盟、新西兰和一些国际组织则高举"绿色环保"大旗,主张BBNJ应建立全球环评标准,由独立的科学机构参与环评过程。④ 在2019年8月举行的BBNJ政府间谈判第三次会议上,中国强调应由主权国家决定环评事宜,"其他利益相关方无权做决定"。⑤

中国积极参与南、北极极地治理与保护,倡议共建"冰上丝绸之路"。受全球变暖影响,北极冰雪融化速度加快,随之而来的北极航道、环保、科研以及商业开发等议题越发具有全球意义。这不仅是北极周边国家的"内部事务",已经上升为全球海洋治理的范畴。虽然中国在地理上不是北极国家,但在地缘上是"近北极国家",是北极事务的重要利益攸关方。⑥ 中国坚持以"尊重、合作、共赢、可持续"的原则参与北极事务,先后与美国、俄罗斯开展极地事务对话,在2013年成为北极理事会正式观察员后,支持和尊重北极理事会通过

---

① 2015年6月19日,联大通过第69/292号决议,即根据《联合国海洋法公约》(简称《公约》)的规定就国家管辖范围以外区域海洋生物多样性的养护和可持续利用问题拟订一份具有法律约束力的国际文书,应谈判处理包括海洋保护区在内的划区管理工具、环境影响评估等措施。参见联大第69/292号决议,联合国网站,https://www.un.org/zh/documents/view_doc.asp?symbol=A/RES/69/292.

② 《中国代表李永胜参赞在第70届联大全会关于"海洋和海洋法"议题的发言》,中国常驻联合国代表团网站,https://www.fmprc.gov.cn/ce/ceun/chn/zgylhg/flyty/hyfsw/t1323390.htm.

③ 伊民:《BBNJ养护与可持续利用协定政府间谈判开启》,《中国海洋报》2018年9月11日。

④ 胡学东:《围绕海洋生物多样性的国际较量——国家管辖范围外区域海洋生物多样性最终建议性文件点评》,《中国海洋报》2017年11月29日。

⑤ "Delegates Discuss Environmental Impact Assessment Reports, Establishment of Scientific Body, as Marine Biodiversity Treaty Negotiations Continue", https://www.un.org/press/en/2019/sea2117.doc.htm,2019.10.28.

⑥ 中华人民共和国国务院新闻办公室:《中国的北极政策》(2018年1月),人民出版社2018年版,第4页。

的关于搜救、环保与科研合作的协定。2013年,中国与北欧五国共同发起了"中国—北欧北极研究中心"(CNARC),这是目前北极治理中唯一由中国主导的国际组织,从而搭建起参与北极事务、提出中国方案的多边平台。中国还参与了北冰洋公海渔业治理相关谈判,支持就该问题建章立制,实现北极的可持续发展。中国在南极治理上主要是科研与保护,2017年5月发表的《中国的南极事业》白皮书提出构建南极"人类命运共同体"。2017年6月,在北京举办了第40届南极条约协商会议和第20届南极环境保护委员会会议,这是中国首次举办南极条约协商会议,也是中国第一次举办涉及极地国际治理的大型主场外交活动。中国除了积极推动设立冰穹A昆仑站南极特别管理区,2018年还在国际组织同意下,组建由中方为主的工作小组牵头研讨罗斯海新站企鹅特别保护区计划草案。①

四、提升海洋治理话语权需要借鉴国际经验

海洋话语权的建构,不是随着海洋实力的上升而自然获得的,从国外的经验看,这需要海洋治理能力现代化的支撑。中国在海洋战略与政策、区域和国际影响力、治理机制等领域的话语建构与海洋大国的地位还不相称。2009年中国提出的"和谐海洋"没有发挥应有的效用,除去实力因素,国内相关政策机制的滞后是重要原因。近十年来,中国的经济实力与海军实力实现快速发展,未来如何落实、推进"海洋命运共同体",除了外向的输出与互动,还应立足本国海洋治理能力的现代化、国际化。

第一,国内海洋法律法规需要与国际海洋治理话语权同步推进。1994年《联合国海洋法公约》生效,其创设的专属经济区、国际海床底土等制度也随之合法化。传统的海洋强国和新兴海洋国家竞相出台与之配套的法律、政策,抢占海洋时代的先机。1997年加拿大颁布实施了《加拿大海洋法》,这是《公约》实施后世界上首个对海洋进行综合性立法的国家。日本更是在"内秀"上做足了功夫,凭借其在海洋科学特别是海洋环保领域的技术积累,以较完善的

① 《凝聚奋进力量谱写极地工作新篇章》,《中国海洋报》特刊2019年1月7日。

海洋立法、执法体系和信息发布制度,争夺国际海洋治理话语权,服务和推动了日本从经济大国向政治大国迈进的外交目标。2007年4月,日本国会审议通过了《海洋基本法》,标志着日本综合规范海洋问题的法规已经形成。2018年5月,日本正式通过了第三期《海洋基本计划》,作为日本政府指导、制定与实施未来四年海洋政策的基本方针,突出了海洋权益。① 这更加彰显了中国完善海洋立法的紧迫性。

由于海洋的跨国属性,建设海洋强国意味着更多参与世界海洋事务,与《公约》等国际规范接轨,发出中国的声音。仅就海洋立法而言,中国已有较多的专门性法律,但作为《公约》的签署国却没有自己的"海洋法"或"海洋基本法",更没有将国家的海洋战略及时上升为法律。相较于传统的海洋强国,中国需要完善海洋立法,形成综合性的海洋法律法规体系。

第二,在体制机制上要适应海洋强国建设。海洋问题具有综合性、国际性和专业性,传统的分散性管理体制难以应对日趋激烈的海洋发展竞赛,设立国家级海洋事务综合管理协调机构成为越来越多的国家的选择。2000年开始,美国先后成立国家海洋政策委员会、联邦政府内阁级别的国家海洋委员会,建立健全了管理海洋事务的组织机构。② 2007年日本根据其《海洋基本法》创设了由首相和国务大臣组成的"综合海洋政策本部",负责推进海洋基本计划方案的制定和实施,根据海洋基本计划统一调整相关行政机构实施的政策,策划起草和综合调整海洋方面的重要政策。③ 由此,日本建立起高规格的综合性海洋事务管理机构。十八大以来,中国海洋管理机构经历了两次大的改革,2013年设立了国家海洋委员会,负责研究制定国家海洋发展战略,统筹协调海洋重大事项。但国家海洋委只是"高层次议事协调机构",并未随之实体化。2018年新一轮的机构改革也没有设立类似国外"海洋部"的高层次、综合性海洋管理机构。从总体架构上看,中国海洋治理体系仍是传统的分散式管

---

① 前两期《海洋基本计划》将开发和利用海洋资源作为核心内容,而新版《海洋基本计划》突出日本的海洋安全与权益,将维护海洋安全、巩固国际海洋秩序的相关内容置于海洋资源开发与保护之前。参见日本第三期《海洋基本计划》"Outline of the Third Basic Plan on Ocean Policy", https://www8.cao.go.jp/ocean/english/plan/pdf/plan03_gaiyou_e.pdf,2019.10.21.

② 李双建主编:《主要沿海国家的海洋战略研究》,海洋出版社2014年版,第130—131页。

③ 金永明:《东海问题解决路径研究》,法律出版社2008年版,第223—231页。

理体制,这在实践中不可避免地出现个别职能重叠或交叉。

第三,增强国际海洋舆论方面的话语权要讲究方式方法。维护海洋权益,有理也在声高。总体来看,中国官方层面的海洋信息发布渠道相对单一,内容也较为简略,不利于对外传播和立场宣示。如海警转隶武警前的巡航信息发布在原国家海洋局网站,但网站首页"海洋要闻"发布的信息属于纯文字性内容且高度概括,即某时某船在钓鱼岛领海内巡航,并未同时公布相关图片、视频等。2018年7月4日,中国海警局首次在新浪微博发布动态:"今日,中国海警2305舰艇编队在我钓鱼岛领海内巡航。"仍延续了此前的信息发布风格。而日本在信息披露方面更为细致,除了日常通报,海上保安厅每年发布的《海上保安白皮书》都会单列一章"我国周边海域的形势",用大量图表介绍日方如何在"尖阁诸岛"(即中国钓鱼岛及其附属岛屿)应对中国公务船的"侵入",以此宣示"主权"。在互联网时代,获取、保护和传播信息的能力是国家治理能力和话语权的重要体现,信息不透明也会授人以柄,某些国家一向以中国经略海洋的"意图不明"等博取本国民众的关注和国际社会的同情,有的甚至上升到意识形态层面,为其构筑"价值观同盟"提供了口实。

第四,重视对海洋治理问题的学术研究。海洋智库为国家海洋治理提供了理论指引、智力支持和人才支撑。就智库影响并推动国家海洋战略的发展而言,中国与发达国家还有一定差距。如日本海洋战略的代表性文件《海洋与日本:21世纪海洋政策建议书》就是海洋政策研究财团在2005年提交的,日本政府在次年制定了《海洋政策大纲》,随后通过《海洋基本法》并据此设立相关机构。海洋政策研究财团对日本海洋战略的成形与发展都发挥了很大作用,这一点值得我们参考和借鉴。

第四编

国际话语权建设的经验与借鉴

在国际社会享有话语权是大国追求的目标和重要标志。纵观人类历史上先后出现的那些世界强国，无不以自己的国际话语权影响世界。17世纪崛起于世界的荷兰，为世界贡献了新的金融规则，阿姆斯特丹建立了世界上第一家证券交易所、现代银行，这些金融规则延续至今。19世纪英国崛起为日不落帝国，英国所奉行的自由贸易体制和现代民主理念，成为影响世界的重要观念，被许多近代化国家所效仿，英国所奉行的许多规则成为国际社会的准则。20世纪美国崛起为世界强国，美国人所倡导的自由、平等、人权等理念，美国所建立的议会制和总统制相结合的政治体制模式成为许多国家效仿的榜样，美国主导建立的国际体系规则至今仍在发挥作用。在争夺国际话语权的过程中，当然也有失败者，最典型的是苏联。苏联曾是世界上第一个社会主义国家，苏共对未来美好世界的理想和解放全人类的情怀曾对世界产生很大影响，共产国际、共产党和工人党情报局、社会主义阵营、华沙条约组织、经互会等机制也曾在国际上发挥了重要作用，但是，苏东的剧变使这一切都成了历史。在当今世界，一些实力不是很强的国家，在争取自己的话语权方面也做得颇为成功，如英国和印度。由于历史、文化以及实际操作层面的原因，中国的国际话语权并没有达到与国家实力相称的地位，这已经成为政界与学界的共识。中国需要提升自己的国际话语权，研究和借鉴别国的经验教训是十分有益的。

美国塑造国际话语权的历程与经验

刘 勇

国际话语权是国家地位和影响力的体现,也是大国博弈的重要组成部分。全球化的发展、核武器的威慑、高科技的涌现、各国间经济的相互依存等因素使大国之间发生传统军事对抗的可能性越来越小。大国之间博弈的重要表现之一就是对国际话语权的争夺。美国从1776年独立建国,人口只有数百万的对国际局势没有任何影响的弱小边缘农业国,经过两百余年的发展,成为当今世界唯一的超级大国,其政治、经济、军事、科技、文化各方面的影响力辐射全球。在国际舞台上,无论大小事务,总无法忽略美国的声音。因此,研究美国的话语权的构建历程和经验对于崛起中的新兴大国具有十分重要的意义。

一、美国塑造国际话语权的历程

美国的经济总量在1894年超过英国排在世界首位,从1898年美西战争到1945年第二次世界大战结束,美国大约经历了半个多世纪才成为在各个领域都占优势的话语权强国。在此期间,美国利用其政治、经济、军事、文化等各方面的优势和两次世界大战的契机,展开全球性战略布局,尤其是在第二次世界大战后,在政治领域,美国主导了联合国的建立,并把蕴含美国领导人思想的理念写进了《联合国宪章》;在安全领域,形成了从欧洲到东亚以美国为中心的同盟体系;在经济领域,设计了国际货币基金组织、世界银行和关贸总协定,建立了以美国为核心的西方经济秩序,逐渐在各领域形成了强势话语权。[①]

---

① 孙吉胜:《中国国际话语权的塑造与提升路径》,《世界经济与政治》2019年第3期,第10页。

美国塑造国际话语权是从区域到全球的路径,即先在美洲大陆建立自己的话语主导权,巩固自己的后院。建国之初,美国着力于巩固新政权和发展国内经济。此时,欧洲大陆正在大国角逐,战争不断,新生的美国为积蓄能量避免卷入欧洲列强的争霸。1793年4月22日,美国第一任总统华盛顿签署并发布了中立宣言,向外国政府保证,美国的意图是寻求"一种对各交战国友好的和不偏不倚的做法"。美国正式将"中立"立场明确为一种长期的对外政策。① 1796年9月17日,华盛顿向美国民众发表了《告别词》,在外交政策方面,华盛顿强调:"美国应该尽可能少地同外国发生政治上的牵连","我们正确的政策选择是避免同外部世界的任何一部分建立永久同盟。"在进入20世纪前,美国一直坚持孤立主义原则,外交上以单边主义为指导,坚持不与任何国家结盟,避免海外事务的纠葛,独立地处理外交和国际事务。② 美国在外交上坚持孤立主义,但是并不意味着与世界隔绝,不问世事。在避免卷入世界纷争的同时,美国也利用灵活的手段积极谋求自己的利益。1823年12月12日,美国第五任总统詹姆斯·门罗代表美国政府发表一项外交政策声明,其中的对外政策部分被后人称为"门罗主义"。《门罗宣言》阐述的主要原则有:"美洲体系原则",即欧美大陆互相隔绝;"不干涉原则",即美国和欧洲相互之间政治上互不介入;"不许殖民原则",即欧洲各国不得将美洲大陆视为其殖民地。《门罗宣言》表明美国政府把外交重心从单纯摆脱欧洲强国的控制转变为与欧洲列强相抗衡并在美洲逐步扩大自己的势力。③

19世纪末,美国成为世界经济实力最强大的国家,强大的经济实力使美国开始走出美洲,谋求全球性话语权。在这一时期,美国虽然总体上受孤立主义的影响,但也积极谋求海外利益,1898年的"美西战争"让美国一战成名,这场战争使美国的力量深入太平洋,越过夏威夷,到达菲律宾。同时,美国的战略家们忙着创立主宰两大洋的学说,比如马汉的《1660—1783:海权对历史的影响》和《海军战略》,强调了制海权对于一个国家的重要性。而此时美国海军已经开始向英国"统治着海洋"的观念提出挑战,美国声称它享有西半球安

---

① 刘绪贻、杨生茂主编:《美国通史(第二卷)》,人民出版社2005年版,第71—72页。
② 刘瑛达:《试析美国早期对外政策性质——以孤立主义为例》,《决策与信息》2014年7月。
③ 〔美〕亨利·基辛格:《大外交》,顾淑馨、林添贵译,海南出版社2012年版,第20页。

全的唯一保护人的特殊地位。① 中国因地大物博、人多市场大而成了世界列强垂涎已久的一块大肥肉。到 19 世纪末,中国被列强分割为大大小小的势力范围,后起的美国错过了这次机会。在这种情况下,如何获得在华利益是美国政府思考的一个重大问题。② 美国占领了菲律宾和夏威夷,便向中国推行它的侵略政策。1899 年 9 月 6 日,美国政府向英、法、德、俄、意、日各国政府提出"门户开放"的照会,要求各国不能在势力范围和租借地内排斥其他国家的利益和在华特权。"门户开放"政策提倡自由贸易以扩大美国在中国的利益,并试图通过均势外交达到目的,这个政策有别于西方列强通过武力打开中国大门,而是通过制定规则的方式获取利益,反映了美国高人一等的对外战略理念,是美国按自己的意愿制定国际规则、构建国际话语权的一次成功尝试。

1914 年第一次世界大战在欧洲爆发,几乎所有的老牌资本主义帝国都卷入了这场战争。这次大战对人类来说是一场灾难,更是使欧洲诸列强元气大伤,却给美国提供了前所未有的机遇。战争初期,美国避免陷入其中,以中立之名大发战争财。美国之所以在战争初期宣布中立,一是因为美国所处的优越地理环境,欧洲的战火不会蔓延到本土,人民看不到对自己安全的威胁,绝大部分民众不主张参战。二是利用中立国地位,进行外交斡旋,谋求本国利益,同时也与交战双方进行军火贸易和经济贸易来捞取好处。三是以美国当时的军事实力远征欧陆将付出巨大代价,美国尚未做好战争准备。③ 但美国并非袖手旁观,而是在寻找机会。大战爆发后不久,豪斯上校在写给威尔逊的信中说:"在这场悲剧中,世界希望您扮演一个重要角色——您必将担当此任,因为上帝已赋予您这种力量。"威尔逊在 1917 年初提出交战双方实现"没有胜利的和平"的口号,以仲裁者的身份出面干预战争,企图左右国际局势,并利用有利的政治、经济、外交地位攫取世界的领导地位。④ 随着战争的发

---

① 〔美〕兹比格纽·布热津斯基:《大棋局:美国的首要地位及其地缘政治》,中国国际问题研究所译,上海世纪出版集团 2007 年版,第 3 页。
② 熊志勇:《美国崛起过程中的对外策略——以近代美国在华活动为例》,《美国研究》2006 年第 2 期。
③ 方元庆、王炳元、刘金质:《国际关系史(近代卷)下册》,北京大学出版社 2006 年版,第 596 页。
④ 刘绪贻、杨生茂主编:《美国通史(第四卷)》,人民出版社 2002 年版,第 386 页。

展,美国主张参战的舆论逐渐增强,美国总统威尔逊也主张积极介入国际社会,谋取利益。

1917年7月,美军直接参加对同盟国的战斗,正式加入了第一次世界大战。美国参战后,一直谋划怎样按照自己的设想来结束战争和进行战后安排。在威尔逊看来,美国是唯一有资格担当领袖的国家,美国应该承担起领导世界、维护战后持久和平的责任。而且,整个世界也盼望美国的领导,"美国如果辜负这种期盼,将是世界上最不负责任的民族"。美国不仅具有领导世界的能力和资格,同时也具有世界领袖的威望,所缺的不过是决心。在威尔逊心中,国联是美国领导世界的工具,美国可以利用这一工具领导世界但又不会被卷入到欧洲的战争中去。而且国联还可以为美国带来物质上的利益和实际的好处。但是,威尔逊让美国领导世界、加入国联的抱负因国内孤立主义者的反对而破灭。尽管如此,威尔逊主义是美国对外关系思想的转变,是构建国际话语权的积极尝试,也对国际社会产生了深远的影响。①

第一次世界大战之后,美国根深蒂固的孤立主义思想又重新抬头,要求美国不再卷入欧洲事务和世界战争,1941年12月日本偷袭珍珠港后,美国被迫参战。1942年1月,美、英、苏、中等26个国家代表在华盛顿签署了《联合国家宣言》,世界反法西斯同盟形成,这个宣言也为战后联合国组织的建立奠定了原则基础。第二次世界大战胜利前后,美国彻底摆脱了孤立主义,要成为世界的领导者。鉴于美国的利益已经扩展到全球,美国改变了国家安全观念,认为中立无法使美国远离战争,孤立主义无法保证美国的安全,新的安全观念要求美国必须通过参与国际事务以塑造有利的国际环境来保障美国的国家安全。美国自然而然地承担起了"世界领袖"的责任,以实现"美国治下的和平"。

值得强调的是,美国特别重视制度性话语权。美国从战后的全球战略考虑,对建立新的国际组织和国际制度格外热心。1944年7月,美国政府将其起草的"普遍国际组织暂定草案"送交中、苏、英三国政府,邀请三国在华盛顿附近的敦巴顿橡树园开会,讨论美国的草案并拟定新的国际组织章程。会议结束时,三国签署了《关于建立普遍性的国际组织的建议案》,并建议新的国

---

① 王立新:《踌躇的霸权:美国获得世界领导地位的曲折历程》,《美国研究》2015年第1期,第14页。

际组织命名为"联合国",规定了联合国的宗旨和原则、联合国的主要机构以及会员国的资格等。1945年4月25日,来自50个国家的282名代表在美国旧金山召开联合国国际组织会议。6月26日,参加会议的50个国家代表签署了《联合国宪章》。美国总统杜鲁门在闭幕式上发表演说,称这个宪章"实现了30年前那个伟大的政治家——伍德罗·威尔逊的理想"和"第二次世界大战中那个英勇的领袖富兰克林·罗斯福的愿望"。① 1950年杜鲁门正式宣布:"在过去50年所发生的一切巨大变化中,美国在世界事务中的地位发生了重要的变化,我们已经从世界舞台的外缘走到了世界舞台的中心。"联合国的创建,是美国确立国际政治话语权的关键。

美国在筹建联合国的同时,还积极筹划建立美国主导下的战后国际经济秩序,从金融、投资和贸易三个方面掌握国际话语权。1943年4月7日美国政府抛出了由财政部长助理哈里·怀特草拟的"怀特计划"。怀特计划从美国当时拥有大量黄金储备出发,强调黄金的作用,主张设立一个由美国主导的国际货币稳定基金机构,以取代大英帝国的世界金融霸权。1944年7月1日,美、苏、英、中等44个国家的代表在美国新罕布什尔州的布雷顿森林举行国际货币金融会议。会议按照美国的方案通过了《联合国家货币金融会议的最后议定书》以及《国际货币基金组织协定》和《国际复兴开发银行协定》两个附件,总称为《布雷顿森林协定》。这个协定建立了以美元为支柱的国际货币制度,美元成为资本主义世界的主要储备货币和国际支付手段。以国际货币基金组织和世界银行为轴心的布雷顿森林体系奠定了以美元为中心、以美国经济实力为基础、以西方经济观念为准则的世界经济秩序框架。同年10月,美国同其他22个国家签订了"关税与贸易总协定",其主要职能是制定国际贸易规章制度,进行贸易谈判,解决国际贸易争端,其基本原则是相互提供优惠、反对歧视性保护、主张公平竞争。通过确立美元的世界货币地位,美元在为全球贸易提供交易与储备货币的同时,美国也从中获得了美元霸权的巨大收益。美国处于世界银行家的位置,为其对外投资提供了便利。② 布雷顿森林体系与关贸总协定构成了美国国际经济话语权的基本框架。美国在安理会担任常

---

① 刘绪贻、杨生茂主编:《美国通史(第六卷·上)》,人民出版社2002版,第13页。
② 李向阳:《布雷顿森林体系的演变与美元霸权》,《世界经济与政治》2005年第10期。

任理事国并拥有否决权,在世界银行和国际货币基金组织拥有事实上的否决权,美国和欧洲垄断了世界银行和国际货币基金组织领导人的人事任免权。通过各种宣言和协议,二战主要胜利者还决定了许多国家战后的领土边界、战败国的国际地位和作用。战后的国际秩序是一个以资本、技术、人才和管理能力的竞争为核心的市场经济秩序,谁拥有这些市场要素,谁就能在这个秩序方面处于领先地位,美国从这个秩序中获得的要素和话语权远远超过其他国家,尤其是超过广大发展中国家。①

第二次世界大战前后,美国主导建立的国际机制,确立了美国的制度性国际话语权。同时,美国的价值观念、制度模式也受到了不少国家的效仿,美国在国际舆论话语权方面也占有优势。之后,美国的国际话语权便进入了霸权护持阶段,遏制挑战者成为其重要任务。冷战后虽然有新兴大国崛起的冲击,但美国的国际话语权仍在各个领域占据主导地位。

二、美国国际话语权构建的经验与启示

美国成为世界霸主,掌握国际话语权,基本是一个自然的过程。在这一过程中,美国没有与之前掌握国际话语霸权的英国发生碰撞,英国自愿交出了国际领导权,成为美国的小兄弟,借助美国的力量与苏联抗衡。美国成功的经验值得我们研究和借鉴。

第一,把握机遇,顺势而为

美国国际话语权确立的阶段也是其大国成长的阶段。美国崛起时所处的时代背景是以军事冲突为特征的大国争霸。美国在此期间结合自身国情在对国际形势进行研判的基础之上,制定符合自身利益的国内和对外政策,从建国后到二战前的长时间内,坚持孤立主义的外交政策,避免卷入国际事务和争端,全心全意发展综合国力,即使在经济实力达到世界第一时,鉴于战乱与纷争的国际形势,也拒绝对世界的领导权。两次世界大战是美国塑造国际话语权的战略机遇期,在其他世界强国因战争实力大减之时,美国坐收渔翁之利,

---

① 贾庆国:《全面认识战后国际秩序》,《外交评论》2015 年第 6 期。

随着其他世界强国的衰落,一跃成为世界头号强国,确立了国际话语权。美国在确立国际话语主导权的过程中,没有挑战英国主导的国际秩序,对霸权国英国采取灵活的外交政策,顺利实现权力的"和平转移"。

在美国建国后的 100 多年时间里,美国人在国家身份和国际角色问题上具有高度共识。美国扮演的国际角色是避免卷入国际事务,与国际政治保持距离,而专心致志地在北美进行伟大的共和实验,成为自由的榜样,让世人仰望和效仿。乔治·华盛顿在告别词中告诫国人"要与所有国家和平相处,为人类树立一个崭新的、始终由崇高的正义和仁爱指引的民族的榜样,不要卷入变化无常的欧洲政治中去"。托马斯·杰斐逊在就职演说中也提出美国的政策是"与所有国家和睦相处、开展贸易和保持真诚的友谊,不与任何国家结成联盟"。华盛顿和杰斐逊等人提出的"伟大准则",为后来的美国政府所奉行。①

到了 19 世纪末期,美国已经崛起为具有世界影响力的大国。1875 年美国经济总量正式超过英国,成为世界第一大经济体。1895 年,美国经济总量已经是英国的 1.5 倍,但此时的美国正在全心全意经营美洲,而英国则需要统治一个庞大的"日不落帝国"。值得注意的是,美国在 1875 年成为全球第一大经济体后一直到 1905 年,几乎没有介入其他地区的事务,而是全心全意地建立"美洲帝国秩序",甚至在牢固地建立了这一秩序后,美国也并没有急于寻求其对全球性国际秩序构建的领导权。② 1914 年第一次世界大战爆发后,威尔逊总统要求美国人"不论在思想上还是在行动上都保持不偏不倚",并称"每一个爱国的美国人在言行上都应该符合真正的中立精神"。美国对第一次世界大战采取了中立政策。但此时美国的中立和 19 世纪的孤立并不一样,威尔逊并不打算让美国像以前那样对欧洲战争完全不闻不问,而是试图让美国在战后的安排中充当调停者与和平的促进者。③

第一次世界大战对欧洲各交战国造成了巨大的破坏,欧洲国家在这场战争中损失惨重。美国是除日本外唯一从第一次世界大战中捞到好处的大国。美国除了已成为世界上最大的粮食生产国外,还是世界上最大的金融和债权

---

① 王立新:《踌躇的霸权:美国崛起后的身份困惑与秩序追求(1913—1945)》,中国社会科学出版社 2015 年版,第 13 页。
② 唐世平:《国际秩序变迁与中国的选项》,《中国社会科学》2019 年第 3 期。
③ 王立新:《踌躇的霸权:美国崛起后的身份困惑与秩序追求(1913—1945)》,第 31 页。

国,拥有世界上最丰富的黄金储备,有着超级公司以及广阔的国内市场。美国较高的生活水平和迅速有效的资本投资进一步刺激了对制造业的大量投资。在这一时期,美国的生产量比其他六大国加在一起还要多,美国制造业的人均生产总值几乎比英国或德国高一倍,是苏联或意大利的十倍,但是美国人坚决拒绝在世界政治中扮演领袖角色,这种态度体现在一切外交和军事事务中。①

孤立主义在 20 世纪 30 年代继续在美国盛行,孤立主义者坚决反对美国参与国际事务,认为美国的最佳选择是从世界舞台上收缩,保证美国安全的途径不是干预外部的战争,而是做好自己的事情和远离外国的战争。面对法西斯力量的崛起,美国国会通过了《中立法》,以免被战火波及。直到罗斯福第二个任期开始,美国政府才开始尝试改变对国际事务的不干预政策,试图通过国际合作制止侵略和维护和平。日本偷袭珍珠港后,太平洋战争爆发,美国卷入第二次世界大战。但美国并不是大规模参与作战,战火也没有蔓延到美国国土,在战术上美国依靠先进的军事装备把人员和财产损失降到最低。因此,美国没有在第二次世界大战中遭受巨大损失。相比之下,其他主要大国再次受到战争的重创。在世界绝大部分地区被第二次世界大战搞得精疲力竭时,美国从世界上最残暴和最具破坏性的战争中脱颖而出,成为前所未有的最强大国家。当其他国家被战争破坏和摧毁时,战时动员却让美国摆脱了经济萧条。它的国民生产总值在二战期间增长了 60%,二战结束时美国拥有了世界上最先进的军事力量,生产的武器比所有轴心国加起来还要多。1945 年,美国的黄金储备占世界黄金储备的三分之二,其用于投资的资本占世界的四分之三,运输船只占世界的一半,生产能力也占世界的一半。美国的国民生产总值是苏联的三倍,是英国的五倍多。第二次世界大战严重削弱了其他强国的权势,却把美国变成了一个全球超级大国。随着传统大国的衰败,美国稳步地填补了他们撤走后留下的真空,在变成头号强国后,美国就不会再把自己局限在自己的疆界内,甚至不会局限在自己所处的半球内。美国已经成为一个拥有新的和广泛国际利益的地缘政治巨兽,它的权力触及全球,从而获得了其他

---

① 〔美〕保罗·肯尼迪:《大国的兴衰:1500—2000 年的经济变革与军事冲突(下册)》,王保存等译,中信出版社 2013 年版,第 60 页。

国家不曾有过的构造世界的机遇。①

美国长期采取"孤立主义"的对外政策使其能够避免卷入世界纷争,一心一意发展经济。在其他强国因战争消耗和破坏而衰落之时,美国却迅速崛起。两次大战期间的中立立场使美国扮演了"调停者"的角色,这也极大地增强了它的国际话语权。

第二,以国家经济实力做后盾,服务于国家的发展

经济实力是一个国家国际地位的主要标志,也是国际话语权的基础。美国能够拥有强大的话语权,其基础就是超强的经济实力和在科技领域领先的水平和技术标准。

马克思主义认为,经济是权力的基础结构,政治制度是依赖于经济基础的上层建筑。19世纪的自由主义者认为,战争因为贸易与金融领域相互依赖的增强而过时。冷战末期,一些人认为"地缘经济已经取代了地缘政治",经济权力将成为世界政治中成功的关键。胡萝卜比大棒日益重要。通过与他国的商业交流和成立经济与贸易组织获取利益的成本比过去用武力占领他国领土的成本更低。约瑟夫·奈把权力分为硬权力和软权力,经济资源可以同时产生硬实力和软实力行为。成功的经济模式不仅能创造硬实力所需的潜在军事资源,也能吸引他国效仿。国内生产总值的规模和质量、人均收入、技术水平、自然和人力资源、市场政治和法律制度,以及贸易、金融和竞争等专门领域的种种有形资源,是同时构成硬实力和软实力的基本经济资源。② 从世界历史的进程来看,科技在美国令人惊奇的发展中起着关键作用。新技术是美国获得相对于世界其他地方的财富和权力的主要根源,是这个新生民族国家不可或缺的工具,是社会和经济生活持续不断地实现现代化的动力。③ 因此,经济实力是一个国家国际地位的主要标志,也是国际话语权的基础,当然也要善于使用经济实力。

19世纪后半期到20世纪初,在全球实力对比所发生的一切变化中,对未

---

① 〔美〕约翰·伊肯伯里:《自由主义利维坦:美利坚世界秩序的起源、危机和转型》,赵明昊译,上海人民出版社2013年版,第144页。
② 〔美〕约瑟夫·奈:《论权力》,王吉美译,中信出版社2015年版,第61—62页。
③ 〔美〕韩德:《美利坚独步天下:美国是如何获得和动用它的世界优势的》,牛军等译,上海人民出版社2011年版,第6页。

来最富有决定性作用的是美国的崛起。随着内战结束,美国拥有得天独厚的发展优势:肥沃的农田、丰富的原材料以及开发这些资源的现代技术的发展(铁路、蒸汽机、采矿设备等)。由于没有社会、地理上的限制,没有明显的外来危险,外来的和国内的投资额日益增加,并以惊人的速度改变着自身面貌。美国似乎拥有其他国家拥有的一切经济优势,而无他们的劣势。① 到了1945年,美国实力之强只能用"非同一般"来形容。由于战争开支的巨大刺激,美国的国民生产总值从1939年的886亿美元增至1945年的1350亿美元。"新政"没有能消除的"经济萧条",在战争中被彻底根除。未能充分使用的资源和人力都得到了利用。在战争期间,美国工业每年增长率超过15%,这是空前绝后的。美国的生活水平、人均产值都高于其他国家。在世界大国中,美国是唯一因战争而大发其财,而不是因战争变得穷困潦倒的国家。在战争结束时,美国的黄金储备几乎占世界总量的三分之二。此外,世界上一半以上的制造业生产量是由美国承担的,美国生产的各种产品占世界总量的三分之一,美国在战争结束时成为世界最大的出口国。就是在数年后,美国产品仍占世界出口总量的三分之一。从经济意义上讲,美国可以不受限制地在世界上为所欲为。②

依靠强大的经济实力,美国大力发展科学技术。第二次世界大战以来,美国依靠现代大学体系、先进的工业实验室、政府的大力支持、跨国公司的大力投资建立了现代科学体系。美国在诺贝尔奖获奖数量、科学论文的数量和质量、海外留学生的数量、大学综合排名前100名的数量、世界500强公司的数量等方面都牢牢占据世界第一的位置。领先的科技水平和专业人才使美国在各行业拥有规则的主导权和标准的制定权,这是美国国际话语权的又一大优势。

第三,塑造良好的国际形象,能提出引起大多数国家共鸣的思想

国际话语权需要具有较强的国际号召力和国际话语的首创能力。国际话语权的主导者也应该部分地扮演国际社会的组织者角色,为国际秩序提供核

---

① 〔美〕保罗·肯尼迪:《大国的兴衰:1500—2000年的经济变革与军事冲突(上册)》,王保存等译,中信出版社2013年版,第256页。
② 〔美〕保罗·肯尼迪:《大国的兴衰:1500—2000年的经济变革与军事冲突(下册)》,第92页。

心价值观念。国际社会从来都是在不平衡中发展的,每一个时期总有一个主要大国,高举一种时代旗帜,建设一种主流的国际政治文化。18 世纪的欧洲社会中,法国的旗帜是自由平等人权,19 世纪的主导国英国的旗帜是自由贸易,20 世纪美国则是公开外交、航海自由和反对殖民主义。大国的口号如果能够真实反映国际社会的需要,就会具有较强的国际号召力。大国的国际号召力,不仅要看这个国家是否有创新的国际观念,更要看这个国家的外交实践。[①] 美国国际话语权塑造中的重要里程碑是威尔逊提出的"十四点"和平计划和体现罗斯福思想的《大西洋宪章》,以及《联合国宪章》的原则。

第一次世界大战使欧洲主导的旧的国际秩序被倾覆,1918 年 1 月 8 日威尔逊向国会发表演说,提出了关于世界和平的"十四点计划"。这个计划体现了威尔逊理想主义的外交政策。它包含三方面内容:一是许诺战后建立"开放的世界",这个世界以公开缔结和平条约、维护公海航海自由、降低贸易壁垒、实现贸易条件平等、撤销关税、裁减军备、结束殖民主义为特征。二是要求在欧洲实行民族自决。三是建立一个维护和平的、普遍性的各国联合组织,向大小国家提供政治独立和领土完整的相互保证。[②] 美国总统威尔逊提出的以"十四点计划"为核心的新国际秩序构想不仅得到了交战国领导人的认可,而且还受到了欧洲民众的热烈欢迎。在战争中深受苦难的欧洲民众渴望美国在威尔逊的领导下为世界带来持久的和平。参加巴黎和会的英国代表凯恩斯对美国的声望和威尔逊的影响力作出了这样的描述:"当威尔逊离开华盛顿的时候,他在全世界享有历史上无与伦比的道德影响力。他大胆而深思熟虑的言辞传到欧洲各国人民的耳中,甚至超过了其本国的政治家的声音。敌国的人民相信他会履行与其签订的契约,盟国国家的人民不仅把他视为一个胜利者,还几乎把他视为预言家。除了这种权力影响之外,威尔逊领导的美国已具备巨大的力量。美国军队的实力处于历史的顶点。美国的对外贸易、金融无不影响着欧洲各国的政治、经济和社会生活。欧洲欠美国的债务已经超出了

---

① 郭树勇:《大国成长的逻辑:西方大国崛起的国际政治社会学分析》,北京大学出版社 2006 年版,第 16 页。
② 王丽红:《从大国崛起到强国霸权:美国话语权的国际传播与影响研究》,武汉大学博士论文,第 58 页。

其偿还能力,而且只有依靠美国继续提供援助才能把欧洲从饥饿和破产中拯救出来。"①毫无疑问,第一次世界大战结束时的美国在欧洲乃至在整个世界都享有崇高威望。"十四点"计划是美国以官方话语的形式,向世界各国公开宣示自己的外交政策主张和关于世界秩序的构想。这一计划中提出的一系列构想和原则为广大深受殖民侵略之苦的亚非国家和民族带来希望,也为陷入无休止权力斗争的欧洲列强提供选择的方案。其中"民族自决"原则极大地推动了二战后的非殖民化运动,其自由贸易的主张也推动了全球自贸区和各种贸易协定的落实。尽管"十四点计划"并没有变为现实,但是其解决国际问题的原则和思路在国际关系史上具有积极意义,也成为美国国际话语权的一部分。② 1941年8月14日,美英两国领导人在大西洋军舰上会晤后,签署并公布了表达两国战争目标和国际秩序设想的《大西洋宪章》。《大西洋宪章》是威尔逊"十四点"计划和罗斯福国际秩序思想的混合。《宪章》一共有八条,体现的思想有不干涉他国领土和内政、反对法西斯主义和殖民主义、"不歧视"和"自由贸易"的经济国际主义思想、战后建立和平世界和促进经济进步与社会保障以确保世界人民免于恐惧和物质匮乏的国际社会正义思想、公海航海自由思想、所有国家必须放弃使用武力解决国际问题的大国集体安全和裁军思想。《大西洋宪章》对1942年初26国签署的《联合国家宣言》和1945年旧金山制宪会议上确立的《联合国宪章》有着深刻的影响。③《大西洋宪章》体现了罗斯福的国际秩序思想,它表明了美国对待法西斯侵略战争的正义立场,它适应了全世界人民反法西斯斗争的需要,对于正在进行反法西斯战争的各国人民是一个巨大鼓舞,《宪章》所倡导的各项原则具有时代的进步性,它使美国的国际形象和国际话语权大增。二战期间,在美国的提议和组织下,大国间召开了敦巴顿橡树园会议,商讨联合国的筹备工作。美国、苏联、英国和中国是联合国的四大发起国,他们分别提交了各自的方案,其中美国的方

---

① 王立新:《踌躇的霸权:美国获得世界领导地位的曲折历程》,《美国研究》2015年第1期。
② 李新峰、冯峰、张萍:《美国新生大国转型期的国际话语权构建》,《世界经济与政治》2018年第7期。
③ 王立新:《踌躇的霸权:美国崛起后的身份困惑与秩序追求(1913—1945)》,第311页;杨永峰:《〈大西洋宪章〉再现英美论战——评述历史对中美构建新型大国关系的启示》,《太平洋学报》2014年第6期。

案最为详尽和完备,不仅成为会议上讨论的蓝本,而且奠定了未来联合国宪章的基础。①

总之,美国能在短短二百多年的时间里成长为在各领域具有主导性国际话语权的世界头号强国,原因是多方面的,与美国善于把握世界格局变化所带来的机遇直接相关。当今世界面临百年未有之大变局,国际格局深刻变化,政治格局多极化、经济全球化、社会信息化、文化多样化深入发展。2008年世界金融危机以来,新兴国家群体性崛起,美国经济实力相对衰落,其对全球治理和世界事务的主导能力与意愿下降。特朗普政府上台以来,倡导"美国优先"的对外政策,退出多个国际组织和多边协议。新的变化为崛起的中国提升国际话语权提供了机遇。中国需要借鉴大国崛起的历史经验,把握机遇,运用灵活的外交策略,不断增强各领域的国际话语权。

---

① 刘晓莉:《联合国创建过程中的美国因素》,《武汉大学学报(人文科学版)》2012年第1期。

苏联丧失"话语权"的历史教训

左凤荣

纵观世界历史,能在世界上占有重要地位的国家,既要为世界贡献新思想和新观念,还要有把这些思想与理念变成国际议题、国际规则的能力,这些可以统称为"话语权"。20世纪最重要的特征是美国为首的资本主义体系与以苏联为首的世界体系之间的竞争,最终的结局是美国为首的资本主义体系获胜,造成这一结果的原因很多,但苏联丧失话语权不能不说是个重要原因。苏联作为世界上第一个社会主义国家,曾经提出过系统的改变旧世界的理念,在20世纪初成为世界无产阶级的希望,并影响了许多国家走非资本主义发展道路;苏联还通过共产国际、经互会、华约等组织和一系列多边外交活动,试图建立取代现有国际秩序的新机制,苏联在第二次世界大战后成为超级大国之一,曾经影响着半个世界的命运。但是,经过70多年的实践(时间比历时近300年的罗曼诺夫王朝短得多),苏联所奉行的那些理论模式被抛弃,苏联这座大厦一朝倾覆,原苏联阵营的国家都走上了"去苏联化"之路。苏联失败的原因很多,但丧失话语权也是重要原因之一。苏联在建立之初曾有一套与资本主义相对应的马克思主义话语权,也曾主导建立了一系列国际机制,也曾经有许多追随的盟国,但随着时间的推移,苏联丧失了马克思主义的话语权,也没有抓住改革时机与时俱进地发展马克思主义,丧失了改革的话语权,在与美国所建立的国际机制的竞争中,苏联败下阵来。

一、丧失马克思主义话语权导致根基动摇

苏联社会主义立国的根基是马克思主义意识形态,苏共要建立一个马克思和恩格斯所设想的为劳动群众服务的政权,苏共也因此长期垄断了对马克

思主义的解释权。苏维埃政权也确实在改变传统的俄国社会,劳动群众获得了广泛受教育的权利,苏联实现了全民就业,在两个五年计划后成了工业强国,苏联的国际地位提高,曾经大大增强了苏联制度的吸引力。但是,斯大林体制模式有许多违背马克思主义基本原则之处,在斯大林时期苏联实际上已经在丧失马克思主义话语权,只是因为那时苏联是个封闭社会,了解苏联情况的人很少。1935年和1936年先后访问苏联的两位法国作家的看法惊人一致,已经很清楚地说明了这个问题。法国进步作家罗曼·罗兰在1935年访问了莫斯科,他写道:"打开任何一张苏联报纸,并阅读任何一篇文章或者在共产国际会议(或者任何其他会议——政治的、科学的、专门讨论医学、或体育、或艺术的等)上的发言就已足够,你总是能在文章或发言中找到最后对斯大林的过分颂扬……对真诚的共产党人来说,这是极其危险的手段,它可能在社会上挑起向一个人顶礼膜拜的不祥的宗教信仰。"①安德烈·纪德在1936年访问了苏联,他得出的结论是:"专政,显然的;但那是独夫的专政,而不是无产者共同的专政,不是苏维埃的专政。"②"在苏联,所谓'反对派',其实就是自由批评,就是思想自由,斯大林只能容受颂赞;一切不喝彩的人,他都认为是仇敌。时常,他把别人提议的改革,当作自己的东西;但倘若他占取了那种观念,那么为使之成为他自有之物的原故,他就先铲除那提出此观念的人。这便是他的做到时时刻刻都'正确'的手段。如此,不久之后,在他周围将只剩下那些不会派他错误的人了,因为他们是没有任何观念的。这就是专制主义之本性;团结在自己周围的,不是有价值的人,而是那些吮痈舐痔者流。"③罗曼·罗兰和安德烈·纪德的看法真实地反映了苏联社会的现实,对斯大林的个人崇拜和个人专制,违背了马克思主义的基本原则,是苏联社会制度最后变形的主要根源。

与列宁与时俱进地对待马克思主义不同,斯大林对马克思主义完全采取了实用主义的态度,借马克思主义之名在恢复俄国封建专制扩张主义的传统。自斯大林开始,苏共的最高领导人垄断了对马克思主义的解释权。1938年由

---

① 〔法〕罗曼·罗兰:《莫斯科日记》,夏伯铭译,上海人民出版社1995年版,第126—127页。
② 〔法〕安德烈·纪德:《从苏联归来》,郑超麟译,辽宁教育出版社1999年版,第49页。
③ 〔法〕安德烈·纪德:《从苏联归来》,第120—121页。

斯大林亲自修改、审定的《联共(布)党史简明教程》出版,该书被作为了解联共(布)党史的唯一正确的读物,是共产党员的"百科全书"。这本书的出版改变了"指南、教科书、政治常识教程、文选多如牛毛,使人们无所适从"的局面,①此后,任何机构和个人都无权再写党史,只能解释这本教科书。由于斯大林直接参与,精心组织了这部书的写作和出版,斯大林同意将这部书归于他的名下。②该书为维护斯大林一贯正确的形象,任意剪裁历史,把苏联共产党历史描绘成两条路线生死搏斗的历史,特别突出了斯大林的作用,全书提到斯大林、列宁的名字共有650余次,介绍斯大林、列宁著作以及引用他们语录的篇幅占了全书的四分之一。"编撰者以种种手法歪曲历史,或借助斯大林的言论为历史事件定性,或者通过突出斯大林著作的方法夸大其历史功绩,甚而通过伪造史实,制造斯大林同列宁的'伟大友谊',以抬高其历史地位。"③在《联共(布)党史简明教程》中斯大林根据政治需要,有选择地利用马克思主义原理,将马克思主义简单化,过分强调斗争、专政。

《联共(布)党史简明教程》出版后,成为苏共普及马克思主义知识的教材。1938年11月14日联共(布)中央委员会通过关于《联共(布)党史简明教程》出版后党的宣传工作的决议,认为《联共(布)党史简明教程》是马克思列宁主义基本问题的百科全书,要求做好宣传工作。认为党的宣传工作存在的主要问题是"缺乏必要的集中领导","责成各级党组织彻底改变在组织党的宣传工作方面的手工业方式,在领导宣传工作方面实行必要的集中,并且改造党在宣传方面的组织工作,以保证提高宣传工作的质量和思想水平。"把联共(布)中央委员会、各民族共和国中央委员会、边区委员会、省委员会的党宣传鼓动部和报刊出版部合并,成立统一的宣传鼓动部。"应当把《联共(布)党史简明教程》作为宣传马克思列宁主义的基础。"规定了党员干部学习这本党史的具体办法,决定设立联共(布)中央高级马克思列宁主义学校,培养党的高

---

① 斯大林:《在莫斯科和列宁格勒宣传员会议上的讲话的速记记录》,《马克思恩格斯列宁斯大林研究》1998年第1辑,第4页。
② 参见〔苏〕德·安·沃尔科戈诺夫:《胜利与悲剧——斯大林政治肖像》第2卷,岑鼎山、张慕良等译,世界知识出版社1990年版,第576页。
③ 马龙闪:《苏联党大于法,不是法治国家》,http://www.21ccom.net/articles/sdbb/2012/1228/73883.html#blz-insite

级理论干部,学习期限为三年。高校中讲授马克思列宁主义理论应以深刻学习《联共(布)党史简明教程》为基础。高校成立统一的马克思列宁主义教研室。① 《联共(布)党史简明教程》战后出版了 1000 万册,从开始出版时算起,已超过 3000 万册。② 苏联的社会科学工作者不能进行独立的理论研究,只能对领袖的思想和言论作注释和向民众做宣传,对领袖人物著作的引证代替了独立的理论思考和对现实问题的创造性研究。检验真理的标准不是实践,而是最高领导人的著作和言论。对此,历史学家麦德维杰夫总结道:"在许多情况下,斯大林把列宁的某些原理绝对化,这些原理在一定的历史环境中是正确的,但在另一种政治、历史情况下就不适宜。实际上,斯大林对理论的态度本身就是不正确的。斯大林主要地不是从现实情况中引出某些原理,而是强使理论迎合主观愿望,让理论去服从另外的情况,把理论政治化。此外,斯大林既在党的干部中,也在科学工作者中培养一种奴隶主义的对待理论的态度。除了斯大林以外,任何人都不能对马克思列宁主义经典作家的任何理论观点提出异议或进行修正,尤为甚者,对斯大林本人提出的原理也要这样对待。对这些原理只能奴隶式地遵循,而不许离开半步。"③

1956 年苏共二十大批判了对斯大林的个人崇拜,苏共二十大的主要成果是它"开始了党去除污点并回归到列宁和我国其他优秀儿女曾为之奋斗的生产准则的过程"④。1956 年 9 月毛泽东在与南共联盟领导人谈话时也说:"对斯大林的批评,我们人民中有些人还不满意。但是这种批评是好的,它打破了神化主义,揭开了盖子,这是一种解放,是一场解放战争,大家都敢讲话了,使人能想问题了。"⑤当今的俄罗斯学者对此也给予了积极评价,西蒙尼亚说:"我认为最重要的是这个报告。赫鲁晓夫的发言——这在事实上打破了神话和个人崇拜本身。更确切地说,这是破除的开始。这一点对于我国以后的发

---

① 《苏联共产党代表大会、代表会议和中央全会决议汇编》第四分册,人民出版社 1957 年版,第 505、511、517、518 页。
② 沈志华总主编:《苏联历史档案选编》第 24 卷,社会科学文献出版社 2002 年版,第 311 页。
③ 〔苏〕罗·亚·麦德维杰夫:《让历史来审判:斯大林主义的起源及其后果》(下),赵洵、林英译,人民出版社 1981 年版,第 852 页。
④ 〔俄〕尼基塔·谢·赫鲁晓夫:《赫鲁晓夫回忆录》(选译本),社会科学文献出版社 2005 年版,第 245 页。
⑤ 《毛泽东外交文选》,中央文献出版社、世界知识出版社 1994 年版,第 260 页。

展非常重要,我再重申一次,直至今天仍然重要。"苏联形成了官僚主义的金字塔,个人崇拜加固了这个金字塔,"赫鲁晓夫给这个金字塔的上层以打击,这不可避免地带来金字塔内部的动荡。也许,这不是他预料的结果,这一结果是从其发言中得到的,也许他甚至到最后都不明白做了什么,这种现象在历史上常有。但是,客观上这个功绩属于他,他当时有勇气走出这一步。"① "虽然这个报告没有揭露形成个人崇拜的社会经济、思想政治和心理根源,没有提出阻止其可能复苏的机制,但是它终究冲刷掉了斯大林观点在科学中占统治地位的那座花岗岩大厦的基础,打破了关于这个伟大的学者、历史学家、哲学家、经济学家和语言学家的神话。"②这本来是苏共清算斯大林理论错误,重新焕发马克思主义活力的好机会。苏共二十大后,苏联出版了 55 卷本《列宁全集》,发表了曾向群众保密的列宁《给党代表大会的信》,出版了马克思早期关于人道主义的著作,许多西方的科学、文学著作也开始被译成俄文。苏共试图告诉民众,马克思主义是一回事,斯大林在苏联建设的社会主义完全是另一回事,苏共要纠正斯大林的偏差,回到正确道路上来,但苏共并没有完成清理被斯大林所歪曲的马克思主义基本原理的工作。以赫鲁晓夫为首的苏共领导人理论素养不足,不敢理直气壮地清算斯大林的错误。

在波匈事件发生后,赫鲁晓夫在对斯大林的评价问题上开始后退。1957 年 1 月 17 日,赫鲁晓夫在中国驻苏联大使馆为中国政府代表团举行的宴会上说:"斯大林主义者和斯大林本人是同伟大的共产党员称号不可分割的。……斯大林英勇地、毫不妥协地捍卫了马克思列宁主义的事业。……斯大林的名字是同马克思列宁主义不可分割的。因此,我们苏联共产党的每一个党员都愿意像斯大林那样,忠于马克思列宁主义的事业、忠于为工人阶级利益而奋斗的事业。"③这是苏共二十大后,赫鲁晓夫第一次肯定性评价斯大林。紧接着在 2 月 18 日参加保加利亚驻苏联大使馆为保加利亚政府代表访问苏联举行的招待会上,赫鲁晓夫在讲话中再次提及斯大林,称斯大林"是一位杰出的革命

---

① Стенограмма Круглого стола, посвященного 50-летию XX съезда КПСС. С. 4. http://www.gorby.ru/userfiles/2006feb15
② 〔俄〕亚历山大·佩日科夫:《解冻的赫鲁晓夫》,刘明等译,新华出版社 2006 年版,第 65 页。
③ 《赫鲁晓夫言论》(第六集),世界知识出版社 1965 年版,第 6—7 页。

家。……我们绝不会把斯大林说成是敌人"①。在11月6日最高苏维埃庆祝会上赫鲁晓夫提出:"党一方面批评斯大林活动的不正确方面,另一方面在过去和将来都同所有这样的人作斗争,他们诽谤斯大林,在批评个人崇拜的幌子下不正确地描述和歪曲斯大林领导中央委员会时我们党的活动的整个历史时期。作为忠心耿耿的马克思列宁主义者和坚强的革命家,斯大林在历史上将占有应有的地位,我们党和苏联人民将记得斯大林并且给予他应有的评价。"②中苏大论战开始后,赫鲁晓夫又开始否定斯大林。

  长期研究中苏关系的沈志华教授认为,中苏"双方争夺的是马克思主义的话语权和解释权","中苏争夺的是话语权和领导权"。③ 对苏共二十大中共开始公开表示了支持,1956年2月19日《人民日报》发表的社论,对赫鲁晓夫在苏共二十大上的工作报告给予了高度评价。中共中央也很快得到了赫鲁晓夫秘密报告的文本,毛泽东认为赫鲁晓夫批判斯大林之举是既"揭了盖子",也"捅了娄子",并判定"此人有点实用主义"。④ 但毛泽东也说:"不要一反斯大林就如丧考妣。"⑤他自己也借机大谈斯大林在中国革命问题上所犯的错误,发泄长期积郁在心中的不满。但随着波匈事件、苏联对中国搞"大跃进"和人民公社的批评,中苏关系恶化。1960年4月借纪念列宁诞辰90周年之机,中国接连发表《列宁主义万岁》《沿着伟大列宁的道路前进》和《在列宁的旗帜下团结起来》三篇文章,实际上"对苏共的修正主义观点进行了系统的批驳",批评苏共关于和平过渡、战争与和平等观点。⑥ 中共所发表的评论文章,引经据典,让苏共感到理屈词穷,无奈只好采取行动。1961年10月17—31日,苏共二十二大召开,赫鲁晓夫在苏共二十二大上揭批斯大林。大会最后通过决议,认为斯大林严重地违反了列宁的遗训,滥用权力,大规模镇压正直的苏维埃人,以及在个人崇拜时期的其他行为,斯大林的遗体不适合再留在列宁墓里,斯大林被移出埋葬在了克里姆林宫墙外。实际上苏共并没有完全抛弃

---

① 《赫鲁晓夫言论》(第六集),第13页。
② 同上书,第251—252页。
③ 《沈志华谈中苏同盟破裂:争夺话语权和领导权》,http://history.people.com.cn/GB/205396/13978022.html
④ 吴冷西:《十年论战》上,中央文献出版社1999年版,第6页。
⑤ 同上书,第15页。
⑥ 同上书,第352页。

斯大林那些社会主义理论,到勃列日涅夫时期开始了"重新斯大林化"。与此同时,欧洲共产党提出了不同于苏联社会主义的"欧洲共产主义",东欧国家开始探索改革传统社会主义之路,苏共的教条主义完全丧失了对马克思主义理论的引领作用。

二、苏共没有抓住改革的"话语权",失去了重振的良机

斯大林去世后,苏共开始应对斯大林留下的危机局面,进行改革。在1956年召开的苏共二十大上,赫鲁晓夫在报告中总结斯大林去世后所进行的改革,对国际国内形势做出了新评价,在谈到现代国际局势发展中的几个原则问题,即"关于两个体系的和平共处的问题、关于现代防止战争的可能性问题以及关于不同国家向社会主义过渡的形式问题"时,他提出了"和平共处""和平竞赛""和平过渡"的原则。

苏共也在理论上进行了一些创新和探索。1961年10月苏共二十二大通过新的苏共纲领,正式确立了"全民国家"和"全民党"的理论。纲领指出,苏联进入了全面展开共产主义建设时期,苏维埃国家和苏联共产党的性质发生了变化。无产阶级专政保证了社会主义在苏联的胜利,但是在建立社会主义的过程中,它本身也发生了变化,随着剥削阶级的消灭,无产阶级专政的主要职能——镇压剥削阶级的反抗这一职能也就消亡了。无产阶级专政完成了它的历史任务,从国内发展的任务看,它在苏联已不再必要。"作为无产阶级专政的国家而产生的国家,在新的阶段即现阶段上已变为全民的国家,变为表达全体人民的利益与意志的机构","作为全民组织的国家将保存到共产主义取得完全的胜利"。① "全民国家——这是社会主义国家发展中的新阶段,即社会主义国家组织转变为共产主义社会自治道路上的极其重要的里程碑。"② 对国家性质估计的变化必然导致对苏共性质估计的变化,纲领说:"由于社会主义在苏联的胜利,由于苏维埃社会的一致性的加强,工人阶级的共产党已经变

---

① 《苏联共产党第二十二次代表大会主要文件》,人民出版社1961年版,第244—245页。
② 同上书,第352页。

成了苏联人民的先锋队,成了全体人民的党。"①"全民国家""全民党"这一新提法显然是与苏共长期所宣布的向共产主义过渡直接相适应的,虽然有些操之过急,但这是对斯大林阶级斗争尖锐化理论的直接否定,是新的探索。

在进行经济改革的同时,苏共也在探索如何打破平均主义,激发工人的劳动热情。1962年9月9日,苏联经济学家利别尔曼在《真理报》上发表了《计划、利润、奖金》一文,对苏联工业经济管理体制改革提出了新建议。作者在文中分析了既有经济管理体制中存在的弊端:第一,计划管理体制过于集中;第二,现有评价和奖励制度不合理;第三,由于存在上述弊端,企业不积极完成计划任务;第四,企业不关心技术、成本、质量的问题,经济效益极差。利别尔曼在文章中提出包括企业可自行编制包括工资、成本、积累等在内的完整计划和根据营利情况(利润和生产基金之比)规定各种物质奖励的统一基金等在内的解决办法。文章发表后,受到了赫鲁晓夫的重视与支持。在当年召开的苏共十一月中央全会上,赫鲁晓夫指出:"利润问题作为企业活动效果的经济指标具有重要意义。不计算利润就不能确定企业的经营是在什么水平上进行的,它对全民基金作出了什么贡献。""应该委托计划机关、苏联科学院经济研究所仔细研究这些建议。"②在利别尔曼文章思想的带动下,苏联经济学界对利润在国民经济中的调节作用、计划问题、如何看待和处理社会主义商品生产关系和价值规律问题、国民经济的管理方法等问题展开了热烈的讨论,并提出了一些有价值、有深度的观点。这些观点突破了斯大林时期对上述一系列问题的认识,为苏联经济改革提供了新的思路。

客观地看,苏共当时提出的关于国际形势和社会主义国家和平共处政策也是符合当时实际的,经历过惨烈的第二次世界大战的人们渴望和平,苏联的改革和发展也需要和平。至于取消无产阶级专政,苏共代表全体人民,苏联变为表达全体人民的利益与意志的"全民国家",符合苏联当时要向共产主义过渡的需要,也符合马克思主义的基本原理,当然这也体现了苏共急于过渡的左倾思想。苏共的理论与实践探索,是克服斯大林过度集中的体制模式、进行社会主义改革所必需的,苏共本可以理直气壮地坚持改革的话语权,消除斯大林

---

① 《苏联共产党第二十二次代表大会主要文件》,第275页。
② 陆南泉:《苏联经济体制改革史论(从列宁到普京)》,人民出版社2007年版,第209页。

现象的不良影响,重新焕发苏共的活力。

但是,苏共并没有把握住历史的机会,这首先与赫鲁晓夫改革的局限性直接相关。赫鲁晓夫揭露了斯大林统治的残暴性,但他不能容忍人们对斯大林所建立的体制的怀疑,他"批评了斯大林,但没有批评体制,当时党和社会未做好准备,没有转向根本改革政权体制"①。赫鲁晓夫不允许对苏联政治经济体制进行批评,在对待斯大林的问题上反反复复,到执政晚期,赫鲁晓夫又开始为斯大林的残酷无情开脱,认为这是因为斯大林晚年处于一种慢性疑心病和迫害狂的状态。苏共重又加紧了对意识形态的控制,开始大力宣传警惕"帝国主义的威胁"。1963年6月苏共专门召开了关于意识形态工作的中央全会,决定禁止艺术上的自由化倾向,提倡"社会主义现实主义"。在评价斯大林的问题上,赫鲁晓夫缺少系统性和科学性,其对斯大林的态度深受苏联社会现状的影响。从赫鲁晓夫对待斯大林的态度看,他认同斯大林所建立的社会主义制度,反对的只是他所用的镇压手段。赫鲁晓夫仍然坚持斯大林所倡导的优先发展重工业的发展战略,坚持巩固和发展集体农庄,为此还大搞合并集体农庄运动。

正因为赫鲁晓夫仍坚信斯大林模式是对的,苏共所进行的改革实际上是在斯大林模式内打转,苏共也就不可能理直气壮地坚持改革的话语权。由于意识形态的控制加强,1963年以后,关于改革的讨论实际上也停止了。到勃列日涅夫时期,特别是摧毁捷克斯洛伐克改革后,苏联国内教条主义和保守主义占了上风,意识形态工作进一步得到强化,勃列日涅夫要求"加强对发表的东西、出版的东西进行监督,应当加强对我们工作中意识形态方面的监督"。②苏共大批市场社会主义,讳言改革,不允许进行任何探索与创新,苏联社会陷入了停滞。当时以麦德维杰夫为代表的所谓"持不同政见者",曾认真研究过马克思主义,提出了对社会主义民主、反对官僚主义等系统化的主张,但被归入苏联社会制度反对者的行列,遭到镇压。具有讽刺意味的是,在"8·19"事件后苏共被暂停活动时,只有他一人对"禁共令"表示坚决反对。

---

① Стенограмма Круглого стола, посвященного 50-летию XX съезда КПСС. C. 84. http://www.gorby.ru/userfiles/2006feb15

② 沈志华总主编:《苏联历史档案选编》第31卷,社会科学文献出版社2002年版,第126页。

在戈尔巴乔夫改革时期,戈尔巴乔夫试图借助列宁的晚年思想,焕发社会主义的活力,但因改革没有为民众带来实惠,苏联社会内部斗争激烈,并未达成共识,也没有形成领导改革的核心,戈尔巴乔夫关于改革的话语,如"改革""民主化""公开性"等,有的被看成是在认同西方的价值观,有的被视为语意不详,无所适从。鉴于当时苏联社会对斯大林时期那些消极现象的揭露,苏共和苏联社会主义的威信受到很大影响,戈尔巴乔夫提出了建设"人道的、民主的社会主义",并写入苏共二十八大纲领,但此时人们已经不管什么社会主义了,他们更需要的是解决吃饭问题。戈尔巴乔夫空喊口号,所谓人道的、民主的社会主义只是停留在纸面上,人们看不到社会发生什么积极的变化,这套话语对民众已经没有什么吸引力了。

苏共长期固守斯大林所确立的理论与模式,排斥市场经济和非公有制,垄断对马克思主义理论的解释权,窒息了社会,固化了思想,使苏共不可能站在时代的潮头,回应时代的挑战。改革话语权的丧失,也是发展马克思主义理论之权的丧失,使苏共失去了存在的合法性基础。

顺便提一下,苏联的媒体长期报喜不报忧,信息不灵,对苏共丧失话语权也起了消极作用。就拿1986年4月26日凌晨发生的切尔诺贝利核事故来说,尽管已经开始了改革,但在对此事的报道上与以往并没有任何不同。当时苏联的报刊、广播和电视对此保持沉默,大众对此一无所知。到26日晚,全世界都知道了苏联核电站发生了事故,但莫斯科仍在沉默,苏联领导人并没有意识到面临的巨大危险。27日世界各国的大众媒体都在关注此事,并要求苏联政府说明真相。直到4月28日11时,苏共中央政治局终于开会研究这个问题。4月28日晚9时,苏联的电视和广播才在新闻中发布公告,简单地向公民通报:"切尔诺贝利核电站发生了事故,一座原子能反应堆受到损坏。正在采取措施消除事故后果。受到影响者正在得到救助。已经为此成立了一个政府委员会。"报道并没有说出现了核泄漏事故,也没有要求居民进行防护。29日这一消息才见报,而此前消息已经不胫而走,传闻很多,加深了民众的核恐怖感和对官方的不信任。4月30日,苏联部长会议才发表公告,宣布:"由于过去几天所采取的措施,泄漏的放射性物质已减少,原子能电站地区和电站村的辐射程度已经降低,反应堆处在熄灭状态,切尔诺贝利核电站和附近地区的辐射状况并没有引起危险，饮用水以及河水和水库的水质符合标准。"从后来反映的事实看，这一公告并没有如实向民众告知事故的真实情况，也没有告知民众如何进行防护。在苏联政府的误导下，普通百姓并没有重视这一事故，没有意识到这次事故的严重后果，从切尔诺贝利开出来的车辆没有经过任何处理就驶入基辅市区，造成核尘人为扩散。正当英国、法国等西方国家纷纷把他们的公民撤出乌克兰首都基辅时，5月1日基辅照常举行庆祝劳动节的游行，民众暴露在有辐射的环境下。直到5月14日，戈尔巴乔夫才发表电视讲话，首次向民众介绍这次核事故。苏共的行为被看成是对人民的利益和生命安全漠不关心，动摇了人民群众对苏共的信任。这一事件后，社会上要求媒体公开报道社会真实情况的压力增大，苏共不得不做出让步，最后丧失了对媒体的控制，也丧失了话语权，陷入了"塔西佗陷阱"。

三、苏联放弃对国际机制的话语权，主导建立的国际机制没有生命力

一个国家在国际社会的话语权是其国家软实力的体现，除了在国际舆论方面获得更多认同外，还应通过参与国际规则的制定和借助国际机制，增强制度性话语权，从而提高国家的影响力和维护、拓展国家利益。苏联在这方面做得显然也不够。

十月革命后，处于弱势的苏俄新政权，却有一个很大的理想，那就是建立一个世界苏维埃共和国，用社会主义制度取代资本主义制度，为此苏俄政府于1919年建立了共产国际，推行世界革命，但世界苏维埃共和国最终未能建立起来。第二次世界大战后，苏联利用当时在欧洲的优势，建立了社会主义阵营，建立了欧洲共产党和工人党情报局和经互会。斯大林建立了以经互会为核心的国际经济机制，经互会实际上是政府间的经济合作组织，脱离市场经济原则，听命于苏联，其奉行的是两个平行市场理论，脱离整个世界经济体系。到1955年，赫鲁晓夫又建立了与北约对抗的华约。苏联主导建立的这些国际机制，最大的特点是与以美国为首的资本主义发达国家进行对抗，是另一套国际体系，与美国所建立的体系不同的是，苏联不尊重自己体系内国家的主权，这些国家一切都听命于苏联。当苏联给了东欧国家选择的自由后，这些国际

机制便迅速瓦解了。

第二次世界大战前后建立了维护世界政治经济秩序的国际机制,当时苏联是战胜法西斯的主力,苏联完全可以参与这些机制的建立,但苏联只参与了联合国的创建,对于国际货币基金组织、世界银行、关税与贸易总协定这些维护世界经济秩序的组织,苏联则不参与。苏联要独立发展自己的国民经济,开放也只是对东欧社会主义国家开放,造成的结果是社会主义国家的集体封闭。正如英国学者所总结的那样:"美国在战后所建立的世界主要经济机构中——其中尤为突出的是国际货币基金组织和世界银行——占有最大的投资份额,发挥着支配性的影响,而苏联却没有参加上述两个经济机构中的任何一个。""在相互依存度不断增加的世界上,苏联试图走独立发展的道路被证明是行不通的。"①而"不向世界开放,不成为国际分工的积极参加者,不利用经济和科技合作的一切好处,不充分运用世界上的经济、社会和文化方面的经验,就不可能成功地得到进步和发展"②。事实确实如此,苏联所建立的以经互会为核心的国家间经济交往体制,不仅使苏联经济与世界经济整体发展趋势隔绝,也使东欧国家走上了这条路,导致苏联东欧国家脱离世界经济发展的总轨道,失去竞争的经济自然没有活力,成为苏联东欧经济落后的重要原因。

话语权之争的背后是价值观和发展模式之争。20世纪的实践表明,"苏联模式在指引第三世界的改革路线方面并没有获得比'威斯敏斯特模式'(英美模式——引者注)更多的成效。诚然,苏联能够充分利用第三世界各种反西方(与共产主义相对而言)的运动,但却很少达到使第三世界国家持久俯首听命的结果。从这个意义上来讲,苏联自己的内部发展状况和国际政治条件都限制了苏联的实力。"③苏联的辉煌存在的时间很短,其制度的生命力未能持久,当人们对未来的憧憬无法实现时,他们只能用消极怠工来打发时光,苏联在20世纪70年代出现停滞也就不奇怪了。"20世纪70年代,事情越来越

---

① 〔英〕理查德·克罗卡特:《五十年战争:世界政治中的美国和苏联(1941—1991)》,王振西等译,社会科学文献出版社2015年版,第17页。

② 〔俄〕格·阿·阿尔巴托夫:《苏联政治内幕:知情者的见证》,徐葵等译,新华出版社1998年版,第423页。

③ 〔英〕理查德·克罗卡特:《五十年战争:世界政治中的美国和苏联(1941—1991)》,第40—41页。

清楚:美国的现代化模式,连同其政治自由、私人的创业精神以及大众消费主义,在资源与创新精神方面要强得多。在美国模式的帮助下,西欧、日本以及美国的其他一些盟友(尽管不是全部)都变得更加繁荣,生活质量更高,超过了苏联集团中的任何一个国家。西欧人设法将市场的好处与社会规划结合起来。在经济一体化以及最终政治一体化方面,发达资本主义国家做得也要比苏联集团的所有国家成功得多。"①

第二次世界大战后的世界与此前有了很大不同,世界科技进步的加速发展,要求各国积极参与国际生活的各个方面,建立调节各种矛盾的国际机制显得越来越重要,脱离世界体系是行不通的。大国需要在国际机制中发挥重要作用,提供可选择的政策主张和行事规则,发挥大国国际话语权的作用。只有顺应历史潮流、能够被国际社会大多数国家所接受的话语权,才是有生命力的。苏联在这方面做得不成功,其教训是深刻的。

总之,苏联共产党曾经建立了世界上第一个社会主义国家,开辟了另一条实现现代化之路,也曾对促进人类社会的文明与进步做出了巨大贡献,但是,苏共长期不重视理论工作,教条主义盛行,逐渐丧失了自己在国内外的话语权。在戈尔巴乔夫的改革进入公开性阶段后,苏共成了改革的对象和媒体批评的目标,丧失了在民众中的威信,最后丧失了政权。苏共的教训警示我们,执政党一定要有危机感,要与时俱进,把马克思主义的基本原理与本国的实际相结合,回应时代的挑战,在不断创新中推进社会主义事业。

---

① 〔美〕弗拉季斯拉夫·祖博克:《失败的帝国:从斯大林到戈尔巴乔夫》,李晓江译,社会科学文献出版社 2014 年版,第 475 页。

印度争夺国际话语权的目标及主要举措

孙现朴

进入21世纪以来,国际关系呈现出诸多新特点,展现出许多新态势。伴随着交通运输日趋便捷,通信技术更加先进,国家之间的交往与相互依赖日益密切,国际社会正在变成地球村。同时,非国家行为体也在不断增多且正在发挥越来越重要的作用,气候变化、公共卫生等"低政治"议题日趋引人关注。国际政治环境的变化,致使国家间竞争的方式发生变化。对大国竞争而言,军事干预、强制性外交等已难以成为应对其他大国的手段。在大国修炼内功、提升综合国力的同时,越来越重视软力量建设,在国际社会中争取于己有利的话语权。印度正在成为一个大国,其经济表现亮眼,国家发展趋稳向好,在国际事务中的地位不断攀升。为了在全球化的国际舞台上营造有利于自身发展的外部环境,印度很重视话语权建设,通过各种方式宣传自我,力图形塑一个和平、友好、负责任的国家形象。为了加强国际话语权建设,2006年5月印度外交部正式成立公共外交处(the Public Diplomacy Division),2014年公共外交处与外宣处合并为"对外宣传与公共外交处"。[1] 在外交实践中,印度在话语权建设方面取得了不小的成绩,有些经验值得借鉴。

一、印度争夺国际话语权的目标

印度争夺国际话语权的目标处于不断演进的过程中,有的是伴随着其经

---

[1] Kishan S. Rana,"Re-setting India's Public Diplomacy,"*Business Standard*,January 16,2011. http://www.business-standard.com/india/news/kishan-s-rana-re-setting-indias-public-diplomacy/421889/,2011-12-11.

济崛起逐渐提上日程。总体而言,进入 21 世纪印度争夺国际话语权旨在实现如下目标:

(一)寻求领导地位,消除国际社会对其崛起的疑虑

苏联解体、冷战终结翻开印度外交新篇章,在经济全球化浪潮中,拉奥政府启动经济改革进程。① 拉奥政府推出经济改革政策后,印度国家实力得到显著提升。认识到印度崛起前景可期以及可能给全球地缘政治平衡带来的影响,全球主要战略力量与印度关系愈发密切。在此基础上,印度被认为是国际体系中重要的"摇摆国家",能够从战略天平的两端获益。②

2014 年莫迪就任总理后,为印度外交注入了新的活力,展现出了更为进取的姿态。他不满足于印度在国际社会扮演"平衡力量""摇摆国家"的角色,对印度在全球事务中的作用提出新要求。2015 年 2 月,印度总理府发布的《印度面临的任务》公告中称,当前国际环境是千载难逢的机会,世界正张开怀抱拥抱印度,印度正满怀信心走向未来。莫迪呼吁大家紧抓这一战略机遇期,力促印度成为全球领导国家。他要求外交官摒弃旧观念,迅速适应新形势。③ 争夺话语权是各国外交工作的重要部分,发挥着非常重要的作用,对于不断崛起的印度尤为如此。印度希望向世界全面展示自己,力创有利于其发挥全球领导作用的国际环境。

自经济改革以来,印度经济发展迅猛,成为世界上发展最快的经济体之一。中印崛起成为 21 世纪国际社会需要共同面临的问题,当今世界"中国威胁论"甚嚣尘上,但是印度崛起同样会给世界带来难题。其中的关键是全球主要大国是否从战略上判定印度是国际秩序的威胁④,因此印度争夺国际话

---

① Sumit Ganguly and Manjeet S. Pardesi,"Explaining Sixty Years of India's Foreign Policy",*India Review*,Vol.8,No.1,2009,pp.12—14.

② 关于"平衡力量""摇摆国家"的相关论述参见:Richard Fontaine and Daniel M. Kliman,"International Order and Global Swing States,"*The Washington Quarterly*,Vol.36,No.1,2013,pp.93—109; C. Raja Mohan,"India and the Balance of Power,"*Foreign Affairs*,Vol.85,No.4,July/August 2006,p.17;刘红良:《冷战后印度"摇摆国家"的身份建构》,《南亚研究》2015 年第 4 期;许娟:《美印〈战略愿景〉:"全球摇摆国家"定位及解读》,《南亚研究》2015 年第 3 期。

③ Indian Press Information Bureau, Prime Minister's office,"PM to Heads of Indian Missions", February 7,2015.

④ C. Rojia. Mohan,"Rising India:Parterner in Shaping the Global Commons?,"*The Washington Quarterly*,Vol.33,No.3,2010,p.133.

语权的目标也有消除外部世界对其崛起焦虑的考虑,希冀让世界了解印度的发展是国际社会的良性因素,进而使其成功参与到全球治理中。

(二)巩固南亚主导权,提升在南亚邻国中的形象

国家经济持续发展需要稳定的周边环境,印度希图以抢占"话语高地"的方式重新形塑其在南亚小国中的形象。印度争夺国际话语权的关键是"在重要问题上引领和影响国内外民众观点,塑造一个与其上升地位匹配的国际形象"。由于长期以来印度在南亚的形象不佳,这一目标显得尤为迫切。

独立以来,印度外交政策的重要任务是寻求在南亚的主导地位。为寻求特殊地位、防止南亚小国与域外大国勾连,冷战时期印度采取"现实主义"路径处理与小国的关系。尽管在地缘上印度地处南亚中心,但现实却是"众星围月不捧月",小国对于印度的霸权行径多有怨言。自20世纪90年代以来,印度对其他南亚国家采取了更为柔和的态度,弱化了南亚小国对其"地区恶棍"的认知,提升其作为地区引领者的美誉度。① 2004年印度时任总理曼莫汉·辛格明确表示:"我们的优先任务是构筑一个彼此互惠又相互依存的地区架构","如果不能保证南亚地区的和平与稳定,届时也必然会阻滞我们的增长雄心"。② 2015年3月,莫迪政府还抛出"地区繁荣与安全"理念,指出"印度会尽其所能保护其本土和岛屿的安全、捍卫国家利益,并将加深与海上邻国和印度洋岛国的经济与安全合作"。总之,印度希图把自己置于较高的道德位置,以博取周边国家的好感和认同。

(三)赢得国内民众支持

与其他国家争夺国际话语权,非常重要的环节是赢得国内民众对该政策的理解与支持,继而才能合力执行外交政策,取得良好效果。2010年12月,印度外交部主办了"信息时代的公共外交"研讨会,时任外交部秘书的拉奥琦(Nirupama Rao)提出印度公共外交概念强调"公众",认为"公众"是公共外交的核心目标,"公众"包括国内公众和国外公众。③ 与此同时,部分印度学者也

---

① 转引自时宏远:《日趋活跃的印度公共外交》,《国际问题研究》2015年第1期。
② Ashok K. Behuria, "Does India Have a Neighbourhood Policy?" *Strategic Analysis*, Vol. 36, No. 2, 2012, pp. 229—230.
③ Kishan S. Rana, "Re-setting India's Public Diplomacy," *Business Standard*, January 16, 2011. http://www.business-standard.com/india/news/kishan-s-rana-re-setting-indias-public-diplomacy/421889/, 2011-12-11.

指出本国外交政策的制定已经长期脱离国内民众和重要利益群体,这种现象需要尽快改变。印度著名人士泰鲁尔明确提出,"当今世界不能完全把公共外交针对外国公众,政府传递的任何信息同样能被国内民众感知"。① 所以,印度争取国际话语权的重要目标是,使公众借助媒体、文化交流等手段吃准、吃透政府外交政策,从而让外交决策精英更快更广泛地获悉决策实施的效果,以便在政府维护国家利益时,出台阻力最小的方案。

二、印度争夺国际话语权的主要举措

近年来,印度利用自身国力不断增强的有利条件和西方强国有意提升印度国际影响力的外部环境,积极抢夺国际话语权,取得了一系列成果。从其战略举措来看,主要有以下几方面:

(一)借重国际多边平台,争取制度性话语权

自独立以来,印度外交经历了 70 多年的历程,争取联合国常任理事国席位、拥有核武器并得到他国承认为有核国家等是其寻求国际话语权的重要举措。独立之初,印度决策层就意识到,印度要想成为一个真正的大国,需要树立大国意识,并使其他国家把印度当作大国来看待。因此,独立后印度对联合国行动采取积极的态度,加之对联合国的财政贡献和语言优势,其在联合国有较高地位。同时,印度积极参加联合国行动,大力支持联合国采取集体行动和多边方式应对全球性问题。②

为寻求更大的话语权,对冷战后国际政治进程施加更大影响,印度致力于成为安理会常任理事国。1994 年在联合国大会上印度首次提出要争取成为安理会的常任理事国,1998 年印度进行核试验成为事实核国家,并加快了争取安理会常任理事国席位的步伐,成为与日本、德国、巴西组成的"四国集团"中最为积极的行动者。印度坚持不懈地寻求成为安理会常任理事国,是其欲

---

① Ian Hall,"India's New Public Diplomacy: Soft Power and the Limits of Government Action," *Asian Survey*, Vol. 52, No. 6, 2012, p. 1098.
② 张贵洪、王磊:《印度政治大国梦与金砖国家合作》,《复旦学报(社会科学版)》2013 年第 6 期。

成为"有声有色"大国的反映。经过多年外交努力,印度在联合国希望发挥更大作用的愿望越来越得到其他大国的支持。①

当今世界主要政治经济组织由欧美发达国家控制,发达国家主导着绝大部分权力。金砖国家是国际政治中的"新势力",在新旧力量博弈中他们尝试以抱团取暖的方式寻求更大影响力。印度希望借助金砖机制进一步拓展战略空间,提升国际地位,增强在南北对话和南南合作中的话语权和规则制定权。与 G20 相比,金砖机制更加务实,具有鲜明的"新兴经济体"属性;与"印度巴西南非对话"相比,金砖国家的全球影响力更大。金砖合作有利于印度从规则遵守者转变为规则制定者,从"搭便车者"成为"利益攸关方"。② 随着金砖机制的不断发展,印度从怀疑到支持,从把金砖国家视为辅助平台到主要平台,金砖国家机制已成为印度争取国际话语权的重要平台。③ 在 2013 年德班金砖国家峰会上,印度时任总理辛格表示:"金砖国家的协商已经成为我们参与国际论坛的重要部分,在表达我们的共同关注时,它给予我们一个更强大的声音。"④

在核政策上,印度一直希望其他国家承认并支持其核大国地位,并试图在核安全领域拥有更多话语权。近年来印度一直对加入核供应国(NSG)保持极高的热情,2014 年 9 月,莫迪首次访问美国,在联合声明中,两国领导人表示"将致力于继续推动印度加入核供应国集团、导弹及其技术控制制度、瓦森纳协定、澳大利亚集团"。印度希图成为核供应国集团成员国,背后有重要的战略考量,一方面希望通过成为正式成员进一步坐实核大国地位,既不签署《不扩散核武器条约》,也不签署《全面禁止核试验条约》,又享受核国家的待遇,使其核地位最终赢得其他国家默许。另一方面,印度冀望成为正式成员国之后从国际市场上获取民用核技术和核燃料,此举既能解决国内能源问题,又谋求在核贸易领域拥有更多话语权。⑤

在美国的强力支持下,2016 年印度递交了核供应国集团的申请,并在国

---

① 张贵洪、王磊:《印度政治大国梦与金砖国家合作》,《复旦学报(社会科学版)》2013 年第 6 期。
② 同上。
③ 李冠杰:《试析印度的金砖国家战略》,《南亚研究》2014 年第 1 期。
④ 详见印度外交部网站:"Prime Minister's Statement at the Plenary Session of the 5th BRICS Summit", March 27, 2013.
⑤ 傅小强:《印度加入核供应国集团受挫》,《中国国防报》2016 年 7 月 1 日。

内展开了高调宣传。同时莫迪还特意选择在首尔核峰会前夕,访问瑞士、墨西哥等国,寻求支持。尽管在首尔峰会上,印度努力成为核供应国集团成员国的努力失败,但它不会放弃,印度还致力于提升在核军控领域的话语影响力。

(二)加强与海外印度人的联系

海外印度人是印度争夺国际话语权的重要资源。海外印度人的总量超过2000万,占全球移民的14%,是仅次于华人的第二大移民群体,他们基本都保持着对印度在文化和情感上较强的联系。据海外印度人事务部统计,海外印度人遍布全球100多个国家,在有些国家甚至还成为该国的主体民族或族群,他们主要集中在北美、东南亚、非洲南部。

在印度独立前,海外印度人地位低下,被称为"亚洲黑人"。而今他们基本上在海外站稳脚跟,获得了一定程度的成功,国际影响力大大增强。[①] 在英国的医疗行业、美国的汽车旅馆业大量生意为印度人所控制,而且近年来随着新生代印度移民的崛起,在高科技领域印度裔也开始崭露头角。同时海外印度人比较有组织性,他们积极融入当地社会,对所在国往往能够施加重大影响,而且对母国普遍怀有较深的感情。[②] 正是基于以上原因,印度政府非常重视运用海外印度人群体提升其在国际上的话语权。这种做法一方面有利于增强母国与海外印度人群体的联系,使海外印度人加深对不断崛起的印度的了解;另一方面以海外印度人为媒介可以在其所在国宣传印度,提高印度的美誉度。

海外印度人在提升印度国际话语权方面所做的贡献主要有以下几方面:第一,印度利用这些海外印度人游说对方政府、企业等做出支持印度的决策。尽管印度是发展中国家,但它已经采取新外交方式公关对方政府,印度成功游说美国政府通过《美印核协议》。以社会经济地位来看,目前印裔美国人已成为美国的第一大亚裔群体。[③] 印裔开始在美国政坛拥有政治影响力,他们的代表人物有政治学者法里德·扎卡利亚(Fareed Zakaria)、阿什利·泰利斯等。[④] 同时,

---

① 贾海涛、石沧金:《海外印度人与海外华人国际影响力比较研究》,山东人民出版社2007年版,第86页。
② 时宏远:《日趋活跃的印度公共外交》,《国际问题研究》2015年第1期;龙兴春:《印度公共外交的资源、实践与启示》,《南亚研究季刊》2016年第1期。
③ 参见赵可金:《试论印度围绕〈美印核协议〉的对美游说外交》,《南亚研究季刊》2007年第4期。
④ Jacques E. C. Hymans, "India's Soft Power and Vulnerability", *India Review*, Vol. 8, No. 3, 2009, p.258.

印裔在美国跨国公司的影响日益显著。谷歌、微软等高科技公司首席执行官为印裔,印度文化中有非常强的"传帮带"传统,积极为后来的印度人提供机会,并不断游说其他公司高管支持有利于印度的方案。第二,海外印度人是宣传印度文化的重要力量。海外印度人在融入当地社会后并没有放弃原有的生活方式和价值观,他们的生活方式为外国人了解印度提供了重要窗口。第三,部分海外印度人在国外身居要职,他们大多对印度采取友好的政策。[1]

(三)积极推进人文外交

早在20世纪50年代,印度政府就专门成立了发展对外文化关系的官方机构(对外文化关系委员会,ICCR),促进印度与其他国家间的相互理解,推动与其他国家的文化交流。印度对外文化关系委员会的主要活动是组织学术交流,邀请演艺界人士面向海外展示富有印度传统的音乐、舞蹈等。目前印度对外文化关系委员会在国外设立24家中心,国内拥有14家中心,并计划今后在东南亚、欧洲、非洲再设立14家中心传播印度文化。[2]

在印度提升国际话语权的进程中,许多活动是在人文交往的框架下逐次展开的。第一,印度是一个多语言国家,其多语言环境促进了印度文化的丰富性。印度政府通过推行方言等传播活动扩展软实力,影响有众多印度裔人口的国家。1975年1月,在印度的那格浦尔举行了首届"世界印地语会议",迄今为止已经举办多届。印度政府直接推动会议的筹办,通过组织印地语学者、作家等参加会议,不仅影响到毛里求斯、南非等印地语流通的国家,还增强了印地语在世界的影响力。[3]

第二,印度经常以社会生活文化为媒介,形塑其与周边国家的关系。印度前外秘拉奥琦曾指出,尽管地区政治对抗冲突不断,但南亚国家发展双边关系拥有深厚基础,即共享的历史文化。"南亚不仅是地缘政治概念,还是地缘文

---

[1] 斐济和毛里求斯等国的许多印裔都拥有重要的政治地位,且愿意发展与印度的关系,参见:Uma Purushothaman, "Shifting Perception of Power: Soft Power and India's Foreign Policy", *Journal of Peace Studies*, Vol.17, Issue 2&3, 2010; Rajesh Rai and Peter Reeves, *The South Asia Diaspora*, Routledge Taylor & Francis Group, 2009.

[2] Ian Hall, "India's New Public Diplomacy", *Asian Survey*, Vol.52, No.6, 2012, p.1099.

[3] 赵鸿燕、汪错:《印度公共外交中的文化传播管窥》,《国际问题研究》2014年第6期。

化概念。"①基于此,近年来印度时常利用本国与别国相近的社会文化创造相对宽松的外交环境,缓解与他国的紧张关系。其中"板球外交"最为人们所熟知。2011年应印度总理辛格邀请,巴基斯坦总理吉拉尼观看印巴之间的板球世界杯半决赛,比赛后印巴之间还就双边问题举行了会谈。板球外交缓和了两国之间自2008年孟买恐怖袭击案后脆弱的双边关系。

第三,在人文教育领域,印度非常重视与国外教育集团的合作。印度对外文化关系委员会的重要任务是向外国学生、学者提供奖学金,鼓励外国学生赴印留学。目前已经有近百个国家的留学生接受资助,奖学金主要面向亚洲、非洲、美洲的发展中国家。②此外,近年来印度愈趋重视与发达国家之间的合作,尤其重视与美国高教界的交流。印度政府还承诺对国内教育机构进行大规模投入,力争吸引更多美国学生赴印深造。印度通过与他国交换留学生,将海外学生置身于印度本土环境中,培养国外精英对印度文化的感知,使之逐步在价值观念上知印和亲印。

(四)大力发展媒体外交

媒体外交是各国提升国际话语权的重要手段,冷战时期印度就十分重视电视、广播等在形塑国家形象中的作用,21世纪以来随着新媒体进入人们日常生活,印度积极利用新媒体传播其价值理念。

冷战时期印度信息广播部以国家级媒体机构为主要媒介,向外国公众传播印度文化。以全印度广播电台为例,它采用大功率广播,使用十余种非印度语言向其他国家播报新闻。印度非常善于用声音、图像、文字三者相结合的方式进行传播。在海外播出充分展现印度文化的电视剧、电影等多种题材作品,近年来其他国家引进印度电视剧的数量呈稳步上升趋势。③如阿富汗对印度极具地缘战略价值,是印度形塑国际话语权的重要国家。④塔利班执政时期,由于执政当局的政策,印度流行文化难以广泛传播。卡尔扎伊执政后,阿富汗国内市场重新开放,印度电影、肥皂剧迅速风靡阿富汗。为了收看印度电视

---

① Rabindra Sen,"India's South Asia Dilemma and Regional Cooperation: Relevance of Cultural Diplomacy",*Strategic Analysis*,Vol. 38,No. 1,2014,p. 71.
② 龙兴春:《印度公共外交的资源、实践与启示》,《南亚研究季刊》2016年第1期。
③ 赵鸿燕、汪锴:《印度公共外交中的文化传播管窥》,《国际问题研究》2014年第6期。
④ 赵瑞琦、赵刚:《印度传媒与国家软实力的构建》,《对外传播》2013年第9期。

剧,阿富汗民众不惜影响重要的宗教活动。① 同时,近年来宝莱坞电影正以非凡的感染力把印度的价值观传递到周边地区,不仅在南亚拥有众多观众,而且在中东、非洲等地表现不俗。尤其是近年来,宝莱坞通过运用新技术,吸收好莱坞电影模式制作出了《阿育王》《贫民窟的百万富翁》《起跑线》《摔跤吧!爸爸》等反映印度历史与社会的作品②。

在继续重视传统媒体的同时,印度还认识到快速传播的互联网、全天候实时报道对国际媒体的助推作用。随着网络时代的来临,在欧美国家运用新媒体的推动下,2010年7月,印度外交部在推特上发布第一篇"推文",此后印度外交部还在脸书等开设账户。同时为了更好地利用新媒体,印度政府还把小视频放置在网络上,供浏览者进行观赏和评论。通过以上措施,2010年底印度基本达到了在网络上实现存在的目标。③ 与此同时,印度领导人越来越重视新媒体的作用,莫迪自上任后经常在推特、脸书上发布新消息,旨在获得国内外民众的支持。同时印度国内的社交媒体也开始崭露头角,开始与外国竞争者抗衡,规模较大的有worldfloat网站,截止到2013年8月已有超过2000万用户。④

三、印度提升国际话语权的成效和启示

经过多年努力,尤其是21世纪以来国大党政府和印度人民党政府的积极推动,印度提升国际话语权成效显著。印度文化影响力不断扩大,近年来在宝莱坞、泰莱坞等影视基地大力打造下,印度影视作品在中东、东非等传统印度影视文化占据优势的地区持续增加影响,并不断攻城略地,在东亚的影响力明显得到提升。萨尔曼·汗、阿米尔·汗、沙鲁克·汗等的影视作品在国外的收

---

① Shashi Tharoor, *The Elephant, the Tiger and the Cellphone—Reflections on India In The Twenty-first Century*, New Delhi, Penguin Viking Books, 2007, p. 27.

② 相关内容可参见:Rachel Dwyer, "Bollywood's India: Hindi Cinema as a Guide to Modern India," *Asia Affairs*, Vol. 41, No. 3, 2010, pp. 381—398.

③ Navdeep Suri, "Public Diplomacy in India's Foreign Policy," *Strategic Analysis*, Vol. 35, No. 2, March 2011, p. 299.

④ 赵鸿燕、汪锴:《印度公共外交中的文化传播管窥》,《国际问题研究》2014年第6期。

益远超本土，成为让"印度再次闪耀"的最佳利器。此外，近年来印度还积极挖掘传统文化，在全球推广瑜伽等具有鲜明印度特色的体育运动。在国际舞台以及多种双边场合，印度领导人多次亲自示范瑜伽运动，其驻外机构定期、不定期举办各种层次的瑜伽培训班，引导他国民众积极认同印度的传统运动休闲方式。修习瑜伽正在成为全球现象，已经是全球文化的重要组成部分。

印度国民的全球形象正在出现明显变化。海外印度人在中东、欧美国家取得成功的案例有助于提高印度的国家形象，海外印度人善于创新、勇于拼搏、遵纪守法的品质为印度赢得了国际社会的赞誉。海外印度人的精英既懂得如何处理多元文化又通晓管理和技术能力，使其紧抓全球技术革命浪潮，成为高科技领域的引领力量。这也被看成是印度崛起的标志。

经过不懈努力，印度在争夺甚至引领国际话语权方面取得了一定成绩，其经验对他国具有借鉴意义。

首先，印度善于利用社会网络媒体。独立后印度承袭了英印政府时期的新闻管理政策，新闻媒体在印度社会发展中扮演重要角色。在互联网时代，印度年轻一代实现了网络与新闻的无缝连接，网络媒体与传统纸媒成为印度人获取和输出信息的重要渠道。2008 年印度政府推出的《不可思议的印度》(*Incrideble India*)形象宣传片在全球播放，取得良好效果。该宣传片紧扣印度文化推广和国家形象塑造，包含印度文化、宗教、价值观、建筑等多种元素，为外国人了解印度提供了基本资料。[①] 印度公共外交部门实现了在大多数国际机构社交网络中的存在，尽管近年来中国外宣工作不断取得进步，但是中国在国际主流媒体的存在依然有较大提升空间，尤其是英文媒介上的宣传存在着时差和温差。在政策允许情况下，今后中国驻外机构有必要积极开通推特等在西方世界中有巨量话语权的新媒体，发布权威信息，提升中国政策的公开性和透明度，正本清源驳斥部分西方国家对我进行的不实报道，消除不良影响。[②]

其次，发挥人文外交的沟通作用。在印度提升话语权进程中，印度对外文化关系委员会和公共外交部门积极发挥沟通作用。印度对外文化关系委员会

---

① 赵鸿燕、汪锴：《印度公共外交中的文化传播管窥》，《国际问题研究》2014 年第 6 期。
② 龙兴春：《印度公共外交的资源、实践与启示》，《南亚研究季刊》2016 年第 1 期。

隶属于外交部,是负责文化对外联系的主要部门,总部设在德里,并在孟买、加尔各答设有分部。印度对外文化关系委员会积极在海外创设文化中心,并经常性举办文化节。印度外交部公共外交司则大力宣传印度经典音乐,扩展印度文化的全球影响力。近年来中国不断加强人文外交合作,积极助推中华文化走出去,采用多种方式向世界展示中华文化,如中国京剧、中国武术、中国少数民族文化的展示与表演,普遍赢得当地民众的欢迎。因此,我国需要不断加大投入,让海外民众能以看得见、摸得到的方式体悟中华文化,提升中华文化的全球影响力。

第三,积极为全球公共问题治理提供解决方案。进入21世纪,全球面临着反海盗、突发自然灾害、气候变化等公共问题,这些问题需要各国携手应对。印度在参与全球问题方面十分积极。在应对印度洋海盗方面,2008年印度辛格政府发起印度洋地区海军论坛,论坛几乎囊括所有沿岸国家,寻求在反海盗等领域的合作。同年在印度洋相关国家遭受海啸严重冲击后,印度及时向斯里兰卡、马尔代夫等国提供援助,赢得国际社会普遍赞誉。近年来中国不断加大参与解决全球公共问题的力度,在维和、反海盗领域的投入逐年增加。中印同为发展中大国,两国历史经验和发展任务非常相似,在积极思索全球公共问题解决方案进程中,中国或可加强与印度合作,借鉴印度的经验,发挥自身优势,积极争取更多国家支持,为全球问题提出中国方案。

第四,积极发挥宗教交流的纽带作用。印度号称"宗教博物馆",多元宗教文化是其对外交往的重要资源。佛教发源于印度,但发展至今早已不是印度的主流宗教,其信众不足全国总人口1%。尽管如此,印度依然积极宣传佛教遗迹如那烂陀、阿旃陀石窟等,以此拉近与南亚、东南亚佛教国家的关系,增进与邻国佛教信众的联系。此举产生了较大影响,取得了显著效果。长期以来,宗教在中国对外交往中的作用没有得到足够重视。佛教源自印度,在法流东土进程中吸纳大量中国元素,产生了许多佛学大师。目前无论大乘佛教还是小乘佛教在亚洲都拥有大量信众,借用国内享有盛誉的寺院以及高僧大德宣传中华传统文化,有利于拓展中国国际影响力。即便在印度,因古代印度没有记录历史的传统,中国佛教僧侣以及著述的典籍极受现代印度人推崇。此外中国是多元宗教并存的国家,尝试发挥不同宗教团体对不同宗教对象国的关系,以此实现话语"输入"与"输出"的良性互动。

最后，注意发挥海外机构在塑造话语权中的协同能力。近年来印度十分重视海外独立机构的统筹能力建设，积极整合政府外交部门、政府非外交部门、私人组织、海外工商组织、海外印度人机构的话语权塑造，力图弥补以往各机构间配合不足的问题。伴随着中国日益走向世界舞台中央，从世界边缘地带走向世界中心，正有越来越多的中企、华人奔赴海外投资兴业，在海外影响力也越来越大，中国塑造国际话语权中的资源正变得越来越丰富。政府相关部门需要充分利用中企、海外华人社团特殊角色，积极发挥它们在特定议题、特定目标上的公共外交作用。政府在宏观外交指导下，放手让上述机构参与到中国话语权建设中，以非政府方式阐释中国倡议和中国理念，以更生动、切实的方式形成于我有利的舆论话语。

总之，为在全球化的国际舞台上营造有利于自身发展的外部环境，获得全球领导者的地位，21世纪以来印度非常重视国际话语权建设。目前看，印度争夺国际话语权的目标仍然主要围绕着其外交的主线：寻求大国地位和巩固其在南亚的主导地位而展开。此外，更为重要的是，力图使本国民众充分理解国家外交行为，支持政府制定的外交政策。通过人文外交、媒体外交、加强与海外印度人的联系等方式，近年来印度争取国际话语权的努力取得诸多成果，赢得国际社会的赞誉，但其国内存在的深层次问题也严重影响着其国家形象。未来印度将加大力度推动国际话语权建设，力争在全球及地区层面取得更多成果，从根本上提升国际美誉度，为国家发展提供更好的外部环境。

英国如何在脱欧中掌握话语主动权

孙婉璐

英国首相卡梅伦为安抚保守党内"疑欧派"而发起了脱欧公投,他主观判定,"留欧派"会赢得公投,结果失算了。2016年6月23日,英国开启了退出欧盟的进程。由于《里斯本条约》并没有为成员国退出欧盟提供明确的机制,导致英国脱欧谈判异常艰难和复杂。历时3年半英国才成功脱欧,其间换了卡梅伦和特蕾莎·梅两任首相,约翰·伯考辞掉了在任10年之久的下议院议长一职,梅首相与欧盟达成的脱欧协议在下议院三次被否决,两大传统政党分裂加剧。2019年12月12日,英国提前大选,为脱欧迎来破局转折点。在"脱欧"问题上,英国本是弱势的一方,但欧盟不得不忍受英国的议而不决,三次同意英国延期脱欧,英国脱欧被延至2020年1月31日。英国在与欧盟进行博弈的过程中努力掌握"脱欧"话语权,纵横捭阖,以争取对自己有利的条件"脱欧"。

一、英国利用欧盟不愿让其脱欧提高要价

欧盟以德法为轴心,但在欧盟成员国中,英国很重要,经济实力强于法国,金融和军事优势使其拥有可观的权力资源。英国脱欧肯定会给欧盟带来消极影响,让世界对欧盟的发展方向和前景表示忧虑,如果英国脱欧后发展很好,可能会进一步降低欧盟的吸引力。在欧盟发展的过程中,也曾有过因某国议会或某国公民不接受欧盟的一些具体措施或者某项条款而影响欧洲一体化进程,但英国脱欧是对整个欧洲一体化说"不",这对于深陷危机的欧盟是个重大打击。2017年3月底,英国致函欧盟启动脱欧程序,欧洲理事会主席唐纳德·图斯克(Donald Tusk)的回应道出了欧盟的心态:"没有任何理由假装这

是愉快的一天,我还能对英国说点什么呢?它还没离开,我们就开始想念(英国)了!"①从中我们可以看到,欧盟并不愿意放走英国,英国恰恰利用这一点,努力争取于己有利的条件。欧盟不愿意让英国脱离,更不愿意让英国以优惠的条件脱离,以免被其他国家效仿,因此,英国要达到自己的目的并不容易。

(一)英国脱欧会削弱欧盟实力,影响欧盟的发展

英国首次申请加入欧洲一体化进程时,法国的态度是,英国的块头太大了,年轻的欧洲经济共同体消化不了庞大的英国。② 如今,英国在欧盟依然重要,若缺少英国,欧盟在体量上将大大萎缩,它的地缘政治影响力会受到削弱,欧盟将失去英国的军事贡献、农业贡献及英国对欧盟建言献策的能力。欧盟一度被视为地区一体化的样板,无论从体量上还是声誉上,英国脱欧对欧盟都是沉重一击,它直接影响着欧洲公民及世界其他国家看待欧盟的眼光。欧盟希望英国回心转意,它适时地向英国发出"挽留"的信号。2018年1月17日,容克同图斯克一同为英国留在欧盟内展开游说。对英国态度较强硬的马克龙也表示,如果英国能留欧,法国将"乐观其成"。③ 在原定脱欧协议草案表决前,2018年12月10日,欧洲法院加急做出一项裁定,成员国可以单方面撤回其递交欧盟的退出请求,其成员国地位保持不变。④ 2019年3月,图斯克再次为挽留英国发声,称欧洲不应该背叛"人数日益增多的希望留下来的多数英国人"。⑤

与欧盟其他具有离心倾向的成员国相比,英国的地位使其具有选择退出和议价的资本。除了首屈一指的德国,英国经济实力和人口与法国很接近。

---

① "'We already miss you,' EU tells UK", SINA English, March 30th, 2017, http://english.sina.com/world/e/2017-03-30/detail-ifycwunr8145552.shtml.

② George Wikes, *Britain's Failure to Enter the European Community,1961—1963:The Enlargement Negotiations and Crises in European,Atlantic,and Commonwealth Relations*, London: Frank Class, 1997, p.19.

③ 《欧盟挽留英国:"脱欧"之后还可"入盟"》,《德国之声》2018年1月17日。

④ "Judgment of the Court of Justice in Case C-621/18", Court of Justice of the European Union, Press Release No. 191/18, December 10th, 2018, https://curia.europa.eu/jcms/upload/docs/application/pdf/2018-12/cp180191en.pdf.

⑤ Simon Kuper, "How Europe Views the Brexit Endgame?", *Financial Times*, Sep. 9th 2019, https://m.ftchinese.com/story/001084345/en?ccode=LanguageSwitch&archive.

2010年后,欧洲对外关系委员会对欧盟成员国进行软实力评估,都把英国列为实力前三的国家。[1] 英国有丰富的软实力资源。伦敦具有首屈一指的金融中心地位。[2] 它涵盖了世界20大国际保险公司和全球最重要的30家银行。[3] 国际货币基金组织曾描述:英国的金融稳定是全球公共产品。这一地位并不完全依赖于英国的欧盟成员国身份,而是与它的法律制度、自由传统、监管体系、语言优势、专业人才等因素息息相关。在203个排名中,英国全球化指数已从2011年的第21位提升至2019年的第5位,高于德国(第7)和法国(第10)。[4] 20世纪80年代,整个欧共体占世界经济的34.1%,当前下降到了22.5%。一旦英国脱欧,剩下的27国占世界经济份额不足1/5。[5] 在全球经济紧缩,各大国都在为争夺全球市场而激烈竞争的当下,欧洲一体化最大成就的单一市场,将失去英国6600万人口的英国市场。2016年,英国对欧盟预算的净贡献为96亿英镑。失去英国后,欧盟如何弥补这一重大预算缺口成为问题。容克一方面呼吁打破欧盟年度预算占经济总量1%的上限,另一方面呼吁缩减预算开支,然而,净出资国不愿意再出更多的钱来"劫富济贫",波兰等净收益国又反对削减团结基金。

此外,安全防务方面的资源优势是英国手里的一张"硬牌"。打"防务牌"可以增加英国的谈判筹码,也是未来重塑英欧关系的突破口,英国可以利用欧盟的弱项找到参与的抓手。英国在全世界有16个军事基地,数量仅次于美国。英国的情报机构世界闻名,是"五眼联盟"或"五眼协定"(Five Eyes)的成员,美国、英国、澳大利亚、加拿大和新西兰五个英语国家进行情报分享与联合拦截敌国情报,实际主要由英国政府通讯总部和美国国家安全局联合操作。

---

[1] 彼得·威尔汀:《英国下一步:后脱欧之境》,李静怡译,远足文化事业股份有限公司2017年版,第108页。
[2] 英国智库Z/Yen集团与中国(深圳)综合开发研究院共同编制的《全球金融中心指数报告(GFCI)》,该指数从营商环境、人力资源、基础设施、发展水平、国际声誉等方面进行评价和排名。2019年,纽约得分超过了伦敦。
[3] 彼得·威尔汀:《英国下一步:后脱欧之境》,第18—19页。
[4] "2019 KOF Globalisation Index", "KOF Index of Globalization (2011)", KOF Swiss Economic Institute, http://www.globalsherpa.org/wp-content/uploads/2011/06/kof-globalization-index-2011-all.gif, https://kof.ethz.ch/en/forecasts-and-indicators/indicators/kof-globalisation-index.html. KOF全球化指数包含经济、政治和社会三个层级的指标,按不同权重加权平均得出。
[5] Roger Bootle, Julian Jessop et al, "Alternative Brexit Economic Analysis", *The Economist*, February 2018, p.13.

在欧盟内,军事实力能与英国一较高低的只有法国,两国都是核大国。英国脱欧后,欧盟在安理会只剩法国一个常任理事国。欧盟在安全防务上更加需要北约。然而,特朗普威胁向北约成员收取更高的"保护费",如果成员国军费比例无法达到 GDP 的 2%,美国将"放缓"对北约的承诺。目前,仅有四五个北约成员国军费开支达到了 GDP 2%的标准,大部分开支由美国承担。欧洲领导人不得不重新评估北约对欧盟的作用。欧盟发展自己的防务力量面临重重困难,德国如何消除世界对它的疑虑?在欧洲经济低迷的困境下,钱从哪来?会不会引起俄罗斯针锋相对的反应?

欧盟防务方面的实力和一体化程度远不如其在经贸和社会领域的成就,英国在不同场合强调它对于欧洲防务合作方面的作用。梅首相致信图斯克启动《里斯本条约》第 50 条时就发出过警告,如果欧盟和英国无法达成协议,那么英欧在联合打击犯罪和恐怖主义方面的合作将弱化。欧洲安全环境正处于冷战后最脆弱的时期。弱化合作将是一个成本高昂的错误。① 脱欧谈判启动不久后,时任脱欧事务大臣的大卫·戴维斯(David Davis)称,英国是唯一向北约提供 GDP 2%的防务费及向联合国提供 0.7%的国民收入用于发展支出的国家。我们需要重塑英国国际地位。脱欧后,英国会较以往更多地参与国际事务,继续践行世界领导者的角色。② 英国希望继续履行国际责任并参加欧盟警务合作,包括欧洲逮捕令(European Arrest Warrant)、"伽利略"计划(Galileo—the European Global Navigation Satellite)、欧洲犯罪记录信息系统(European Criminal Records Information System)等。即使不受欧洲法院管辖,英国希望双方的安全合作水平也不会降低。③ 在实际行动上,英国也在为脱欧做准备,它积极参与北约在东欧的军事演习,在地中海、北海和波罗的海地区维持舰艇

---

① "Prime Minister's letter to Donald Tusk triggering Article 50", Prime Minister's Office, March 29th,2017, https://assets. publishing. service. gov. uk/government/uploads/system/uploads/attachment_data/file/604079/Prime_Ministers_letter_to_European_Council_President_Donald_Tusk. pdf.
② "David Davis' opening statement from the Queen's Speech Debate 'Brexit and Foreign Affairs'", Department for Exiting the European Union, June 26th, 2017, https://www. gov. uk/government/news/david-davis-opening-statement-from-the-queens-speech-debate-brexit-and-foreign-affairs.
③ "David Davis' speech on the future security partnership", Department for Exiting the European Union, June 6th, 2018, https://www. gov. uk/government/news/david-davis-speech-on-the-future-security-partnership.

巡航,与美国在中国南海地区联合军演。2018年10月,英军首次赴日联合训练,随后参加了美韩联合军演,成为首个参加朝鲜半岛军演的欧洲国家。它在巴林新设一个海军基地,启用也门新军事基地,以拓展中东影响力。

英国的"示范效应"也可能产生离心力。脱欧程序启动以来,英国并没有发生明显的经济倒退,①欧盟担心英国的示范效应影响欧盟的发展。欧盟不愿意看到成员国用全民公投的方式对其政策做决定,特别是在民众反建制的声音高涨的情况下。近些年,在欧盟被多重危机缠身的情况下,英国从欧盟"出走"恐怕会产生消极的示范效应和连锁反应。人们不禁回想起一部英国经典政治剧的台词:英国五百年来的外交目标从来都没有变过——创造一个分裂的欧洲。不论英国脱欧是否出于这一目的,目前,它在一些国家已经初见效果,对欧盟的离心力今后可能会进一步发酵。

欧洲政治的相互关联性质让欧盟领导人明白,其他成员国国内政治可能受到英国事态发展的影响。民族主义者已经在意大利、匈牙利和波兰掌权,并在奥地利与其他党派组建了联合政府,极右翼还在法国、德国和荷兰的选举中表现强劲,在西班牙赢得议会席位,欧盟不想过度反应,引起"疑欧派"政治反弹,让欧盟成为右翼的"出气筒",助长民粹主义兴起的成员国追随英国,并冲击国内建制派。脱欧公投后,荷兰、德国、意大利、波兰、匈牙利、丹麦、瑞典政府遭受了英国政府在脱欧公投期间面对的政治与社会压力,舆论抨击欧盟。法国国民阵线、荷兰自由党、丹麦人民党、意大利北方联盟、奥地利自由党,呼吁在本国举行公投。很多右翼政客们发现,反对布鲁塞尔是赢得国内政治的良药。② 捷克总理索博特卡(Bohuslav Sobotka)发出警告,英国脱欧将在全欧洲引发民族主义和分裂主义浪潮。如果英国脱欧后经济好转,更会刺激欧盟的离心力。③ 有了英国的先例,欧盟内不满的成员日后可能会不时地以退出为要挟,这将极大地考验德法联合驱动的意志力以及这两个核心国为弱化内部批评所愿意接受的成本,他们不得不做出一些政治妥协。

---

①　根据世界银行历年 GDP(现价美元)数据计算,https://data.worldbank.org.cn/indicator/NY.GDP.MKTP.CD? locations=EU-GB&view=chart。
②　〔英〕彼得·威尔汀:《英国下一步:后脱欧之境》,第84页。
③　杨帆、杨柳:《英国脱欧的深层原因与欧盟的发展前景》,《新视野·国际政治与经济》2017年第1期。

欧盟并没有把英国脱欧看作是处分"害群之马"的机会,欧盟的反应是谨慎而适度的。它没有"杀一儆百",而是小心行事,没有立即总体拒绝英国的提议。2019年5月的欧洲议会选举结果显示,右翼民粹主义和反欧盟党派在新一届欧洲议会中的席位增加,"本国优先"成了很多右翼党派的口号。在应对未来的挑战中,应该将国家放到"驾驶员"的位置上。在英国,法拉奇(Nigel Farage)领导的脱欧党得票率最高(31.6%),工党得票14.1%,执政保守党得票率仅为9.1%,排名第五。欧盟不会过分拉拢英国国内的留欧势力,不给那些偏颇的观点以新养料,以免引起英国疑欧势力过度反应。如果把混乱的英国逼进死胡同,会让英国右翼有机可乘。欧盟不想因脱欧给英国造成的痛苦而受到指责。

(二) 英国以"硬脱欧"为筹码谈"软脱欧"

整个脱欧谈判进展缓慢,英欧双方对谈判前景的悲观预测一直都存在。与欧盟谈妥的脱欧协议草案每次被英国下议院否决后,"硬脱欧"的风险便增加,英国的国内情势牵动着欧盟的敏感神经。英欧双方都担心无协议脱欧发生,彼此都公开认同爱尔兰与北爱尔兰之间不设硬边界。同时,双方又都声明,为应对"硬脱欧"风险已做足准备,双方都在考验对方的承压能力。欧盟警告英国,换首相并不能改变谈判桌上的任何参量,不管下一任首相是谁,协议内容不会再修改,不会再有更好的方案了,遵守之前的协议是英国的唯一选择。前首相布莱尔、梅杰、卡梅伦及政界一些重要人物公开发声,在脱欧问题上不要拿危险的"硬脱欧"当赌注,但是约翰逊还是抓住"硬脱欧"不放,梅首相在2019年2月25日以前很长一段时间里也没有放弃无协议脱欧选项。默克尔一再尝试为英国搭建"软脱欧"的桥梁,马克龙不时地做出严正表态,但在行动上还是保持了克制。欧盟不得不为一个要离开的成员国不断进行内部讨论,每次英国提出申请后,它都不得不给予英国延期。脱欧逐渐成为欧盟无法掌控的议程,欧盟被英国三年多的"决策障碍"消耗着耐心。

"硬脱欧",即彻底脱欧,指英国在未与欧盟达成任何协议情况下,放弃欧盟成员国的各项权利和义务。"硬脱欧"必然会使欧盟交通运输业和金融业首当其冲地受到影响,市场前景的不确定性会打击投资者信心,但最重要的影响还是政治风险增加。届时,爱尔兰与北爱尔兰之间的边界便成为英国与欧盟之间唯一的陆上边界,同时也是欧盟与欧洲共同市场对外的一条新边界。《贝尔法斯特协议》(Good Friday or Belfast Agreement)的各方都同意,若将来绝大多数北爱尔兰人愿意并入爱尔兰,英爱两国政府都将予以支持并采取措施促其实现。① 爱尔兰被认为是欧盟其余成员国中最容易受到英国脱欧冲击的国家。如果出现"硬边界",爱尔兰与北爱尔兰之间的经济将会受阻,中断1998年以来北爱和平进程的风险将会增加。任何边境检查设施或人员都可能遭遇袭击,更重要的是,爱尔兰岛统一的可能性大大减弱。北爱尔兰在政治概念上属于英国,但在地理位置上和名称上则更接近于处于同一岛上的爱尔兰,爱尔兰岛南、北两部分作为一个政治实体的时间要比北爱尔兰和不列颠岛的时间长得多。欧盟要尽力避免"硬边界",如果欧盟在这场博弈中开了牺牲小国利益的先例,会招来不满,影响内部团结。与大国相比,小国最担忧的就是两件事:一是大国对它采取行动,二是被大国忽略。欧盟主要由希望团结起来形成力量的小国组成,在其余27国中,有2/3的国家的人口不超过1000万。在评估欧盟的能力时,它是否具有足够的凝聚力,作为一个整体发挥作用,还是仅是一个松散的国家集团?这一判断标准越来越重要。在脱欧问题上,欧盟必须让人看到,它在保护小国爱尔兰的利益,团结会让欧盟更有底气。

在经济增长乏力时,无协议脱欧会削弱市场信心,使本已虚弱的欧元区经济雪上加霜。像意大利这样拥有高国债、虚弱的银行和金融体系的国家,无协议脱欧对其经济打击会很大,荷兰、丹麦、爱尔兰、比利时和法国也都难以幸免。② 与法国相比,德国更希望英国留下。德国将面临每年约100亿欧元的收入损失,10万个工作岗位将受影响,对汽车产业的影响将最为严重,与英国贸易相关的德国汽车产业约有15000个工作岗位。③ 保守党政府不愿意受欧

---

① 〔英〕丹尼斯·卡瓦纳:《英国政治:延续与变革》(第四版),刘凤霞、张正国译,世界知识出版社2014年版,第38页。

② "Europe faces 'considerable' economic hit from No Deal Brexit with Italy's banks going bust first, Dutch report warns", *The Sun*, March 1st, 2019, https://www.thesun.co.uk/news/brexit/8536323/europe-faces-considerable-economic-hit-from-no-deal-brexit-with-italys-banks-going-bust-first-dutch-report-warns/.

③ "Hard Brexit could hit German auto industry jobs, claim economists", *China Daily*, Feb. 18th, 2019, p. 19.

盟社会政策条款中对劳工福利和保障的种种制约,以免影响英国在全球市场上的竞争力。欧盟的劳工标准和就业保障水平高于英国,欧盟不希望英国在无协议脱欧的情况下钻空子,变成一个低薪、宽松监管的司法管辖区,以此在与欧盟的竞争中获得优势。梅首相、财政大臣菲利普·哈蒙德(Philip Hammond)和脱欧大臣多米尼克·拉布(Dominic Raab)都曾表示,实行企业低税率将是英国脱欧后的选项之一。若最终无协议脱欧,为了缓冲脱欧震荡,英国大幅削减企业税,甚至个人所得税,将对海外投资者极具吸引力。布鲁塞尔最担心的就是在它的西海岸,英国成为一个避税地。在无法确保进入欧洲单一市场的情况下,这是英国保持竞争力的手段之一,它还影响着英国与欧盟未来的贸易协议谈判。

英国恰恰利用了欧盟的这一担忧,努力让欧盟相信,如果无法达成一个令人满意的协议,英国便无协议脱欧,英国对此是有所准备的。即使民众反脱欧游行规模越来越大,英国政府也坚称,"无协议脱欧"是英国的备选。

达成一份好的协议的唯一方式就是保持无协议脱欧的能力。2017年1月,梅首相在兰卡斯特宫的演讲中提到,脱欧不是部分保留欧盟成员国身份,也不是准成员国身份,更不是处于"半进半出"的状态,我们不寻求保留一点成员国资格。① 她同时对布鲁塞尔警告,如果协议令人不满意,她随时撤出,即使在欧盟之外,英国也应付得来,因为我们有足够的规模和力量。2018年8月23日,脱欧大臣拉布表态,一个负责任的政府要为任何可能做准备,民众也应该为与欧盟贸易的短期中断风险做准备。② 2018年8—10月,英国政府制定了100多页、涵盖106项的专门通知,以确保公民和企业掌握信息为无协议脱欧做准备。

约翰逊刚刚入主唐宁街10号,就要求欧盟重新考虑拒绝重谈协议的立场,否则英国将无协议脱欧。约翰逊坚信,无协议脱欧的风险会使欧盟调整立

---

① "The government's negotiating objectives for exiting the EU: PM speech", Prime Minister's Office, January 17th, 2017, https://www.gov.uk/government/speeches/the-governments-negotiating-objectives-for-exiting-the-eu-pm-speech.

② "Secretary of State Dominic Raab's speech on no deal planning", Department for Exiting the European Union, August 23rd, 2018, https://www.gov.uk/government/news/secretary-of-state-dominic-raabs-speech-on-no-deal-planning.

场,英国为无协议脱欧做准备的决心越坚定,无协议脱欧的风险就越小。① 此前,英国愿意支付390亿英镑的"分手费",以换取优厚的脱欧条件,并能够进入欧盟单一市场。在竞选首相期间和执政后,约翰逊都表示过,如果双方谈判无果而终,这一账单的大部分款项英国都没有义务支付。2019年G7峰会前,英国政府官员称,无论有协议或无协议,英国10月31日都将离开欧盟,议会阻止不了。为了排除阻力,约翰逊不惜开除21名保守党议员,他们反对以无协议脱欧施压欧盟。在布鲁塞尔,他"誓死一搏"(Do or Die)的策略确实为他赢得了一份协议。"保障条款"("Irish Backstop")并不是不能更改。"誓死一搏"策略一箭双雕,逼欧盟让步,逼议会投降,约翰逊把无协议退欧这一砝码用得淋漓尽致。

无协议脱欧会使已达成妥协中的积极部分一笔勾销,为谈判付出的所有努力将前功尽弃。英欧关于"分手费"、过渡期、双方公民权利保护等重要问题的达成曾给"有协议脱欧"带来很大期望,而在爱尔兰与北爱尔兰边界问题上陷入瓶颈又使人们对无协议脱欧的担忧增加。整个脱欧过程中,在脱欧方案选择上,政府遵循的基本是缩小选项的原则。与梅首相相比,约翰逊让思路变窄,选择范围变小,增加协议通过的可能性。他用一切手段消除阻碍,就是要证明,如果不是我这份协议,就是无协议,拒绝申请延期。

(三)英国掌握脱欧日期上的主动权

2019年1月,梅首相与欧盟达成的协议在下议院第一次表决失败后,欧盟称,关闭谈判的大门,拒绝对协议做任何修改,并立即得到了爱尔兰政府的支持。3月,脱欧协议经历二次表决失败,英国政府要求脱欧延期至6月30日。两天后,欧盟给出回复是"有条件同意",即如果接下来协议在英国议会不通过,只能延至4月12日,如果议会接受脱欧协议,将期限延至5月22日。欧盟将日期设在22日是因为5月23—26日将在欧盟28个成员国举行五年一次的欧洲议会选举,如果英国没有脱欧,会影响投票结果。英国欧洲议会选举的结果显示,脱欧党大获全胜,获得了约32%的选票(29个席位),自民党

---

① "Boris Johnson warns Tories will be wiped out if they don't take Britain out of EU on time", June 4th, 2019, *The Sun*, https://www.thesun.co.uk/news/brexit/9223895/boris-johnson-brexit-existential-crisis-tory-leadership/.

位居第二,工党位居第三,执政的保守党位居第五,获得了9.1%的选票。3月30日,政府协议第三次被否,4月12日即为脱欧期限。欧盟委员会主席容克称,除非英国能在4月12日前批准协议,否则,欧盟不会再同意让英国再推迟脱欧期限。在梅首相的协议无望通过的情况下,欧盟在截止日期前一天又将期限延长至10月底。马克龙责难英国,未能就结束僵局提供可信的方案。约翰逊入主唐宁街10号后,10月23日,英国议会二读通过了他与欧盟达成的协议,但否决了他快速审议脱欧协议立法的时间表,约翰逊也不得不提出延期申请。鉴于约翰逊首相决定终止立法程序,为避免无协议脱欧,欧盟建议其余27国同意英国延期请求。28日,欧盟再次同意延期三个月至2020年1月31日。值得一提的是,英国每次都获得了"弹性延期",即如果英国议会在截止日期前通过了协议,延期便可以终止。

纵观整个过程,每次协议在英国遭拒,欧盟都发出信号,谈判的大门已关闭,拒绝修改协议。英国提出申请后,欧盟又信誓旦旦地表示,它需要一个正当的延期理由,且批准延期不是板上钉钉的事。批准延期后欧盟还要补充道,这是最后一次,希望英国好好利用时间。马克龙等对延期持谨慎态度的领导人担心,如果延期过长,英国可以有时间与27个国家分别谈判,对各国做出不同承诺,欧盟的立场便被软化。正式退出之前,英国代表除不得参加欧盟关于英国脱欧事项的讨论和决策外,仍可参加欧盟机构的其他正常活动。[①] 英国可以利用漫长的谈判窗口期影响欧盟决策。然而,为避免无协议脱欧,图斯克和默克尔还是同意给英国留出更长的时间。欧盟的无奈在于,如果不同意延期,英国就只能无协议脱欧,代价太高,欧盟不得不为这一结果的破坏性影响背负责任。延期至少可以维持现状,或者英国的"留欧派"最终能获得转机。每一次延期,时间对英国的约束力都在递减。

二、英国政府用夸大欧盟威胁的方式强化国内的认同

当人们认为共同面对的敌人危险迫近时,他们对群体的忠诚度就会增加。

[①] 张华:《论英国"退欧"进程中的条约法问题》,《欧洲研究》2017年第4期,第62页。

英国有意把欧盟塑造成"对手"的形象,夸大欧盟的威胁,英国正在成为这些威胁的受害者。"他者"的身份可以转移人们对国内僵局的关注,还有利于增强国内凝聚力。2017年3月29日,梅首相致信欧盟启动脱欧程序时强调,公投是为了我们的民族自决。① 双方谈判一开始,欧盟反复强调,不接受"好处全部归我占,义务统统不承担"的选项,欧盟不会接受英国同时享受留下和离开的好处。英国国际贸易大臣利亚姆·福克斯(Liam Fox)警告称,在"分手费"问题上,欧盟别指望漫天要价来"敲诈"英国,外交大臣杰里米·亨特(Jeremy Hunt)将欧盟比作苏联,指责欧盟以英国为靶子阻止其他成员国脱欧。"脱欧派"政府官员抱怨英国被布鲁塞尔"统治",英国不想再受摆布,欧盟正在形成"新殖民主义"和新"铁幕",脱欧之日被描绘成了英国斩断欧盟枷锁的"独立日"。英国称,欧盟权力是在牺牲国家主权的基础上实现的,布鲁塞尔的官僚们闭门磋商做出的很多决策涉及国内议题,许多重要决定是在远离本土的地方做出的欧盟正逐渐向超国家主义官僚机构演变。这些批评言过其实,口号大于实质。

移民是引发英国脱欧的一个重要问题。英国政府强调自己在保护经济、限制移民、抵御危机等方面的作用,强化国家身份认同。移民数量在公投的前一年达到峰值,随后,英国的净移民数量大幅减少。与非欧盟国家相比,来自欧盟的移民数量骤减,从2016年的13.3万至2018年的7.4万。② 据英国财政部公布的数据计算,英国对欧盟的净贡献每周不到2亿英镑。

竞选保守党党魁期间,约翰逊的选战团队的宣传策略是,特殊时期需要有胆识的杰出人物和强硬态度与布鲁塞尔对抗。出任首相后,约翰逊号召英国人唤醒当年挺过伦敦大轰炸的那种精神,拿出一点丘吉尔般的刚毅。③ 约翰

---

① "Prime Minister's letter to Donald Tusk triggering Article 50", Prime Minister's Office, March 29th, 2017, https://www.gov.uk/government/publications/prime-ministers-letter-to-donald-tusk-triggering-article-50.

② "Net Migration to the UK", The Migration Observatory, July 26th, 2019, https://migrationobservatory.ox.ac.uk/resources/briefings/long-term-international-migration-flows-to-and-from-the-uk/. (2015年这一数值是18.4万人。)

③ 〔英〕菲利普·斯蒂芬斯(Philip Stephens):《对鲍里斯·约翰逊首相任期的三个预测》,《金融时报》2019年7月29日,http://www.ftchinese.com/story/001083791?adchannelID=&full=y.

逊把自己塑造成抵御威胁的卫士、为实现国家更美好未来的战斗者和脱欧实干派领导人。他反复使用排比句和号召性语言,强调让国家再次伟大,展示了为维护国家利益、尽快从布鲁塞尔夺回"控制权"的强势人物形象。这样,在谈判结果交由人民讨论并建议下议院投赞成票时,不至于受到反对者指责出卖国家利益。但是,英国对布鲁塞尔的批评并不是没有节制,哪一届政府都不会放弃家门口这5亿多人口的大市场。特蕾莎·梅和约翰逊在强硬发言后又都强调,"我们离开欧盟,但是不离开欧洲"。

面对国内的批评声音,英国政府尽量弱化或者置之不理,笼统地用"国家利益""民主"和"控制权"来获得正当性,呼吁民众对国家忠诚。民众渴望对国家未来有着明确计划、带领英国走出困境的领导者,政府保护民众生活不被侵蚀的作用被反复强调。英国强调"全球英国"的战略能为它提供更多达成自由贸易协定的机会,却对脱欧的不确定性对英国经济造成的冲击语焉不详。约翰逊把"留欧派"对经济的担忧说成是对国家的未来没有信心和"不必要的自我怀疑"。对"黄鹂行动"(Operation Yellowhammer)文件遮遮掩掩。根据文件内容,若英国无协议脱欧,可能会面临食品、燃料和药品短缺等一系列窘境,过早公布该文件无疑会让反对无协议脱欧的呼声高涨,甚至引起社会恐慌。

三、用"紧张方有戏"策略向欧盟施压

"紧张方有戏"意味着,在原则性问题上,基本可以达成共识。但在关键问题上,最后一刻才摊牌,无论如何也要比对方更有承受能力。只有在压力大到无法忍受时,才可能达成共识,协议所需的批准程序才能快速完成,这是英国向欧盟施压的手腕。欧盟已经深陷多重危机,最后摊牌可以利用欧盟急于结束脱欧不确定性的心理,在最后为自己创造有利条件。反之,如果过早提出要求,欧盟很难让步,在谈判后期便没有多少条件可以争取了。此外,这一策略能够让英国政府保持脱欧路线策略性"模糊",在不违反承诺的情况下根据情势进退自如,保持灵活性和回旋的余地。在国内,不过早摊牌还可以避免在本质问题上意见两极分化,提前对抗。

戴维斯坚持,"直到谈判最后阶段才能将所有的牌摊上桌面"。在谈判

中,不能过快地展现出妥协的意愿,否则会损害英国的谈判砝码,让英国处于不利地位。英国在最后摊牌,欧盟需要时间去协调27国的立场,否则就只能被动接受英国方案中的过分要求。所以,欧盟在整个谈判过程中多次指责,英国的脱欧计划缺乏细节,未澄清一些关键问题,没有拿出明确的态度和可行的方案,英国应该为谈判没有进展负责。

从英国宣布脱欧到2017年11月,双方第一阶段共进行了六轮谈判,未达成实质性成果。2018年3月第二阶段谈判开始后,关于过渡期的时间达成一致,随后的进展依然缓慢。直到2018年下半年,关于解决爱尔兰和北爱尔兰之间边界问题的"保障条款"(Backstop)的讨论才浮出水面。2019年1—3月,英国与欧盟达成的协议,即使经历修修补补和解释澄清后,被下议院三次拒绝。如果说在这以前,时间在欧盟一方的话,那么自此以后,欧盟也因英国国内情势的发展进入了焦灼状态。

2019年7月,欧盟迎来了更"难以对付"的谈判对手约翰逊,他剑走偏锋的方式让欧盟坐立难安,组建了一个脱欧派占多数的内阁。他敢于冒险,一上台便采取威胁措施,他强硬的"誓死一搏"策略让欧盟不得不同意删除"保障条款"。欧盟已经不止一次声明,与特蕾莎·梅签署的就是最佳协议,不会再有更好的方案了,包括"保障条款"在内的脱欧协议内容不容更改。为迫使欧盟重开谈判的大门,约翰逊称,如果欧盟不同意取消"保障条款",就不与欧盟谈判,当时距10月31日脱欧期限仅剩三个月时间。在2019年召开G7峰会的前两天,默克尔终于松口,若想将引起争议的"保障条款"从协议中剔除,英国人必须拿出替代性方案,虽然马克龙不愿明确支持这一立场,但他没有完全否定默克尔的立场。随后在巴黎与约翰逊的会面中,马克龙用"希望看到英国替代方案的更多细节"来委婉降低调门。而约翰逊政府的表态是,仍有充足的空间以达成脱欧协议,北爱尔兰边界问题有其他的替代办法。峰会期间,约翰逊及其团队对外界表态积极,称新的脱欧协议近在咫尺。反观欧盟的表态,则消极谨慎,称"英国方面并未提出任何建议来取代备受争议的爱尔兰边境后备方案"。

2019年12月初,欧盟新领导层夏尔·米歇尔(Charles Michel)和乌尔苏拉·冯德莱恩(Ursula von der Leyen)开始履新,图斯克和容克希望在他们任期内,让脱欧画上句号,为解决一项欧盟难题添上一份政绩。欧洲领导人多次敦促英国尽快拿出新方案,但约翰逊则稳稳地抓住"拖延"战术,支持者认为,首相推行了"必要的策略"。财政大臣萨伊德·贾维德(Sajid Javid)鼎力维护首相的立场,称最糟糕的谈判策略是公开谈判。在2019年10月初保守党年会上,约翰逊终于公布了新脱欧协议草案的一些细节。根据约翰逊的方案,欧盟规则将适用于北爱尔兰流通的所有商品,爱尔兰岛上不会出现"硬边界"。北爱尔兰将留在英国海关辖区,享受英国贸易政策,但也将保留欧盟单一市场入口的地位,北爱尔兰的增值税设置将与欧盟一致。相关安排启动四年后,北爱尔兰议会将通过简单多数来决定是否继续实施。欧盟需要在短时间内集中审视约翰逊的方案。10月10日,他又与爱尔兰总理瓦拉德卡(Leo Varadkar)单独会面,二人会面后,瓦拉德卡"有望达成一项协议"的表态标志着基调向积极转变。[①] 此前,爱尔兰从未就按时达成协议表示过乐观态度。该消息一出,英镑迅速回升。在10月17日欧盟峰会上,约翰逊在布鲁塞尔为英国争取到一份退欧协议,迎来脱欧破局时刻,要么是现有的方案,要么无协议,欧盟只能"两害"相权取其轻,但进程远未结束。欧盟紧张地关注着与约翰逊达成的协议在英国下议院的反应。约翰逊对"紧张方有戏"策略的运用比他的前任出色很多,对于退出欧盟,他表现出无所顾忌。他让人无法确定,英国政府究竟是要耗尽时间,坐等无协议脱欧,还是真的在设计方案,与欧盟达成妥协。约翰逊让人们看到,没有什么协议是不能更改的,没有什么时间点是不能推迟的,欧盟一次次的警告和申明立场是无效的。欧盟的信誉被削弱,看上去色厉内荏。

在2019年12月的大选中,保守党获得了650个席位中的365席,与2017年相比,丢掉了10席但新增58席。工党从上一次的262席减少到202席,新增1席但失掉61席。[②] 保守党政府终于可以不再受"悬浮议会"(hunting parliament)的牵制,三个最大反对党加起来也无法超过议席半数。2020年1月9日,下议院以330∶231票的结果三读通过了约翰逊与欧盟达成的《脱欧协议

---

① Tara John and James Frater, British and Irish leaders see'pathway to a deal'after weeks of Brexit deadlock, CNN, October 11th, 2019, https://edition.cnn.com/2019/10/10/uk/brexit-pathway-deal-varadkar-boris-johnson-gbr-intl/index.html.

② "General Election 2019:Full results and analysis", January 28th, 2020, House of Commons Library, https://researchbriefings.parliament.uk/ResearchBriefing/Summary/CBP-8749.

法案》,英国自 2020 年 1 月 31 日脱欧终成定局。英国在当天发行了脱欧纪念币,欧洲议会大厦外的英国国旗被降下,脱欧长跑告一段落。英国与欧盟将迎来 11 个月的过渡期,围绕未来关系展开谈判,达成一份自由贸易协议将是谈判重点。欧盟对英欧未来能否如期达成贸易协议的前景表示担心,约翰逊政府则已明确表态,拒绝延长脱欧过渡期。英欧能否在过渡期内达成一致,我们拭目以待。

从以上英国脱欧的进程中我们看到,虽然英国实力不如欧盟,但英国成功利用了欧盟的担忧和弱点,促使欧盟一次次同意英国延长脱欧期限的请求,并最终同意了约翰逊的要求,让英国在 2020 年内实现脱欧。在这一进程中,英国纯熟的外交策略手段,彰显了大英帝国优秀的外交文化传统,其努力掌握话语优势的许多做法和谈判的艺术值得借鉴。

第五编

提升中国国际话语权的策略

提升中国的国际话语权,需要有切实可行的对策。在国际传播领域,无论是传统大众媒体,还是新媒体,主要掌握在西方发达国家手中,中国要传播自己的政策主张,除了在世界发展自己的媒体外,也要借助于对方的媒体和有影响力的人物,也就是"借船出海"。这是能够做到的,已经有不少例子可以说明这一点,因为中国的世界影响力越来越大,中国的许多事也是世界的事。在中国有重大的政治活动时,西方的媒体也都积极参与,当中国领导人出访或参加重要的多边外交时,也是各国媒体关注的主要对象。在中国发展对外传播时,我们也要认识到,此事不可急于求成,在表达话语时,更不能咄咄逼人地说教,要用对方能够接受的方式讲清道理。在构建中国的国际话语体系时,要充分发掘中华优秀传统文化内涵,把中国传统文化的"和""合"思想传播出去,同时也要注意国际话语与国内话语的区别,对于国际社会的质疑甚至诋毁也要通过适当的方式予以反驳或澄清,切忌"骂架"。提升中国的国际话语权还要重视发挥哲学社会科学的基础性作用,繁荣中国的哲学社会科学是提升中国国际话语权的基础性工作。

"另起炉灶"和"借船出海"两种策略的灵活应用

赵 柯

提高国际话语权的根本目的是寻求影响甚至主导有利于本国的国际规则的形成和制定,这也是国际话语权的本质所在。作为新兴大国,中国并非现行国际体系的主导者,是美国在二战后根据自身的利益设立了绝大部分国际机制和规则,不但联合国、世界银行、国际货币基金组织等主要全球治理机构创设时的组织架构、所在地、授权状况等悉由美国掌控,这些组织后来的运作和行为也反映了美国的利益。在西方强势主导的国际规则之下,处于弱势地位的中国如何才能提高国际议题设置能力呢?"另起炉灶"和"借船出海"是中国提高国际议题设置能力的两种策略。在这方面,欧美发达国家的经验给了我们很好的启示。欧洲和美国虽然是盟友,但在争夺国际话语权和全球规则方面,双方的较量都没有因此而"手软"。相较而言,美国凭借其独一无二的霸主地位占据强势地位,欧洲则明显处于弱势。然而,在与美国争夺国际规则主导权的博弈中,欧洲通过灵活地运用"另起炉灶"和"借船出海"这两种策略,取得了不俗的成绩,实现了以弱胜强。

一、"另起炉灶":创建欧元以抗衡美元霸权

曾担任欧共体委员会主席詹金斯顾问、耶鲁大学比利时籍经济学家特里芬在谈到欧美经济关系时说,对付美国要采取"胡萝卜+大棒"的策略,胡萝卜就是欧洲统一大市场,大棒就是欧洲货币联盟。[1] 也就是一方面以进入欧洲

---

[1] Robert Triffin, *Europe and Money Muddle: From Bilateralism to Near-Convertibility, 1947—1956*, New Haven, Yale University Press, 1957, pp. 269—294.

统一大市场所带来的巨大利益为依托,在对美经贸谈判中争取主动;另一方面,欧洲人用货币联盟这根"大棒"重创了美国人对欧经贸关系主导权的关键基础——美元霸权。

随着战后欧洲经济的恢复和美国国际收支状况的恶化,美国的货币政策对欧洲的宏观经济和国际贸易的负面影响越来越大,欧洲人在货币问题上最终迈出了"去美元化"的关键一步,决心在美元体系之外"另起炉灶"建立欧洲货币体系,隔离美元和美国货币政策的风险。整个20世纪70年代美元的持续贬值和美国淡漠其国际义务的对外货币政策虽然让欧洲各国经济备受煎熬,但却为欧洲"去美元化"进程的实质性启动和开展提供了动力。当时欧洲各国怀疑美国是否有决心紧缩货币政策,减少逆差,缓解储备货币大量流入世界其他地区。特别是在欧洲看来,美国没有解决国际收支逆差的政治动机,美国并没有认真对待它所有关于改善国际收支逆差的声明。欧洲认为死守美元体系意味着其他国家美元储备尤其是欧洲的美元储备继续上升,美元大规模流入,即使不是通货膨胀的重要原因,对抗通货膨胀的斗争也会因此而更加艰难。在美元"一币独大"的国际货币体系框架下与美国达成稳定货币协定,无异于与虎谋皮,美国不可能接受调节国际经济失衡的负担。唯一的出路就在于使欧洲经济逐步减少直至彻底摆脱美元的影响,也就是需要一个"去美元化"的过程。

在1978年初德国总理施密特就决定要倡议在欧洲建立一个货币稳定区,在1978年2月28日的波恩峰会上施密特告诉时任欧共体委员会主席詹金斯,为了应对美元问题他将在下次哥本哈根峰会上提议采取迈向货币联盟的重要一步,将欧共体国家的货币储备放进一个共同的池子里,如果其他国家同意这么做,一个欧洲货币集团(A European Monetary Bloc)将形成。① 1978年3月法国总统德斯坦向德国总理施密特提议在欧洲建立一个比"蛇形浮动"更为稳定的货币体系,这正中施密特下怀,他当即表示同意。德斯坦提出这一建议主要是想解决三个问题。首先,在整个70年代法郎很不稳定,屡次受到来自资本市场的冲击,法国经济不断地遭受着法郎贬值和通货膨胀循环交替的折磨,法国希望通过建立一个欧洲范围的货币体系使法郎能够有效避免来自

---

① Edmund Dell,"Britain and Origins of the European Monetary System", in *Contemporary European History*,3,1(1994),pp.1—2.

外部的冲击,从而改变法国国内财政纪律松弛通货膨胀居高不下的局面。其次,在通货膨胀率高企的70年代,德国的通胀率是西方主要发达经济体中最低的,①其货币的购买力也最为稳定。成功地避免了70年代的"大通胀"给德国赢得了世界性的声誉,②许多欧洲国家主动将其汇率与德国马克挂钩,这让马克成为"蛇形浮动"体系中的天然领导者。在这种形势下,当德国根据本国经济状况调整货币政策的时候,包括法国在内的其他欧洲国家也不得不被动跟随。相反,法国却没有办法让德国的货币政策配合其国内经济的发展,德国也没有这个义务,所以法国希望在欧洲建立一个更为对称的货币体系,能够平衡和约束德国人手中不断扩大的"货币权力"。最后,德斯坦担任过戴高乐政府的财政部长,亲身经历了20世纪60年代中后期法美之间的"货币战争",他非常清楚直接去挑战美元的主导地位是一条走不通的"死胡同",更有效、阻力更小的路径是避开与美元的直接冲突,在美元体系之外"另起炉灶",在美元和欧洲国家货币之间建立起一道防火墙,从而达到隔离美元风险的效果。

1978年7月欧共体领导人在德国不来梅召开会议,决定成立欧洲货币体系,1979年3月13日欧洲货币体系正式启动。与之前的"蛇形浮动"相比欧洲货币体系有了两个根本性的变革:首先,欧洲货币体系实质上贯彻了"去美元化"原则。成员国货币的汇率变动不再以美元为参照,而是以"欧洲货币单位"(European Currency Unit,埃居)为中心,成员国之间的结算使用埃居,由此埃居成为成员国外汇储备的构成部分,为了保持汇率的稳定,成员国之间建立了中短期融资机制,保证成员国有足够的能力在外汇市场出现动荡时及时有效地进行干预。这意味着美元作为国际货币所承担的三种基本职能在欧共体国家内已经被弱化和逐步取代,美元的"流通域"在欧洲大陆被严重挤压。1979年建立的欧洲货币体系从宏观经济层面来看是相当成功的,一方面成员国国内物价水平稳定,通胀率大幅下降,普遍从20世纪70年代的"大通胀"中走了出来。美元作为储备货币的国际地位是美国能够在对外经贸关系中处于主动和优势地位的关键所在,欧洲货币体系的建立以及后来创建共同货币欧

---

① 瑞士的通胀率在有些年份还低于德国,但瑞士经济规模小不具备德国那样的世界影响力。
② Andreas Beyer, Vitor Gaspar, Christina Gerberding and Otmar Issing, "Opting out of the Great Inflation: German Monetary Policy after the Break Down of Bretton Woods", European Central Bank, Working Paper No 1020/March. 2009. p. 15.

元,都极大地弱化了美国在双边经贸关系的强势地位,保证了欧洲能够与美国在经贸问题上平起平坐,欧洲依靠欧元赢得了经贸领域的话语权。

二、"借船出海":结盟国际组织争取国际话语权

欧盟国家和政府一贯强调要运用自身的"规制力"来占据在全球经济治理中的优势地位,进而确保其在全球范围内的商业利益和经济竞争力。所谓"规制力",是指"一方制定、监管及实施一整套市场规则的能力",包括专业水平(expertise)、一致性(coherence)和执法能力,也就是通常所说的规则制定权。欧盟通过运用"规制力"将欧洲统一大市场的力量有效发挥出来,转换为对其他国家实实在在的影响力,同时也注重欧盟规则与国际规则的良好协调与相互适应,欧盟规制体制与国际组织能够进行适应与衔接。根据李向阳的研究,国际经济规则的形成主要有六种机制:以大国俱乐部为核心的诸边机制、大国之间的双边机制、大国政府为主导的单边机制、以区域贸易协定为主体的区域机制、以国际组织为依托的多边机制和以非政府组织为主导的机制。欧盟及其成员国在争取全球经济治理主导权的过程中,对这六种规则输出方式是根据所涉及的不同领域和不同对象国而综合地加以运用,具体到处理对美经贸关系,欧盟面对比自己综合实力更为强大的谈判对手,更多的是运用后三种方式,也就是"借船出海"——通过加入和强化既有的地区和国际组织来实现自己的话语权。吴大新在对欧美争夺全球会计准则制定权的研究中发现,通过支持和借力国际会计准则委员会这一国际非政府组织,欧盟实现了由弱变强的逆转,迫使美国让步进而使自己的理念假国际会计准则委员会之手向外输出,逐步成为全球资本规则。在1990年代欧洲许多跨国公司在美国资本市场上市时频频遭遇重大挫折,原因就在于欧洲和美国各自所遵循的会计准则不同。比如两德统一后,德国政府为东部建设提供了巨额的财政转移支付,这导致国内利率大幅攀升,使得传统上以银行为主要融资来源的德国大型公司开始寻求在美国资本市场上市融资并试图与美国会计标准"互认"。然而,美国证券交易委员会坚持要求这些公司按照美国会计标准调整其会计报表。由于急需资金,戴姆勒-奔驰公司接受了调整会计报表的条件,结果是:公

司在德国会计标准下的1680万马克的盈利变成了美国会计标准下9490万马克的亏损!① 这让奔驰公司的市场信誉和融资能力遭到重创,类似的事件频频发生,最终引起了欧盟层面的重视。面对美国主导国际会计标准且无视欧洲利益的现实,欧盟委员会主动寻求与国际会计准则委员会"结盟",② 这让向来备受各国政府"冷落"的国际会计准则委员会一下子腰杆挺了起来,在欧盟2002年通过立法程序有条件地采纳了国际会计准则之后,国际会计准则委员会也"投桃报李",配合体现欧盟意图的会计准则在全球范围的推广,这让欧盟获得了在该领域的强大话语权,并让美国面临改变国内会计制度与"国际接轨"的空前压力。这是欧盟以"借船出海"的方式结盟国际组织,在与美国争夺国际经济规则主导权方面取得成功的一个典型案例。

三、中国利用这两种策略提高国际话语权

在中国的政策实践中,"借船出海"和"另起炉灶"这两种策略也已经开始得到了运用。比如,在2014年上海亚信峰会之前,这个20世纪90年代在哈萨克斯坦成立的小型地区安全会议一直处于默默无闻的状态,甚至许多国际外交界人士也从来没有听过"亚洲相互协作与信任措施会议"。但是随着近年来中国对建立亚洲安全机制的关切度不断提高,对亚信峰会的价值进行了"重新发现"。2014年中国举办上海亚信峰会使这一几乎被人遗忘的亚洲安全机制重新焕发了生机和活力,成为国际社会广泛关注的焦点,而中国借助这一平台提出了"亚洲安全观",赢得了与会国家的认同。中国在现行的国际组织中发挥重要作用,也可以说是在"借船出海",许多国际组织因为中国的积极参与,在维护发展中国家利益方面发挥比以往更重要的作用。

在争取国际舆论方面,"借船出海"显得更为重要。国家领导人在多边外交场合的政策性宣示,会被各大媒体所重视,是扩大中国话语影响的好机会,

---

① 吴大新:《中国如何获取国际经济规则制定权?——来自欧盟、美国的经验与启示》,《山东社会科学》2013年第3期,第142页。
② European Parliament and Council, Resolution of 19 July 2002 on Application of International Accounting Standards, No 1606/2002.

如习近平在达沃斯论坛、联合国大会等场合的演讲,都受到了广泛关注并得到国际社会的积极评价。在2020年2月14日的德国慕尼黑安全会议上,美国众议院议长佩洛西在首日活动中称,各国在建设5G网络时应远离中国科技公司华为,"中国正试图通过其电信巨头——华为,来输出其'数字专制',威胁那些还没有采用他们技术的国家实行经济报复。"当时在场的中国人大外事委员会副主任委员傅莹反问道:"技术是一种工具,自从40年前中国开始改革开放之后,中国引进了各种各样的西方技术,微软、亚马逊、IBM,它们在中国都非常地活跃,自从我们开始1G、2G、3G、4G之后,所有的技术都是来自西方发达国家,但是中国保持了它的政治体制,共产党领导的政治体制获得了成功,并没有受到技术的威胁,那么为什么把华为的5G技术引入到西方国家,就会威胁到政治体制呢?你真的认为民主制度是如此地脆弱,能被华为区区一家高科技公司就能威胁到?"①傅莹对佩洛西发言提问式的回答引来观众席中一阵掌声,成功转移了佩洛西所谓"专制"的话题,使之变成了民主制度强大还是脆弱的问题,佩洛西无法回答这个问题,只能环顾左右而言他。像这样的多边场合很多,关键要善于利用。

成立亚洲基础设施投资银行是中国提高国际话语权"另起炉灶"的一个成功实践。2013年10月2日,中国国家主席习近平在与印尼总统苏西洛会谈时表示,为促进本地区互联互通建设和经济一体化进程,中方倡议筹建亚洲基础设施投资银行,愿向包括东盟国家在内的本地区发展中国家基础设施建设提供资金支持。随后在出席印尼举行的亚太经合组织第二十一次领导人非正式会议时,习近平重申了这一倡议。当时这一消息并未引起世界舆论太多的关注。一年之后,2014年10月24日包括中国在内21个首批意向创始成员国的财长和授权代表在北京人民大会堂签约,共同决定成立亚洲基础设施投资银行(以下简称"亚投行"),标志着亚投行筹建工作进入了实际操作的新阶段。这个时候西方国家政府和媒体的反应是冷眼旁观,而美国竭力阻止其西方盟国加入亚投行更是成为了公开的秘密。然而,富有戏剧性的是,2015年3

---

① 《慕尼黑安全会议上的中国声音引起共鸣》,https://sino-german-dialogue.tongji.edu.cn/3a/82/c7120a146050/page.htm.

月 12 日美国的"铁杆盟友"英国率先打破坚冰,向中方提交了作为意向创始成员国加入亚投行的确认函,正式申请加入亚投行,成为首个申请加入亚投行的主要西方国家和 G7 成员国。紧跟英国的脚步,3 月 17 日法国、德国和意大利共同宣布加入亚投行。欧盟四大经济体的火线加入让"亚投行"一下子成为全球舆论的焦点和当下最热门的国际政治经济话题。① 英法德意的加入不仅引发了卢森堡、瑞士、奥地利、荷兰、葡萄牙等其他欧洲国家的效仿,也让日本、韩国和澳大利亚这三个当时尚未加入的重要亚太国家"倍感压力"。② 一时间,"亚投行分裂西方""欧洲国家加入亚投行意味着世界权力的东移""英美关系受到挑战"等说法甚嚣尘上。但无论如何,欧盟国家的加入在整个亚投行的筹备过程中都是具有重要意义和影响的关键节点,是中国赢得国际话语权的具体体现。

  欧洲对于中国提出建立亚投行的倡议,一开始并没有给予积极的响应,而是冷眼旁观。所以,对于欧洲国家的积极申请,特别是欧洲四大发达经济体,同为欧盟核心成员国的英法德意在最后阶段的"抢筹"亚投行,不仅国际舆论表示"震惊",中国政府实际上也没有完全预料到,甚至是有些"措手不及",可以说中国在筹建亚投行的过程中遭遇了一次相当程度的"欧洲冲击"。2015 年 3 月 6 日,在十二届全国人大三次会议举行的记者会上,时任财政部部长楼继伟在回答"最终有多少国家会加入亚投行,是否欧美日等西方发达国家也会加入"的提问时表示,亚投行是区域开放的多边开发机构,实行区域开放主义,也欢迎区域外的国家加入。但是首先在区域之内寻求创始成员国。对于欧洲国家加入的可能性,他也坦率地谈道:"欧洲一些国家已经表示了愿意参与。但是,我们 27 个国家大家比较一致的看法,就是先域内。另外,域外的国家提出了参加要求,我们稍微等等。"③从楼继伟的回答中可以看出,亚投行的

---

① 赵柯:《欧盟亚太政策转向"新接触主义"?——理解欧盟国家加入亚投行的行为逻辑》,《欧洲研究》2015 年第 2 期,第 14 页。
② 2015 年 3 月 26 日韩国政府宣布,申请作为意向创始成员国加入亚洲基础设施投资银行,已向中方提交书面确认函。2015 年 3 月 29 日澳大利亚总理托尼·阿博特与国库部长乔·霍基和外交部长朱莉·毕晓普发表联合声明,宣布澳大利亚决定签署作为创始成员加入亚洲基础设施投资银行的谅解备忘录。
③ 《财政部长楼继伟答记者问全程》,http://www.china.com.cn/v/zhuanti/2015lianghui/2015-03/06/content_34976024.htm。

定位是十分明确的,是区域性的,主要面向亚洲,所以才有"域内"和"域外"之分。亚投行在筹建过程中吸纳创始成员国,自然也是按照"先域内、后域外"的原则,对于欧洲国家的参与,中国的态度是"我们稍微等等"。这说明至少欧洲国家当时还没有非常明确地告知中国一定会加入,而只是表达了参与的意愿,而中国方面也没有特别地对欧洲国家的加入抱有很高的期望,而是首先希望吸纳域内国家。

从表面上看,经济利益无疑是欧盟国家中兴起的这股"亚投行热"最为直接的推动力,根据亚洲开发银行的测算,亚洲国家的基础设施总体上低于世界平均水平,随着人口和经济的迅速增长,基础设施面临的压力越来越大。2010—2020年,亚洲需要总计8万亿美元左右的投资用于基础设施建设,其中68%用于新建,32%用于维护和更新现有基础设施,平均每年所需基础设施投资总额为7500亿美元。① 由此可见,亚洲的基础设施建设是一个巨大的市场,通过加入亚投行,欧盟国家的企业无疑能够获得更多商机。对于经济增长乏力的欧盟而言,亚投行是一个充满经济吸引力的选择,欧盟官方对此也毫不讳言。2015年3月17日欧盟委员会发言人称,欧盟国家加入中国主导成立的亚投行是应对全球投资需求的方式之一,跟欧洲一样,亚洲有着广泛的投资需求,从欧盟角度来说,非常欢迎亚洲增加基建投资,这对欧盟企业来说也是个商机。② 但实际上,欧洲也意识到亚投行对国际规则重塑的潜力,他们加入更重要的是希望分享话语权,但另一方面,欧洲加入中国倡议的亚投行,在客观上也提高了中国的话语权。

欧洲国家加入亚投行超出了中国的预料,但是中国政府对此表示了欢迎。从宏观层面讲,一方面,"包容性"和"开放性"是中国政府在全球经济治理中所一直倡导和秉持的理念,接纳"域外"的欧洲国家成为创始成员国,体现了中国对这些理念身体力行地贯彻和实践,同时中国的诚意和大度也有利于打消西方国家对亚投行的种种质疑和猜测;另一方面,随着中国经济实力的增强和海外利益的扩展,积极参与全球经济治理,分享全球经济规则的制定权,是

---

① 亚洲开发银行研究院:《亚洲基础设施建设》,邹湘等译,社会科学文献出版社2012年版,第135—136页。
② http://cn.reuters.com/article/2015/03/17/idCNL3S0WJ3X520150317.

中国之利益所在。欧洲发达国家的加入,使亚投行具有了从区域性投资发展银行逐渐成长为真正的全球性多边开发性金融机构的潜力,未来很可能发展成与世界银行和国际货币基金组织比肩的全球经济治理平台,这无疑将会改善和增强包括中国在内的发展中国家在全球经济治理中的话语权。从微观层面讲,欧洲发达国家在国际发展融资领域具有丰富的经验,他们的加入能够帮助提高亚投行的运营水平,优化内部治理结构,从而增强亚投行在国际资本市场上的信誉度,提升亚投行的融资能力。正是从这个意义上说,欧洲发达国家的加入对亚投行总体上是有利的,同时也意味着这些欧洲国家对中国经济未来的发展前景投出了一张信任票,是中国国际话语权建设的成功实践。

如何获得国际话语权、掌握国际话语主导权,是实现中国和平崛起中需要认真研究和解决的重大战略问题。提升中国的国际话语权,包括价值取向影响能力、政治操作能力、经济贡献能力、科技创新能力、国际法律体系构建能力、文化吸引能力、新闻舆论引导能力等多方面内容,采取合适的策略主动争取话语权在其中发挥着关键性作用。

提高我国的国际话语权需发挥哲学社会科学的作用

左凤荣　赵　柯

在国际格局发生深刻变化的背景下,提高中国的国际话语权既是国际社会的期望,也是中国发展的要求。在提高国际话语权方面,需要发挥哲学社会科学的基础性作用,这是世界强国崛起的重要经验。近年来中国的国际话语权有了很大提高,但也存在许多不足,在理念引领、议程设置和规则制定等方面都有加强的空间。补齐中国国际话语权的短板,最重要的是加强哲学社会科学的基础研究工作,构建中国特色哲学社会科学体系。2016年5月17日,习近平总书记在哲学社会科学工作座谈会上的讲话中指出:"面对世界范围内各种思想文化交流交融交锋的新形势,如何加快建设社会主义文化强国、增强文化软实力、提高我国在国际上的话语权,迫切需要哲学社会科学更好发挥作用。"①这一论断深刻阐述了在国际格局发生深刻变化的背景下,哲学社会科学在提高我国国际话语权这一战略目标中所承担的历史责任。近年来,在习近平中国特色大国外交思想的指导下,中国的国际话语权有了很大提升,但由于历史、文化以及实际操作层面的原因,并没有达到与国家实力相称的地位,这已经成为政界与学界的共识。增强中国在世界上的话语权和影响力,哲学社会科学在其中发挥着基础性作用。

一、提高国际话语权是中国发展的内在要求

当代中国的伟大社会变革,是中国共产党带领全国人民探索出的新型现

---

① 习近平:《在哲学社会科学工作座谈会上的讲话》,http://www.xinhuanet.com//politics/2016-05/18/c_1118891128.htm.

代化道路,是对人类文明的杰出贡献。"在解读中国实践、构建中国理论上,我们应该最有发言权,但实际上我国哲学社会科学在国际上的声音还比较小,还处于有理说不出、说了传不开的境地。"①我国的哲学社会科学研究还落后于中国特色社会主义道路的伟大实践。

自威斯特伐利亚体系建立以来,大国在世界历史的发展进程中起着举足轻重的作用。掌握国际话语权,为世界提供理念与规则,是大国影响世界的主要方式,最典型的例子是英、美、苏三国。英国作为一个面积不大的岛国,率先发起工业革命,并在19世纪崛起为日不落帝国。它奉行的自由贸易体制、现代民主理念、保护知识产权的规则、法律体系等,既是其崛起的重要条件,也是其影响世界的重要观念。因被许多国家所效仿,英国所奉行的许多规则成为国际社会的准则。20世纪美国崛起为世界最强国,美国人所倡导的自由、平等、人权等理念被许多国家所接受,美国的议会制和总统制相结合的政治体制模式成为许多国家效仿的榜样。美国对联合国、国际货币基金组织、世界银行、关贸总协定等一系列国际制度的设计,保障了二战后美国在世界的霸主地位。这些国际体系和规则至今仍在发挥作用。苏联对共产主义的追求和实践使其一度成为整个社会主义革命和民族解放运动的灯塔,建立起庞大的社会主义阵营,成为当之无愧的"老大哥"。尽管苏联所建立的世界体系因种种原因未能维持长久,但其对世界的影响仍不容低估。世界历史发展的经验表明,世界大国需要贡献影响世界发展的理念和被国际社会所接受的规则,引导世界实现顺应历史潮流的发展,这既是大国的责任,也是大国自身发展的需求。

冷战是以和平方式突然结束的,并未安排好冷战后的世界秩序。冷战结束以来,有过美国单极独霸世界的时期。2008年世界金融危机以来,随着新兴国家的群体性强势崛起,世界多极化趋势突显,特别是中国的崛起与发展令西方焦虑感增强。西方发达国家正在加速制定和推广新的国际经济规则,以期最大限度地利用对自身更为有利的、非中性的国际规则来约束或限制竞争对手,这种现象被学者称为"再全球化浪潮正在涌来"②。这一"再全球化"的

---

① 习近平:《加快构建中国特色哲学社会科学》,《习近平谈治国理政》第二卷,第346页。
② 张宇燕:《再全球化浪潮正在涌来》,《世界经济与政治》2012年第1期。

背景就是全球经济格局正在发生的深刻变化,根据国际货币基金组织的统计,按照购买力平价计算,2013 年发展中国家 GDP 占全球的 50.4%,超过发达国家①。这是近百年来第一次发生西方强国实力相对下降,这也是为什么美国要致力于推进跨太平洋伙伴关系协议(TPP),而欧盟则要力推"跨大西洋贸易与投资伙伴协议"(TTIP),并与日本启动双边自由贸易区谈判的原因。美日欧之间自贸区协定谈判的政治含义非常明显,卡内基伦理与国际事务委员会资深研究员斯图尔特直言不讳地指出:TPP 和 TTIP 都含有如何通过经济活动来巩固和推广自由主义价值观这一目标,它们都能够平衡中国的影响力和中国的国家资本主义发展模式②。欧盟贸易委员德古赫特也非常明确地表示:TTIP 的重要目的之一就是应对以中国为代表的新兴经济体的崛起③。虽然特朗普叫停了 TPP,也没有重开 TTIP 谈判,这并不表明美国放弃制定国际贸易规则之权。相反,美国借强大的国力,把国内法规强加于国际社会,以违反所谓"301 条款"等为理由制裁其他国家。对国际话语权的争夺成为大国竞争的重要方面,美国和欧盟都在积极修订 WTO 规则,新一轮国际规则调整已经启动。我们需谨慎应对,提高在全球经济治理中的话语权,增强对国际经济规则的影响力和制定权。正如习近平总书记在 2016 年新年贺词提到的:"世界那么大,问题那么多,国际社会期待听到中国声音、看到中国方案,中国不能缺席。"④

话语权是"权利",也是"权力",按照国际法原则各国都享有这种"权利",但具体到各国,那些有实力有影响的国家则享有更多的"权力"。话语权无论是对国家内部,还是对国际关系来说都意义重大。我们党历来重视话语权的作用。在革命战争年代,党在力量薄弱时,牢牢抓住了中国革命的话语权,大力倡导"民主"和"民生",团结了大多数革命团体,得到了绝大多数老百姓的支持,最终赢得了革命的胜利。今天,作为世界上最大的发展中国家和世界第二大经济体,中国在被各国广泛关注的同时,也遭受着诸多质疑甚至责

---

① IMF, *World Economic Outlook*: *Recovery Strengthens*, *Remains Uneven*, April 14, 2014, p. 159.
② Demokratien verbuenden sich gegen Chinas Macht, Zeit Online, http://www.zeit.de/wirtschaft/2013-04/japan-eu-usa-freihandel.
③ Karel De Gucht's Speech on EU-US Trade Relations, http://trade.ec.europa.eu/doclib/html/150082.htm.
④ 《国家主席习近平发表二〇一六年新年贺词》,《人民日报》2016 年 1 月 1 日。

难。中国需要向世界表明自己的理念,回答人们所关切的"迅速崛起的中国向何处去"的问题。2013年8月,习近平总书记在全国宣传思想工作会议上指出,"要精心做好对外宣传工作,创新对外宣传方式,着力打造融通中外的新概念新范畴新表述,讲好中国故事,传播好中国声音。"[①]在国际舞台上拥有话语权也是我国跻身世界一流强国的重要标志。

二、中国的国际话语权建设能力还需提高

新中国成立之初,就曾对国际话语体系做出过重要贡献。20世纪50年代中国所倡导的和平共处五项原则,顺应了当时民族解放的历史潮流,说出了新独立国家的心声,被国际社会广泛接受为国际关系准则。改革开放以来,中国在走向世界,融入国际体系,但主要是接受国际体系既定的议题、话语和规则。随着国际格局发生的巨大变化,中国正在从一个世界大国崛起为世界强国,从世界的边缘地带进入世界的中心。中国的实力与国际影响力增强,使中国有了提出自己国际理念和参与国际规则制定的条件,增强中国的国际话语权也是历史发展的要求。2014年11月习近平在中央外事工作会议上发表讲话强调,"推动国际体系和全球治理改革,增加我国和广大发展中国家的代表性和话语权。"[②]2015年10月12日,中共中央政治局就全球治理格局和全球治理体制进行了集体学习,体现了习近平总书记对这一问题的重视。习近平强调:"推动全球治理体制更加公正更加合理,为我国发展和世界和平创造有利条件。""这不仅事关应对各种全球性挑战,而且事关给国际秩序和国际体系定规则、定方向;不仅事关对发展制高点的争夺,而且事关各国在国际秩序和国际体系长远制度性安排中的地位和作用。"[③]2013年以来,中国政府积极推行有中国特色的大国外交,在国际话语权建设方面取得了不小的进展。中

[①] 习近平:《胸怀大局把握大势着眼大事　努力把宣传思想工作做得更好》,《人民日报》2013年8月21日。
[②] 习近平:《中国必须有自己特色的大国外交》,《习近平谈治国理政》第二卷,第444页。
[③] 习近平:《推动全球治理体制更加公正更加合理,为我国发展和世界和平创造有利条件》,《人民日报》2015年10月14日。

国提出了一系列顺应世界发展潮流的理念,如"构建人类命运共同体""利益共同体""推动建立以合作共赢为核心的新型国际关系""坚持正确义利观""倡导共同、综合、合作、可持续的安全观""共商共建共享"等,体现了中国对人类社会整体利益的关切。中国在国际话语权方面的弱势地位在发生变化,"中国话语"已经在国际社会产生了很大影响,并开始被国际社会所接受。

习近平总书记在中央政治局第二十七次集体学习时指出,"全球治理体制变革离不开理念的引领,全球治理规则体现更加公正合理的要求离不开对人类各种优秀文明成果的吸收。要推动全球治理理念创新发展,积极发掘中华文化中积极的处世之道和治理理念同当今时代的共鸣点,继续丰富打造人类命运共同体等主张,弘扬共商共建共享的全球治理理念。"[①]西方许多专家在论述中国与西方国家关系时,都习惯将双方之间意识形态和价值理念的不同作为一个既定的约束条件,认为这一点很难改变,而且把双方之间矛盾分歧归结于此。比如,许多西方国家政府都热衷于推行所谓的"价值观"外交,建立"价值观共同体"。那么中国和西方国家之间有可能建立共享的价值理念吗?答案是肯定的,例如,对全人类都具有重要意义的发展理念。欧美国家提出的"可持续的经济增长""包容性的经济增长"以及"创新"等发展理念对中国人而言是非常熟悉的;而中国所倡导的"开放""包容""合作""共赢"等理念也反映了新时期世界经济发展的潮流。中国坚持扩大开放,做开放型世界经济的建设者。坚持包容精神,推动不同社会制度互容、不同文化文明互鉴、不同发展模式互惠,推动走出一条合作共赢、良性互动的路子。这些体现中国智慧的新理念,为中国参与全球经济规则的制定提供了宝贵的思想源泉。但不可否认,一方面我们的舆论宣传能力还很有限,中国提出的好的理念并没有被其他国家的公民与学者接受,许多人对中国仍持刻板的看法;另一方面学界研究还很落后,基本停留在学习和借鉴欧美学者相关理论概念的阶段,提出的新理念并不多。另外,我们提出的新理念更多是从中国自身需要出发的,缺少对人类面临的许多问题的关怀,对于许多思想家关心的人类未来的问题,如科技进步、网络发展对人类社会与未来的影响等,我们的研究并不多。在各种机

---

① 习近平:《推动全球治理体制更加公正更加合理,为我国发展和世界和平创造有利条件》,《人民日报》2015年10月14日。

构评选的影响世界的鸿篇巨著中,基本没有中国学者的著作。

国内外经济学界普遍认为,当前世界经济处于平庸增长的长周期中,而中国提出的一系列创新理念和采取的务实措施,是灰暗中的一抹亮色,为全球经济增长贡献了可行方案。2013年中国提出"一带一路"倡议,为增长乏力的世界经济注入新动力。2015年,由中国倡导筹建的亚洲基础设施投资银行引来57个创始成员国,2016年正式开始运行。亚投行的创建被认为是国际金融秩序的创造性补充与增益。在中国的倡议和推动下,建立亚太自由贸易区的谈判稳步推进,在WTO框架下全面取消农产品出口补贴,《信息技术协定》扩围谈判顺利完成,这是世贸组织近20年来达成的第一份有关取消关税的重要协议。在推动全球发展领域,中国是名副其实的行动派:设立了"南南合作援助基金",支持发展中国家落实2015年后发展议程;承诺继续增加对最不发达国家的投资,免除对一些最不发达国家的政府间无息贷款债务;设立国际发展知识中心,同各国一道研究和交流适合各自国情的发展理论和发展实践。在世界气候治理问题上,中国方案对《巴黎气候变化协定》的达成发挥了举足轻重的作用。当前,在美国不断"退群"的背景下,中国仍需研究如何与世界各国一起,共同应对国家社会面临的各种问题,增强议程设置和方案提供能力。

中国是联合国常任理事国和众多国际组织的成员国,其经济实力和国际影响力逐年提高,成为联合国、世界银行和国际货币基金组织的重要出资方。现行的国际秩序规则大多是二战结束时建立的,那时发展中国家还没有多少发言权,这些规则需随着时代的发展变化和国际格局的演变而进行相应调整。中国作为联合国常任理事国中唯一的发展中国家,自然要承担推动国际关系朝着公正合理方向发展的责任。在中美发生经贸争端的背景下,改革WTO规则的问题被提上了日程,欧美国家都有自己的诉求,中国也需要制定自己的方案。此外,随着科技进步和社会发展,还有一些新的领域需要制定国际规则。在中国举办的国际互联网大会上,中国提出共同构建和平、安全、开放、合作的网络空间,建立多边、民主、透明的国际互联网治理体系。中共中央关于"十三五"规划建议明确提出,中国将积极参与网络、深海、极地、空天等新领域国际规则的制定。这就需要社科领域加强对国际法和国际治理问题的研究。

三、提高中国国际话语权需要哲学社会科学理论支撑

哲学社会科学作为人们认识世界、改造世界的重要工具,历来是推动历史发展和社会进步的重要力量。纵观人类历史,人类社会每一次重大跃进,人类文明每一次重大发展,都离不开哲学社会科学的知识变革和思想先导。哲学社会科学的发展水平,反映了一个民族的思维能力、精神品格、文明素质,体现了一个国家的综合国力和国际竞争力。离开哲学社会科学的发展,国际话语权就会流于空洞的口号,成为无本之木、无源之水。正因如此,习近平总书记在哲学社会科学工作座谈会上强调"两个不可替代":坚持和发展中国特色社会主义,"哲学社会科学具有不可替代的重要地位,哲学社会科学工作者具有不可替代的重要作用"①。2019年3月4日习近平在看望参加政协会议的文艺界社科界委员时再次强调,"正本清源,守正创新。一个国家、一个民族不能没有灵魂,作为精神事业,文化文艺、哲学社会科学当然就是一个灵魂的创作,一是不能没有,一是不能混乱。""文化文艺工作、哲学社会科学工作在党和国家全局工作中居于十分重要的地位,在新时代坚持和发展中国特色社会主义中具有十分重要的作用。""哲学社会科学研究要立足中国特色社会主义伟大实践,提出具有自主性、独创性的理论观点,构建中国特色学科体系、学术体系、话语体系。"②近代以来,整个话语体系是由西方大力打造的,西方国家占有绝对的话语权。如果我们一直用西方的概念和理论来解释中国,很难做到正确和精准。

哲学社会科学的大发展,始终与社会的大变革相伴随。"自古以来,我国知识分子就有'为天地立心,为生民立命,为往圣继绝学,为万世开太平'的志向和传统。一切有理想、有抱负的哲学社会科学工作者都应该立时代之潮头、通古今之变化、发思想之先声,积极为党和人民述学立论、建言献策,担负起历史赋予的光荣使命。"③当今世界面临百年未有之大变局,各种思想激烈碰撞,

---

① 习近平:《在哲学社会科学工作座谈会上的讲话》,http://www.xinhuanet.com//politics/2016-05/18/c_1118891128.htm.
② 习近平:《一个国家、一个民族不能没有灵魂》,《习近平谈治国理政》第三卷,第322、325页。
③ 习近平:《在哲学社会科学工作座谈会上的讲话》,http://www.xinhuanet.com//politics/2016-05/18/c_1118891128.htm.

世界面临的不确定性增多,"如何加快建设社会主义文化强国、增强文化软实力、提高我国在国际上的话语权,迫切需要哲学社会科学更好发挥作用。"①在文艺复兴和启蒙运动中,知识分子扮演了很重要的角色,如果中国的知识分子不能扮演类似的角色,把中国的古老文明和当代实践经验解释清楚,要想增强中国的国际话语权也是不可能的。中国哲学社会科学工作者面临着艰巨任务,需要对人类面临的许多共同问题提供中国方案。同时,中国社会的变革也空前广泛而深刻,实践创新开了社会主义改革和社会转型的先例。"这是一个需要理论而且一定能够产生理论的时代,这是一个需要思想而且一定能够产生思想的时代。"②面对新形势和新任务,我国哲学社会科学地位更加重要、任务更加繁重。习近平总书记指出:"哲学社会科学的特色、风格、气派,是发展到一定阶段的产物,是成熟的标志,是实力的象征,也是自信的体现。我国是哲学社会科学大国,研究队伍、论文数量、政府投入等在世界上都是排在前面的,但目前在学术命题、学术思想、学术观点、学术标准、学术话语上的能力和水平同我国综合国力和国际地位还不太相称。要按照立足中国、借鉴国外,挖掘历史、把握当代,关怀人类、面向未来的思路,着力构建中国特色哲学社会科学,在指导思想、学科体系、学术体系、话语体系等方面充分体现中国特色、中国风格、中国气派。"③这一论断为我们深入理解哲学社会科学在提高我国国际话语权方面所具有的重要价值、存在的不足以及发展方向等重大问题,提供了方向性指引。当前哲学社会科学在为我国国际话语权建设提供支撑方面,还存在许多不足。

第一,哲学社会科学发展滞后于综合国力的提升,理论研究滞后于中国道路的创新实践。成功的话语往往是政界和学界良好互动的结果,人文和社会科学研究机构是一个国家的思想和理论阵地,也是高质量话语的源泉和生产机构,话语包含的诸种要素和特征,如概念的创新、话语逻辑、说服力、价值观和意识形态基础等,只有发达的人文和社会科学研究能够赋予。西方在今天世界的话语优势地位,与其发达的人文社会科学研究分不开,"历史终结论"

---

① 习近平:《在哲学社会科学工作座谈会上的讲话》,http://www.xinhuanet.com//politics/2016-05/18/c_1118891128.htm.
② 同上。
③ 习近平:《加快构建中国特色哲学社会科学》,《习近平谈治国理政》第二卷,第338页。

"文明冲突论""民主和平论""人权高于主权论"等理论都是西方学界最早提出并且系统地加以理论化,最后经由与政界实践的良好互动而成为极具冲击力的国际话语。我国的经济总量居世界第二,在国际经济格局中占有举足轻重的地位,综合国力大为增强,但是我国的国际话语权却并没有因为经济力量的增强而得到同等比例的提升。这与我国哲学社会科学发展滞后于综合国力的提升、理论研究滞后于中国道路的创新实践有很大关系。我们在国际社会缺乏有力量的话语体系,我们的哲学社会科学研究没有站在历史和时代的制高点上,问题的导向性、聚焦性不够,研究还缺乏理论深度和实践厚度。

第二,缺乏根植于中华文明与中国文化传统,有别于西方的话语体系。改革开放以来,特别是在冷战结束以来,我国寻求全面融入国际体系,在各个领域大量引进和使用西方话语。这既是出于吸收借鉴西方先进科学技术和思想文化成果的自觉,也是迫于西方主导话语的软性压力而采取的应对之举。但在大量引进西方话语的同时,没能及时创建"自己的话语体系",极少输出自己原创而富有影响力的概念和话语。因此,我们在国际话语权竞争中常常陷入"人云亦云"的尴尬境地,被动地应对西方的话语。如西方有学者认为中美将发生对抗,会陷入"修昔底德陷阱"①,中国学术界在反驳时基本还是在他们的话语体系里,用他们的话语体系解释中国崛起后不会走向与美国的对抗,缺少理论支撑,说服力不够强。我国在"与世界接轨"的过程中,还缺乏构建国际话语权的战略意识和应对能力。

第三,缺乏向世界讲述"中国故事"的能力,"中国道路"受到西方精英的质疑。目前,我国国民经济进入"新常态",随着经济结构调整,产业升级,经济增速放缓,"唱衰中国""唱空中国""中国拖累世界"等负面论调在世界范围内开始不断出现。这一方面是因为他国民众对中国缺乏了解,并由此产生了不必要的恐惧;另一方面,少数西方强国抱着冷战思维不放,出于一己私利,利用自身所掌控的舆论工具,对中国不断抹黑、施压,妄图以此来打压我国发

---

① 〔美〕格雷厄姆·艾利森的《注定一战:中美能避免修昔底德陷阱吗?》(上海人民出版社2019年版)认为,"世界从来没有见过全球力量对比如此迅速的根本性转变,如果北京和华盛顿的领导人继续像过去十年来那样行事,美国和中国势必会有一战"。〔美〕白邦瑞的《百年马拉松》、〔美〕彼得·纳瓦罗写的《即将到来的中国战争》《被中国杀死》和《卧虎:中国军国主义对世界意味着什么》等,都在大肆宣传"中国威胁论",建议美国政府防范和遏制中国。

展的空间。但关键在于,我们本身缺乏向世界讲述"中国故事"的能力,无法用世界多数国家人民都能理解的方式将我国的实际情况进行有效传播。

要弥补中国在国际话语权建设方面所存在的上述不足,需着力构建中国特色哲学社会科学,构建自己的知识体系。没有自己的知识体系,就讲不好中国故事,这需要扎扎实实地去做研究,创造中国自己的知识体系,回答和解决人与社会、中国与世界面临的重大问题。加强中国特色哲学社会科学的研究,一是要体现继承性和民族性,二是要体现原创性和时代性,三是要体现系统性和专业性,推进马克思主义中国化、时代化和大众化,为中国特色社会主义道路提供理论支撑,增强对外话语的创造力、感召力和公信力,讲好中国故事,传播好中国声音,阐释好中国特色。

第一,处理好马克思主义、中华优秀传统文化与当前哲学社会科学发展的关系。在发展社会科学方面,我们一直坚持古为今用、洋为中用,不断推进知识创新、理论创新和方法创新。在中国日益走近世界舞台中央的背景下,需要加强对中华优秀传统文化的挖掘和阐发,使中华民族最基本的文化基因与现代社会相协调,推动中华文明创造性转化、创新性发展,提出体现中国立场、中国智慧、中国价值的理念、主张、方案,让中华文明同各国人民创造的多彩文明一道,为人类提供正确精神指引。就改革开放后的中国特色社会主义实践而言,从国际共产主义运动和世界社会主义的角度看,中国特色社会主义开辟了使社会主义焕发生机与活力的新路;从冷战结束后转型国家的实践看,中国无疑是转型国家成功的典范,苏联解体之时俄罗斯综合国力恐怕还强于中国,现在再来比较的话,中国成为世界第二大经济体,俄罗斯则被西方看成是二流国家。要总结好中国的经验,恐怕需要进行历史与国际的比较,结合中华传统与中国人的民族性格、中国对马克思主义的创新性发展等进行深入研究。

第二,哲学社会科学要回应时代的挑战,提出具有自身特质的学科体系、学术体系和话语体系。理论的生命力在于创新,不能跟在别人后面亦步亦趋。哲学社会科学要从改革发展的实践中挖掘新材料、发现新问题、提出新观点、构建新理论。因此,处理好理论宣传与学术探究的关系十分重要。2008年习近平在中央党校秋季学期第二批进修班开学典礼上的讲话指出:"既不能把一般学术问题简单化为政治问题,更不能把严肃的政治问题等同于学术问题。我们要坚持马克思主义的基本原理坚定不移、不能含糊,坚持中国特色社会主义道路和中国特色社会主义理论体系坚定不移、不能含糊,坚持党和国家的大政方针坚定不移、不能含糊;与此同时,我们要坚持解放思想、实事求是、与时俱进不能含糊。"①习近平在哲学社会科学工作座谈会上再次强调:"要提倡理论创新和知识创新,鼓励大胆探索,开展平等、健康、活泼和充分说理的学术争鸣,活跃学术空气。要坚持和发扬学术民主,尊重差异,包容多样,提倡不同学术观点、不同风格学派相互切磋、平等讨论。要正确区分学术问题和政治问题,不要把一般的学术问题当成政治问题,也不要把政治问题当作一般的学术问题,既反对打着学术研究旗号从事违背学术道德、违反宪法法律的假学术行为,也反对把学术问题和政治问题混淆起来、用解决政治问题的办法对待学术问题的简单化做法。"②在学术研究中党员学者更应该坚持实事求是的原则,结论要有充分的根据。现实中不乏为了自己的私利,故意歪曲事实,或者只选择对自己有利的论据,利用手中掌握的资源,建言立说,自诩为专家之人。繁荣哲学社会科学,拿出原创性和时代性的成果,正确区分学术问题和政治问题,树立实事求是的学风十分重要。

第三,构建具有中国特色的国际关系理论体系。中国从地区大国走向全球性大国和世界强国,但参与全球治理和世界规则制定的国际经验严重不足,理论研究滞后于实践的发展。现在国际关系领域通行的话语基本都是英美国家战略学界的常用语,所用的分析框架和方法也基本上是他们的。实际上,在中国传统文化中不乏处理外交难题的理论与智慧,中国的哲学社会科学界要善于在坚持民族性的基础上吸收借鉴人类的文明成果,形成有中国特色和世界影响的国际关系理论,改变在现行的国际关系理论中很少听到中国学者声音的状况。特别需要加强对大国崛起经验与教训的研究,对西方理论界流行的所谓中美将陷入"修昔底德陷阱"问题做出回应。需要加强对国际法和国际规则的研究,提高我国制定国际规则,特别是经济与贸易规则的能力与水平。

历史经验表明,一国国际话语权的提高与其哲学社会科学的发展密不可

---

① 习近平:《党校十九讲》,中央党校出版社2014年版,第98页。
② 习近平:《在哲学社会科学工作座谈会上的讲话》,http://www.xinhuanet.com//politics/2016-05/18/c_1118891128.htm。

分。在哲学社会科学贫瘠的土壤上无法建立起牢固、有感召力的话语体系。提高中国国际话语权的理念引领能力、方案提供能力和规则制定能力,离不开中国特色哲学社会科学体系的成功构建和哲学社会科学的繁荣。中国的哲学社会科学只有具备同我国综合国力和国际地位相称的学术能力和水平,才能在不断推进的理论创新和学术繁荣中切实提高我国的国际话语权,为人类的发展进步贡献中国智慧。我们相信,根植于底蕴丰厚的中华文化和富有创新精神的中国特色社会主义伟大实践的中国哲学社会科学工作者,在中国共产党高度重视理论与学术工作,科研条件越来越好,对外交流越来越便利的条件下,一定会产生能够回应时代挑战的理论与思想,以丰富人类的精神宝库。

提高国际传播能力的几点思考

王 丹 孙敬鑫

提高国际话语权需要提高国际传播能力和水平。在新的历史时期,面对新的发展机遇和挑战,要求中国国际传播直面国际社会需求和期待,及时更新国际传播理念和思维。通过长期和阶段性规划的指引,创新话语表达方式,整合国内外话语资源,以分众化和精准化传播提升中国国际传播实践效果,切实提升中国的国际话语权和国际舆论影响力。

一、国际传播要有针对性地解决存在的问题

国际传播能力的建设工作具有系统性、长期性和复杂性的特征,难以一蹴而就,特别是在方向性的把握上,知易行难。随着中国国际话语权建设不断推进,话语权建设中存在的气势汹汹和操之过急的问题也表现出来了。该问题存在于国际传播理念、规划和传播等环节,影响国际传播进程与效果。

国际传播的规划和方案对提升传播效果和中国国际话语权至关重要,指引和引导具体的国际传播工作开展。中国现有的战略规划和业务布局需要进一步完善。国际传播最忌讳的是急于求成的心态,传播需要润物细无声式的、不强加于人的、非强迫性的传播。传播也要讲究技巧和策略,对外的软实力传播需要与整个国家的经济、文化建设等相辅相成。[①] 在传播管理上,只顾短期经济效应而缺乏长远规划的问题较为突出,同时也过度强调传统电视渠道的

---

① 杨梅菊、王爽:《软实力传播急不得》,《国际先驱导报》2012年7月5日。

作用。① 中国智库在国际合作上缺乏统筹,国际合作以单打独斗为主,协同合作少;国际合作机构选择缺乏主动筛选,被动式合作、"随缘式"合作多;智库人员参与国际合作交流缺少长远规划,"短平快"项目多;智库的国际合作项目议题把控不够,以我为主、为我所用的意图贯彻不力。智库人员出访缺乏长期规划也影响了中国智库的国际发声。②

国际传播的对象并不是模糊的,也不是铁板一块,需要进行精准区分、分类施策。不同对象对中国的信息需求不尽一致,要深层次细分不同国家和地区、不同群体的外国受众。同样的国际传播方案和国际传播产品不能适用于所有国家地区、所有人群。由于国际传播活动规模大、范围广、目标偏向宏观、参与主体偏向泛化,达成国际传播效果不是那么容易,需要国际传播改变偏于"粗放式"的局面,精准化、一国一策是国际传播的关键。海外受众需要更具贴近性和针对性地了解中国,宽泛的对外宣传不再适用,必须从粗放型的"一对多"的传播,提升为"一对一"的精准传播。③

国际传播中存在话语风格古板、刻意宣传和强施于人的意味,受众的接受度较低。一些"官方立场""宣传战役式"集中报道致使媒体对外报道被认为等同是政府表态。④ 有学者通过分析《人民日报》报道的词频分布,发现其主体性用词集中体现在"中国、我们、国家"等集体性层面上,行为性用词以"发展、建设、实现"为主,⑤报道用词过于抽象。传播中缺乏共享的文化系统、文化符号和易套用西方的模式、缺乏中国特色的问题也很突出。以"一带一路"的国际传播为例,有研究者发现,中国在"一带一路"的海外传播中采用了在国内惯常的单向"灌输式"传播模式,在对外传播过程中缺乏"双向沟通",传播双方没能进行更进一步的交流,传播中自说自话的现象明显,未能形成良性互动。⑥ 中国官媒的推特账号内容传播照搬传统媒体上的语言风格,在国际

---

① 李勇、程前:《中国娱乐节目国际传播能力提升路径分析——以〈非诚勿扰〉海外专场节目为例》,《现代视听》2013年第5期。
② 荆林波:《提升我国智库国际影响力——问题与对策》,http://www.cssn.cn/xspj/xspj_yw/201804/t20180409_3913337.shtml。
③ 胡邦胜:《我国对外传播需实现四大战略转型》,《学习时报》2017年4月17日。
④ 吴雷:《我国媒体对外传播的问题与对策》,《青年记者》2014年第35期。
⑤ 孙发友、陈旭光:《"一带一路"话语的媒介生产与国家形象建构》,《西南民族大学学报(人文社科版)》2016年第11期。
⑥ 梁海明:《"一带一路"海外传播应避免的几大误区》,《中国记者》2015年第10期。

舞台上得到的反响较小。在传播内容上,中国仍然重发布"结果",不详细叙述"过程"。认识到在国际传播中存在的这些问题,目的在于有针对性地解决这些问题,以提高国际传播的效果。

二、国际传播要讲究方法,不能咄咄逼人

国际传播不是气势汹汹、盛气凌人,不是"教化""输出",而是互学互鉴、齐学共建,既让对方了解中国的政策主张,避免曲解和误解,也要善于吸收对方的长处。

国际传播要注重与传播对象的互动和沟通,及时把握受众的需求和反馈,从而根据受众需求进行信息传播的调整。互动和沟通是最为直接了解传播受众想法的途径,可以第一时间掌握传播效果情况。只注重传播不注重效果评估的方式不利于改进传播方式和内容,无法切实提升传播工作的效果。互动和沟通工作应该贯穿于国际传播工作的始终,在国际传播的理念、方式、途径和传播效果的评估等各个环节都应该加入对受众需求的考量,有对应地进行国际传播,从而有针对性地提升国际传播的效果。值得注意的是,需要注意与受众沟通和互动的方式,科学有效地进行受众意见的搜集是进行有效沟通的前提。与受众的沟通也需要把握住传播理念和心态站位,以平等的姿态进行交流,以保证沟通效果切实有效。

国际传播要创新话语表达方式,建设融通中外的话语体系。避免咄咄逼人的传播方式,通过生动、具体、切实的传播方法进行国际话语表达。进行话语表达方式革新,讲究传播方法和艺术,研究传播规律和学问,做到生动、具体、切实。生动地传播,就是用真实的故事、鲜活的细节、贴近的语言表达中国老百姓的普通生活故事,把人民坚决拥护党、人民对中国特色社会主义的认识、人民对新时代生活的美好情感等故事通过新型的话语表达方式灵活地讲述和传播出去;具体地传播,就是通过具体数据和案例,精确地传播、真诚地沟通,以增强说服性和说理性;切实地传播,就是在国际传播中,以小切口来折射大时代,把中国的发展成就、发展道路、发展理念融入一个个普通中国人、中国家庭的故事中,使中国能够被世界形象地感知到、触摸到。提升中国国际话语

权需要运用故事化的话语方式将宏大叙事转变为个体故事,变刚性的政治表达为柔性表述,变官方话语为民间语言,多讲述国际受众关心、关注、想听的中国故事,将这些故事赋予中国价值理念。习近平总书记不仅多次对讲故事作出重要论述,更是一位讲故事的高手。他多次提出,"讲故事是国际传播的最佳方式","讲好故事,事半功倍"。他每次会谈、演讲、撰文,都会讲述生动有趣又思想深刻的故事,大大拉近了与海外受众的距离。这可以从人民日报社组织编写的《习近平讲故事》一书中一睹风采。例如,2015年5月,国家主席习近平在俄罗斯《俄罗斯报》发表题为《铭记历史,开创未来》的署名文章,讲述在莫斯科伊万诺沃国际儿童院学习的中国共产党领导人和革命先烈后代的故事,中国女记者胡济邦经历卫国战争、冒着炮火报道的故事。① 短小的故事将两国人民的情谊相连,生动展现了中俄两国人民的深厚友谊。讲好中国故事要讲真实、生动、鲜活,符合客观规律的故事。通过突出个体叙事,讲述有思想、有温度、有品质的故事。发现和挖掘凡人之美、生活之美,侧重于讲述带有普通中国人优秀品质的故事、普通中国家庭的故事和中国人与其他国家人民之间友好交往的故事。坚持正反面信息都要讲,有优点有不足,有成绩也有进步的空间,有血有肉,展示真实的中国,避免引人围堵。以平衡、客观的报道增强中国媒体报道内容公信力和影响力。

中国国际传播信息承载着中国表达、中国修辞、中国语意,旨在有效塑造国家形象、传播价值理念、增进文化认同。要加强话语体系建设,着力打造融通中外的新概念新范畴新表述。要采用融通中外的概念、范畴、表达方式,将中国现实准确地传播出去。要加强话语创新,将中国故事有效地编织进历史和国际故事版图,将中国故事打造成历史的、世界的文化版图的有机组成部分,在新视角下更加有效地进行国际传播。"把我们的发展优势和综合实力转化为话语优势。"

在话语表达方式上还要注意内外有别。在国际传播中要慎重使用"战略大通道""桥头堡"等此类在外国人看来带有军事色彩的敏感词汇,避免出现过度自大和好大喜功的现象。表达方式创新也意味着通过借嘴说话、借筒传

---

① 《习近平在俄罗斯媒体发表署名文章:铭记历史,开创未来》,http://theory.people.com.cn/n/2015/0507/c49150-26964658.html.

声、借台唱戏,以借助外力的形式提升中国故事的传播力和影响力。构建合作传播机制有利于拓宽讲好中国故事的渠道。通过具有互动性、趣味性、客观性的沟通策略进行话语方式创新。与西方主流媒体、国际知名公关公司、主要智库开展合作传播,做好境外媒体和非政府组织工作,通过多种形式的交流合作,探索灵活多样的合作模式。例如,加强中外媒体的对话和合作,通过业务交流、联合采制、人员培训、合办媒体等形式,不断提升合作传播能力和讲好中国故事的工作实效。减少国内话语中存在的大而空的表述方式,通过鲜活、生动的数据或小切口对外传播内容。

在对外传播中,既注重传播国内的重点议题和内容,也注重报道国际问题和国际热点,注重利用社交媒体进行互动沟通,打造亲切而开放的沟通姿态。利用不同传播平台的传播特性将话语表达方式灵活化、丰富化、多样化。例如,在国际社交媒体平台中,打造人格化的传播方式,通过图片、链接、直播、短视频等形式丰富话语方式。在沟通元素选择中,注重运用国际化传播符号,拉近与受众的距离。

三、国际传播要立足长远,不能急于求成

中国走向和融入国际社会的时间还不长,在国际传播上经验还不足,提高国际传播能力建设不能急于求成。国际传播能力是一项系统工程,需要常态化和长期化的目标和规划。

需要制定阶段性目标规划。国际传播需要有准确而清晰的定位,以长期规划目标指导传播策略的制定与调整,明确不同阶段的发展目标和规划,一步步落实,避免操之过急。通过整体把握国家社会环境和未来发展,从国际传播的规模、速度上予以综合考量,贴近实际能力和发展需求,保证国际传播的质量和效果。进行国际传播,需要把握重要节点和关键时机,利用有利契机扩大中国的声音。例如,在领导人出访期间,策划开展规模大、声势强的国际传播活动,通过领导人亲自讲述中国故事等,提升中国国际影响力。国际传播和话语权建设要与国家整体发展规划相一致,更多体现中国的大国担当、大国责任和国际合作、参与、共享的目标思维,体现人类命运共同体理念。在"一带一

路"的对外传播中,随着传播阶段的演进,每一阶段的传播目的也不尽相同。共建"一带一路"经过不断发展与完善,倡议主旨不断深化、内容逐渐丰富、项目稳步实施,沿线及域外各国围绕倡议交流合作更加密切。同时,国际社会对共建"一带一路"的关注度也日益增加。在共建"一带一路"初期,有国外媒体认为"一带一路"是"中国版马歇尔计划",认为中国是在搞"地缘政治"、谋求"全球霸权"。因此,在这一阶段的对外传播话语需要以积极回应质疑为目的,不断增信释疑。随着共建"一带一路"的项目不断推进,外界又出现了"破坏规则论""债务陷阱论""经济掠夺论""风险不可控论""抢夺饭碗论""产能污染论"等论调,这就需要我们面对不同阶段的传播需求,相应调整话语目的,从而进一步调整话语内容、手段、方式等,实现传播效果的最优化。

要坚持国际传播"常态化"与"长期化"相结合。国际传播是一项长期工作,并且具有动态化的特点。因此,相对应的国际传播需要有实时报道的准备和长期报道的规划,做到"常态化"与"长期化"兼备,并将二者结合起来,在日常工作中体现国际传播理念。常态化的工作在围绕重点国际议题和项目展开的同时,要及时更新,通过动态的更新保证国际传播内容的新鲜性,长线的报道保证了传播内容的深度性,提升了传播内容的信息量和内容价值。党的十九大报告提出,从2020年到2035年基本实现社会主义现代化,从2035年到本世纪中叶把我国建成富强民主文明和谐美丽的社会主义现代化强国,这是新时代中国特色社会主义发展的战略安排。提升中国国际话语权也需要与这一进程相一致,分阶段、分层次,以长远目标和当前任务相结合为"方略",构建有步骤、分阶段、讲谋略的中国特色对外话语体系。在国际传播中不要急于求成,通过灵活的动态信息和长远的深度内容保障传播效果的完整和立体。在传播中提升长远眼光,不仅注重短期的效益和传播回报,更关注长期的传播影响和形象塑造。

转变传播理念,增进"分众传播"和"精准传播"。国际传播要注意"内外有别、外外有别",细分传播受众群体和需求,通过不同的传播渠道、途径、方法、手段和内容,以精准和分众化的"国际传播清单"有的放矢。以传播受众需求为先,制定精准的传播方案。进行国际传播的目的是让世界更加了解中国,提升中国国际形象和国际话语权,增强国家软实力。国际传播的效果最终需要海外受众的评价,因此,满足受众的需求格外关键。国际传播需要通过前期调研获得明确的受众需求与期待,在研讨受众需求的基础上制定传播方案。同时,在获取受众需求的基础上也要客观分析受众的需求,以国家利益为准绳进行衡量,将需要传播的内容与受众需要获取的信息有机结合,从而达到进行国际传播的目标。

国际传播精准化才能达到预期效果,面对受众分众化、差异化态势,针对不同的国家和受众,需要有不同的讲述和传播方案。当代中国与世界研究院开展的《中国国家形象全球调查2018》显示,发展中国家受访者最期待中国在全球治理发挥更大作用的领域是经济(61%)和科技(59%);发达国家受访者最期待的领域是科技(42%)和文化(39%)。① 因此,要利用精准传播思维和理念进行国际传播提升传播效果。面向世界,把中国国家的特点、历史延续,特别是伟大的中国进步进程讲清楚,让中国故事吸引更多的人;对发展中国家,特别是其中的年轻群体,就中国内政外交、道路模式主动供料,把伟大的中国改革讲清楚,让中国故事更吸引人。对精英群体、意见领袖群体要加大宣传,他们是社会中信息和影响的重要来源,把他们作为传播的重点对象,使其成为引领国际话语的活跃因素,左右多数人态度,扩大传播内容影响,达到事半功倍的传播效果。推动构建以驻外机构、跨国企业、媒体记者、专家学者等为核心的传播策略,增加面向这类群体的专项传播内容,通过人际传播、组织传播等提升传播的互动性和双向性,拓展信息、话语传播的渠道。

加强对中国对外话语体系建设工作的效果评估。首先,需要建立效果评估的长效机制。效果评估是话语体系建设工作的重要一环,它与话语内容策划、中期话语传播共同构成完整的链条。科学评估话语传播效果,有针对性地加以改进,才能不断提升话语建设的实效性。新时代话语体系建设工作面临总体有利的国际环境与艰巨复杂的任务,更加需要树立效果导向意识。通过全方位、全视角、持续性、机制化的效果评估,摸清当前话语体系建设工作的实际困难和效果,掌握话语传播影响力、引导力与传播力等关键效果指标。其次,需要创新话语体系效果评估的方式方法。通过集中解决、补齐当前话语体系建设效果评估工作的问题和短板,力求真实、准确反映工作成效。在网络时

---

① 当代中国与世界研究院:《中国国家形象全球调查报告2018》,http://www.accws.org.cn/achievement/201912/P020191203506190462412.pdf.

代,将互联网、大数据、云计算等引入对效果评估的全过程和各环节。最后,建构新时代对外话语体系建设效果评估的理论与指标体系。通过组织引导国内学术界和业界专家,集中进行此领域研究。同时要跟踪世界传播技术发展与效果评估工作进展,借鉴国外同行的经验做法,为话语体系建设提供"风向标"和"导航仪"。

四、国际话语的内容要回应国际社会的关切

对外话语的宗旨是要实现国际社会对中国的客观认知,使国外受众更加了解中国国情和社会发展,了解中国发展道路和中国发展的良好意愿,了解中国积极参与全球治理的担当,促进国际合作和发展。话语内容是中国话语体系建设的主体与核心。"内容为王"这一在传统媒体时代的定律即使到了互联网时代依然奏效,确定对外传播什么内容,即"说什么"。提升中国国际话语权需要牢牢把握住传播内容,对外传播中国特色的经济话语、价值观话语、文化话语、外交话语等,构建中国特色的话语内容体系,把对中国特色社会主义发展道路的解释权掌握在自己手中。

中国话语立足于中国实践。对外传播的话语内容建设关键在于全面准确阐释中国道路、中国模式,向国际社会阐释"我是谁"的问题。新中国成立70年来,中国成功开辟了一条中国特色社会主义道路,取得了举世瞩目的成就。"中国道路""中国奇迹""中国模式"等成为国际社会关注的话题。对外传播话语内容建设的重点是把中国实践、中国道路讲清楚、讲好,权威科学地阐释中国道路、中国模式,回应国际社会涉华重大关切,回答"今天的中国从哪里来、明天的中国向何处去"的重大问题,消除国际社会对中国的误解。

在中国走近世界舞台中央的时代背景下,应主动向世界阐述中国立场、传播中国理念、讲好中国故事。围绕习近平新时代中国特色社会主义思想,围绕党和国家的中心工作,统筹外宣资源,采用多种形式和手段,讲好中国道路、中国理论、中国制度、中国精神和中国力量的故事,通过完整、准确的表达和阐释,引导国际社会更加全面深入地认识中国。在对外工作中,需要不断增强讲好中国故事的责任感、使命感,不断提升文化软实力和国际竞争力。将阐释好

中国梦的深刻内涵和世界意义,阐释好中国特色社会主义的制度优势和发展成就,阐释好当代中国价值观念及其对人类文明的独特贡献等作为讲好中国故事的重点。

好的中国故事具有人文取向和价值取向,可以展现中国人在不同社会生活语境中的个人品质,凸显中国文化理念和时代精神。讲好中国故事是国家战略的有机组成部分,因此要与国家顶层设计保持同一和一致,注重协同效应与能力共建。在讲述中国故事中始终坚持与国家利益、国家发展战略和对外战略保持一致,在国家发展战略规划下讲述中国故事,赢得国际社会理解和认同。

讲好中国故事需要转变宣传理念,养成故事思维。将什么是好故事,怎么讲好故事前置考虑并贯穿在国际传播进程中。讲好中国故事需要讲好中国历史的故事和中国当代的故事,讲好国家层面的宏大故事和个人层面的小故事,通过讲好"共同的故事"将传播效果扩大化。以中外利益交汇点、话语共同点、情感共鸣点等共同之处为切入点讲好中国故事。同时,让世界知道中国人民与人类文明进步的关联,让中国声音赢得国际社会理解和认同。要体现中国故事的世界性和共通性,讲好解决人类共同或类似问题的中国道路、中国智慧,着重讲具有借鉴和推行价值的故事,增加外国听众的参与感与获得感。

作为一个发展中大国,中国的成就举世瞩目,中国希望有稳定的外部环境,总有一些人、一些国家要找各种机会、以各种借口挑起事端,对中国进行责难。近十年来,我国的国际传播工作取得了显著成效,但同时也引发了西方对我国进行国际话语权建设的抹黑。例如,西方舆论炮制出"锐实力"概念,通过话语策略在国际舆论中对中国进行孤立和打压。此论调的推出,是西方媒体和智库学者生造概念,试图牵制中国推进国际传播能力和国家文化软实力建设进程的产物。这就需要中国通过全面提升对外传播议题设置能力,通过话语方式回击,突出中国视角、提出中国观点、表明中国立场,报道西方媒体刻意回避的事实,发出中国声音。提升中国国际话语权,需要主动设置议题,阐述中国观点,表达中国立场,彰显中国价值,维护中国利益,提升中国影响力。在围绕重大国际问题和地区热点,中国必须旗帜鲜明地发出中国声音,不能人云亦云、跟着西方媒体调子走;不回避、不绕弯,有效引导国际社会历史地、客观地、公正地看待中国发展。

对国际社会共同面对的问题,如气候变化、贫富分化、恐怖主义威胁等,中国需要表明自己的立场,向国际社会传播具有世界意义和普遍价值的中国方案和中国智慧。中国提出的"人类命运共同体""一带一路""以合作共赢为核心的新型国际关系""共商、共建、共享的全球治理观""义利兼顾、义大于利的正确义利观""共同、综合、合作、可持续的新安全观""平等、互鉴、对话、包容的文明观""对话而不对抗、结伴而不结盟的国际交往观"等标识性概念便是中国面对全人类发展共同面临的问题,构想、总结和提炼出的中国话语。值得一提的是,这些中国话语不仅具有鲜明的概念的标识,同时具有丰富的内涵、理论价值和配套实践指导方案和举措,是切实可行的促进人类发展和文明进步的智慧。

五、利用新传播技术增强在国际传播中的地位

中国在国际传播格局中的地位并不高,国际传播秩序仍然是"西强我弱",改变这种局面需要充分发挥新媒体的作用,借助新传播技术实现"弯道超车"。

从2019年初 We Are Social 和 Hootsuite 发布的报告中我们可以了解到,目前全球人口为76.76亿,网民人数为43.88亿人次,网民占全球总人口的57%。除网民以外,目前全球的手机用户人数达51.12亿,并且有34.84亿人会踊跃参与社交媒体。[①] 根据中国互联网络信息中心(CNNIC)发布的第44次《中国互联网络发展状况统计报告》,截至2019年6月,中国网民规模达8.54亿,较2018年底增长2598万,互联网普及率达61.2%,较2018年底提升1.6个百分点;中国手机网民规模达8.47亿,较2018年底增长2984万,网民使用手机上网的比例达99.1%,较2018年底提升0.5个百分点。中国网络视频用户规模达7.59亿,较2018年底增长3391万,占网民整体的88.8%。[②] 互

[①] 《全球网民达43.88亿 中国年增长量不及印度排名第二》,http://www.sohu.com/a/293114344_258858.

[②] 《CNNIC发布第44次中国互联网络发展状况统计报告》,http://www.cac.gov.cn/2019-08/30/c_1124939590.htm.

联网和移动互联网在世界范围内发展迅速,深刻颠覆人类传播方式,国际传播重点从传统媒体向新媒体转移已成为全球媒体共识。新媒体的发展客观上削弱了发达国家强势媒体的传统优势,为我们加速推进国际传播能力建设提供了"弯道超车"的可能。

需要把握新媒体技术发展与海外中国认知社交化机遇,以新兴媒体为突破口拓展提升中国国际话语权的平台,增加传播中国声音的出口。提升中国国际话语权不仅是国家外交、政府外宣、主流媒体的任务,更是刻有中国印记的所有主体,包括走出去的企业、民间团体、专家学者、普通公民个体的责任,进行国际传播需要全民参与。专家学者、名人名家、企业精英等具有多样的对外交往交流机会与丰富的经验,是进行国际传播的重要力量。新传播技术丰富了中国进行国际传播的讲述主体和载体,有利于打造立体传播格局。

利用互联网发展的时机,把握节奏,讲究策略,适应分众化、差异化传播趋势,通过与国内外主流社交媒体平台合作,依托其用户资源优势,提升国际传播效率。通过推动实现与国际传统媒体品牌的新媒体账号、国际新兴的新媒体品牌、国际主流的社交媒体平台、视频视讯动漫动画网站等的常态化协作与战略合作,推动国际传播工作融合发展,提升信息覆盖、发布和舆论引导能力,鼓励和推动不同传播主体在国际舞台上发声,通过国际对话交流,提升我国国际话语权。搭建多层次、宽领域、全方位的人脉关系网络,统筹规划与协调,加强进行国际传播的综合素养教育,提升国际传播的队伍水平,使中国元素、中国视角融入国际媒体的内容中。

充分认识新媒体传播规律与技巧,打造系列化、专业性、互动性的国际传播栏目和产品,增加中国故事的国际传播广度和深度。以"互联网+国际传播"为主线,通过互联网和移动互联网带动中国故事的讲述与传播方式转型升级。将移动互联网作为重点突破口,在内容和形式上根据移动互联网的特性量身打造,争取影响年轻一代,在全球传播新秩序变革中积极提供中国方案、中国智慧。面对现代传播方式多样化的发展现实,利用人工智能、大数据、物联网等新技术手段,创新国际传播新媒体产品形式,用更加有效、管用、快捷的方式进行传播,贴近实际、贴近生活、贴近群众。

总之,提升中国国际话语权是一项长期的系统性工程,不能咄咄逼人,也不能急于求成。通过融通中外的话语体系建设,创新话语表达方式和丰富话语传播途径,中国故事可以传播得更快、更远、更广,进一步提升中国的国际舆论引导力和国际影响力,让世界看到更加精彩的中国,让世界看懂快速发展的中国。在当今全球化日益发展、新媒体传播迅速快捷的背景下,国内与国际又是很难明确划分的。有时我们做了大量工作,改变了国际社会的一些消极舆论,但国内发生了不该发生的事,往往会使我们的许多工作前功尽弃。因此,做好自己的事,让民众过上安居乐业的日子,幼有所教,老有所依,病有所治,让民众有幸福感和获得感是最重要的。

坚持文化与道路自信　提升中国国际话语权

孙敬鑫　张久安　李永强

当今世界是一个全球化的世界,大国或强国的国际话语自然会更受国际社会的关注。长期以来,由于国际社会中霸权主义和强权政治的客观存在,包括中国在内的许多发展中国家在国际社会的话语权比较弱。近年来,随着中国经济实力和国际影响力的提高,中国的国际话语权状况有了明显改善,中国的话语有人听了,但也有许多受到质疑。因此,我们在构建中国话语、增强发展中国家国际话语权时,必须有针对性地回应外界的质疑,增强自身话语的说服力。党的十八大以来,中国在构建对外话语体系时强调"对话"而不是"对抗",强调转变思路、创新方法,掌握对中国特色社会主义道路的话语权。要在深入阐释新时代中国特色社会主义博大精深的思想体系的传播实践中,打造具有新时代气质的中国话语,构建面向未来、走向世界的中国特色话语体系。

一、中国的发展道路与主张频遭国际社会误解和误读

近年来,中国在国际社会面临的舆论压力越来越大,无论是在发达国家还是在发展中国家,都对中国的行为有许多误解和误读。西方一些国家的媒体从惯性思维出发,把中国视为是一个犹如早期殖民主义或者帝国主义崛起中的大国。[①]"中国威胁论""中国经济崩溃论"甚嚣尘上;在涉藏涉疆涉港及涉台问题上,他们频频插手、混淆视听;"一带一路"建设也被他们以"资源掠夺

---

① 郑永年:《确立中国外交政策的国际话语权》,《公共外交季刊》2010年春季号,第11页。

论""新版马歇尔计划"等进行抹黑诋毁。某些西方国家利用其在国际舆论中的话语优势,否定中国的发展成就,对中国的发展模式进行丑化。这种国际舆论环境对中国国家形象造成了极为消极的影响,从而制约中国在国际社会发挥大国作用、阻碍中国持续发展。

中国的发展道路既不同于西方,也不同于苏联。在讲述中国道路时,国外多数学者对中国特色社会主义道路的分析还是存在这样和那样的一些问题,更多是对中国特色社会主义道路的质疑。主要表现在以下三个方面:否定中国特色社会主义道路的成就,否定改革开放的成功与中国特色社会主义道路的关系,否定中国特色社会主义道路的社会主义性质,认为中国特色社会主义道路不可持续。① 一些别有用心的政客,更是对中国的发展道路进行攻击。例如,2018 年 10 月 4 日,美国副总统彭斯在华盛顿哈德逊研究所发表演讲时称:"在过去 17 年,中国的 GDP 增长 9 倍,变成了世界第二大经济体。这很大程度上得益于美国对中国的投资。中国共产党也使用了与自由公平贸易不符的一系列政策,包括关税、配额、货币操纵、强制技术转移、知识产权盗窃以及工业补贴。这些政策建立了中国制造业的基本,而以竞争对手特别是美国的利益为代价。"2019 年 1 月 16 日在美国务院举办的驻外使节会议上彭斯再次声称,中国过去几年来经常无视国际法和国际规范,美国不会再对此视而不见。这些攻击显然与中国发展的实际相距甚远,一些西方的政客和学者对中国了解不多,对中国发展成就与发展道路不断提出质疑,并影响国际舆论,严重损害了中国的国家形象。

"一带一路"是中国为扩大改革开放,促进世界共同发展而提出的重大倡议,也为世界各国的合作提供了新平台。随着"一带一路"建设的深入推进,外界对其认知度、认可度、参与度都在稳步提升,特别是沿线国家舆论生态日益友善,但外界的误解不仅长期存在,甚至还有加剧的趋势。例如,有人认为"一带一路"建设是"中国版马歇尔计划""中国版珍珠链战略""中国版西进运动",甚至攻击"一带一路"建设是"新殖民主义""债权帝国主义",等等。2017 年年底以来,围绕"一带一路"建设的负面舆论有进一步扩大的趋势,"破坏规则论""破坏环境论""战略透支论""债务陷阱论"等新的标签层出不穷。

---

① 刘爱武:《国际社会对中国道路的质疑与坚定道路自信》,《山东社会科学》2013 年第 3 期。

"一带一路"建设是"中国提出的"还是"中国的",是"大家共商共建共享"还是"中国单打独斗",是"大合唱"还是"独唱",是"百花园"还是"后花园"等等,这些在国内看来答案是非常明确的,却一直受到外界的质疑。造成这些问题的原因,有实践层面出现的一些问题,也与中国话语体系建设有关,中国做的许多事情积极的一面不被重视,消极面却被无限放大。这种认知鸿沟需要尽快弥补,否则很容易对"一带一路"建设产生直接的负面影响。

对于中国提出的许多关于全球治理的新理念,如构建人类命运共同体、构建新型国际关系、构建新型大国关系等等,西方许多知名学者和政客或不做回应,或表示质疑。他们仍坚持"大国政治的悲剧""修昔底德陷阱"等等,以此来衡量中国的行为,不相信中国会走和平发展道路和不称霸。

二、中国话语被质疑的主要原因

国际社会质疑中国话语的根源是多方面的。这里既有客观的原因,也有主观的问题;有历史原因,也有现实原因。

第一,"西强我弱"的国际舆论格局并未从根本上得到改善。当前国际舆论格局仍是"西强我弱",西方掌握并长期拥有话语霸权,这是我们在国际上"有理说不出、说了传不开、传开叫不响"的主要原因。在西方政治话语体系以及持有偏见的西方媒体影响下,许多外国人士对中国的认识还停留在过去,认为今日的中国依然处处落后于西方。西方某些媒体这么做,就是依靠在国际新闻传播中所占据的主导权,总是带着偏见的眼光质疑中国甚至污蔑中国,不时制造危言耸听的"中国威胁论"。有时甚至故意设置带有歧视、偏激的议题,迫使我们进行舆论回应,企图让我们掉入"自证清白"的舆论陷阱,从而谋取话语背后的政治、经济等利益。他们的真实目的就是通过新闻战、舆论战乃至意识形态战,进行"话语绞杀",扼制中国发展。[①] 随着中国日益强大,一些原本优越感十足的西方国家看待中国时心态失衡、眼神复杂,往往对好的一面

---

① 柴尚金:《彰显中国道路自信 提升中国话语影响》,《中国社会科学报》2019年10月31日。

视而不见,却经常戴着"有色眼镜"看中国,打着"手电筒"找问题,拿着"放大镜"挑毛病,并且不断变换话语策略,炮制反华论调,制造话语陷阱。党的十八大以来,国际舆论对中国鼓掌、喝彩、点赞多了,同时抹黑、歪曲、唱空依然存在。

为了保持在国际舆论界的优势地位,欧美还对其他国家的媒体进行打压。2016年12月,时任美国总统奥巴马签署了《反宣传法案》。根据该法,美国专门建立了一个反宣传中心,"反制来自俄罗斯、中国和其他国家的政治宣传与谣言"。同年11月,欧盟议会也通过了《欧盟反击第三方宣传的战略传播》决议案,虽然没有明确针对中国,但对中国的潜在影响也不可忽略。未来在很长一段时间内,西强我弱的国际舆论格局很难发生根本性的改变。

第二,中国没有被世界承认的独立的话语体系,许多具有独特性的话语不被人理解和接受。中国是一个发展中的大国,很多事情我们自己都还没有说明白,在摸着石头过河,没有具体参照。从历史发展演变的根源分析,长期以来在国际舆论传播中受众习惯于西方国家的主导,不仅习惯于西方媒体的种种话语模式,包括英文媒体的主流地位等,还习惯于西方传播中的价值塑造等。在哲学社会科学领域,无论是理论还是学术,目前还没有完全摆脱对西方话语的依赖,在自身的学科理论建设与发展中,仍然依循西方国家相关学科的话语,甚至将西方国家的某些理论奉为圭臬。我国话语的"产能"严重不足,直接造成中国在国际传播中的话语难以形成相应的有效权势,也难以直接且有效地服务于中国外交外事工作。

在话语表达上,中国话语往往独特性过强,不是用国际社会能普遍接受的通用语言。中国文化延绵不断5000年,我们养成了引经据典的习惯,言必称孔子曰,但西方人没有那么悠久的文化,不了解中国古人的思想,这些话语难以被他们所理解。我们习惯于宏大叙事,不太重视细节,关注"国"多,关注"家"少,而西方人喜欢听故事,喜欢探究具体情节。另外,我们也养成了对官方话语的依赖,在笔者参加的一次论坛上,外国学者听完中方的主旨发言后问:他的观点是什么?其实,外方专家的发言也与官方立场一致,但他们不会反复引用领导人的话。重视中国话语自身的独特性,很可能成为中国话语难以发挥相对有效作用的关键性制约。

第三,中国缺少强有力的传播渠道。在传统媒体方面,中国的媒体还无法与美联社、路透社、法新社、《纽约时报》《经济学人》等西方强势媒体相比,特别是在影响力、公信力和权威性以及讲故事的技巧等方面,与这些有国际影响的传媒相比仍有较大距离。在市场化的社交媒体方面,我们的抖音、微信等与脸书等也有较大差距,特别是在英文依然是强势全球语言的大背景下,中国声音、中国故事"说了传不开""传了听不懂"的现象依然存在。在非洲和拉美很多发展中国家,中国媒体的落地率还比较差,如在拉美大国巴西,还没有一家真正"落地"的中国媒体,这就严重影响了中国声音在巴西、在拉美的传播。正因为传播渠道有限,无法对一些被质疑的话题进行及时回应。

三、中国道路的成就是构建中国话语体系的基础

在2013年全国宣传思想工作会议上,习近平总书记首次提出,要着力推进国际传播能力建设,创新对外宣传方式,加强话语体系建设,着力打造融通中外的新概念新范畴新表述,讲好中国故事,传播好中国声音,增强在国际上的话语权。

第一,要努力掌握中国道路的解释权。如前所述,中国人民在改革开放40多年来所取得的伟大成就被某些人说成是靠牺牲别国的利益换来的,这显然不符合实际。这就需要我们以习近平新时代中国特色社会主义思想为指导,构建完整、稳定的中国话语体系,讲好中国发展的故事。在这里需要回答中国与现行国际秩序的关系,中国特色社会主义与苏联的社会主义有什么不同,中国为什么不是苏联。在我们谈到社会主义、共产主义理想时,总有人把中国当成第二个苏联,当成现行国际秩序的挑战者,称中国搞"一党制""独裁"等等。在回应这些质疑与挑战时,我们首先要强调中国特色社会主义在遵循马克思主义基本原理的同时,更扎根于中华民族优秀的传统文化。

中华传统文化具有独特的气质,其最大的特点是强调和平,中国的发展与进步很大程度上也在于中国走的是和平发展道路。中国政府与人民把主要精力放在了发展生产力、改善人民生活上,这是中国与西方强国、苏联的根本不同。在我们参观欧洲的博物馆时,经常会发现那些著名家族徽章里都有武力的元素,如刀剑、盾牌等,中国更多传承的是书,强调的是书香门第。中国的军

事学与西方的也不一样,不是强调两军的对垒,强调的是"不战而屈人之兵"。"中华民族历来爱好和平,中华文明历来注重亲仁善邻,讲求和睦相处。中国人在对外关系中始终秉承'强不执弱'、'富不侮贫'的精神,主张'协和万邦'。中国人提倡'海纳百川,有容乃大',主张吸纳百家优长、兼集八方精义。"①"亲仁善邻、协和万邦是中华文明一贯的处世之道,惠民利民、安民富民是中华文明鲜明的价值导向,革故鼎新、与时俱进是中华文明永恒的精神气质,道法自然、天人合一是中华文明内在的生存理念。"②中国共产党强调以人为本,强调要让人民过上幸福生活,这与中华传统文化中所强调的民本思想也是一致的。中华文化所传承的许多价值理念,不仅在建设中国特色社会主义中发挥了重要作用,也很适合于当今这个相互依赖日益加深的世界。因此,中华传统文化不仅对中国的内政有影响,对中国的和平外交政策也有很大影响,讲求和谐、倡导和平的中华传统文化对解决当今世界的问题、促进国家之间的合作也是有益的。

哲学社会科学在提升中国道路的国际话语权上要有重大担当。依托哲学社会科学话语体系建设的不断推进,能够为中国话语、中国话语体系的构建展现必不可少的议题设置、观念塑造、理论解读和现实评价等相关的助力。学术界应该围绕"中国共产党为什么行""中国特色社会主义为什么好"等重大理论和实践问题进行深入解答和阐释,写出有分量、得到学术界认同的著述,逐步建构一整套具有浓郁中国特色和中国风格的话语体系。既要总结出中国特色社会主义制度不同于其他发展道路的特点,也要提炼出有普遍意义的价值理念。国际社会受众更易接受学术范式,接受以深厚学术研究为基础、以扎实科学数据为论据的"中立"学术语言,积极推动有学术积累的研究机构、学者参与相关的国际学术交流活动。

第二,建构中国自己的话语体系。随着时代的发展进步,世界早已万物互联、信息无阻,我们既不能用西方的标准来诠释自己,也不能搞对内一套对外一套的"两张皮",而是应把构建融通中外的话语体系作为话语塑造的更高要求。一方面要讲求世界维度,养成"中国的事也是世界的事"视野,注重运用

---

① 胡锦涛:《在美国耶鲁大学的演讲》,《人民日报》2006年4月23日。
② 习近平:《深化文明交流互鉴 共建亚洲命运共同体》,《人民日报》2019年5月16日。

同理心表述,使外国受众产生强烈的亲近感,进而在话语的引导和带动下自发地向更具时代性先进性的道路、理论、制度、文化学习借鉴;另一方面要站在世界高度,养成"世界的事也是中国的事"格局,注重运用国际性表达,让外国受众产生强烈的代入感,通过对中国话语的接受加深对中国理论、中国价值的理解和认同。

构建中国话语体系,不能简单延续中华古典话语的母版,不能简单套用马克思主义经典话语的模板,不能简单复制"苏东"国家话语体系的样板,更不能沿袭西方话语体系的翻版,东拼西凑、东搬西挪是无法建构起中国话语的宏伟大厦的。① 应当重视以中国特色社会主义建设作为基础的话语体系构建。一是要展现中国社会主义现代化建设的客观成就。中国发展的成就,构成中国话语、中国话语体系建设的坚实基础。这一坚实基础,大致表现为通过中国话语、中国话语体系解读中国发展的成就。解读中国社会主义建设的成就,构成中国话语、中国话语体系构建的主要内容。解读中国持续四十年的改革开放,应当被视为中国发展对于全人类发展的贡献,如中国在减贫方面的成就得到了国际社会的广泛认可,应该更深入地进行总结和宣传。二是把中国特色社会主义发展的成就与马克思主义经典话语进行合理的关联。马克思主义毕竟产生于19世纪,最早的实践者苏联已经不复存在,中国坚持以马克思主义为指导,需要说清楚继承的是马克思主义的哪些精华。在这方面,马克思主义对资本主义的批判和中国特色社会主义道路对资本主义的扬弃是有紧密联系的,中国特色社会主义强调共同富裕,强调扶危济困,先富帮后富,经济发达的地区帮助经济相对落后的地区,实现国家的均衡发展,等等,都是很有说服力的。三是要明确坚持中国话语的原创性,实现相对有效的影响力建构。中国话语的影响,不仅需要将中国既有的成就作为中国国家形象建设的关键变量呈现,而且需要在中国与世界的关系互动中充实和完善中国话语。

第三,对西方主流媒体对中国的攻击要进行有力有节的斗争。对于来自西方国家的话语遏制,我们要开展有理、有利、有节、有力的斗争。解构国际话语霸权,寻求国际共识,消除国际误解,是当下提高我国对外传播效果的必经之路。同时也要注意斗争的姿态,要做到快速、及时、专业。要加大对西话

---

① 何毅亭:《中华民族伟大复兴与中国话语的崛起》,《学习时报》2017年9月27日。

语体系的研究，特别是理解他们攻击中国问题时的表述方式和逻辑，不仅要从意识形态方面进行研究，还应从文化传统、语言产生历史等技术角度研究，只有如此，我们的回应和反制措施才容易奏效，最终避免落入他们的话语陷阱和圈套。

通过深化交流、加强理解破除误解，通过善于斗争来破除傲慢偏见。中国的人权问题、边疆治理问题经常成为西方话语的靶子，中国维护国家主权的许多行为也被他们说成是破坏"航行自由"，对此，我们当然要坚决予以回击。这种斗争显然是正当的，也给了许多故意抹黑中国者以警示。通过斗争，中国的人权观、主权观、网络安全观得到了越来越多的认同，增强了中国的国际话语权。在中国人民抗击瘟疫的过程中，《华尔街日报》以《中国是真正的亚洲病夫》充满种族主义色彩的标题发表文章，利用疫情对中国政府恶意攻击抹黑，伤害了中国人民的民族感情，也违背了他们自己标榜的"普世价值"，中国政府"驱逐"了《华尔街日报》3名驻京记者。对于西方对"一带一路"倡议的诋毁，我们有大量成功的事例可以予以回击，许多从中得利的国家和民众也客观表达他们的看法，只要把事情做好了，那些不实之词也不攻自破了。

第四，补上传播手段不足的短板。既要重视传统媒体，争取使中国有影响的大众媒体在世界各地落地，也要努力用新媒体，提高传播的速度与效率，同时也要注意形式的多样化与趣味性。可以制作一批各具特色的视频直播、动漫、H5、微视频等适合多终端的多语种国际传播系列融媒体产品，运用多个海外传播渠道，形成中国话语立体化传播形态。这些媒体产品的运用，结合对外传播的产业发展，可以为中国话语的积极传播提供积极助力与支持。要培养一批具有扎实理论功底、通晓国际规则、会讲中国故事、熟练使用外语的骨干力量，在话语提炼、阐释、转换、传播中发挥示范作用。按照这一设想，骨干力量的培训不仅需要专业性的训练与相关机构的专项计划落实，而且需要建立健全相应的培训机制并实现与话语建构之间的密切互动等等。加强高端翻译人才特别是"一带一路"沿线国家和地区非通用语种高端翻译人才培养，不断充实"国际传播翻译人才库"。翻译人才的培养，不仅要考虑到外语专业的人才培养，更需要充分结合当前外语类专业人才培养与区域国别研究之间的密切互动作为重点，充分推动高端翻译人才培养时专门型与复合型兼顾。

第五,及时总结经验,完善话语的传播工作。要加强中国话语相关研究的调研活动。话语研究需要田野调查的积极配合,需要在充分调查研究国际社会受众组成、受众心理、受众认知习惯等的基础上,根据国际社会不同受众的特点,有针对性地建构话语策略。① 根据相应的调查,明确话语研究相关的国际社会受众对于中国话语的基本理解。在调查研究的基础上,为中国话语的解读提供更为充实的论证与支持,尤其是应考虑将话语的调研与中国发展的现实密切契合。

要以同世界合作的姿态增进中国的话语权。对于西方话语体系不能简单地全面否定,需要进行研究和借鉴。中国争取国际话语权并不是取而代之,而是共同发展。中国的话语也不是与西方话语体系完全不同,人类存在着共同的价值,各民族都追求真善美,可以考虑在某种程度上借助和借鉴西方话语体系的范式。可以将西方话语体系中可靠且有效的部分,作为推动中国话语体系构建的现实内容。还可以借助西方话语体系的错漏与不足,反制西方国家对于中国的污蔑,从而实现对国际社会上误解中国话语的积极应对。比如,美国外交战略的传统价值中长期倡导自由贸易与民主等,但特朗普政府奉行的"美国优先"的政策(违背自由贸易)以及长期以来美国在中东的种种作为,破坏联合国决议,不承认本国签署的伊朗核协议等等,可以以其之矛,攻其之盾。中国话语不仅要破译"中国奇迹"的密码,还要为人类面临的共同难题给出中国的方案。任何有生命力的话语,都是言说主体根据自己生活于其中的历史文化传统、自己所经历的历史性实践,对人类面临的共同性问题、相似性问题所做出的特殊性言说。这些话语总是体现着人类经验的某些共同方面,同时又带有独特的民族特色、民族想象。中国的发展策略和改革举措无法复制,但其间蕴涵的发展哲学和改革方法论却具有普遍性的意义和世界性的价值。比如,"一切从实际出发","走自己的路","发展是硬道理",在保持社会稳定的前提下发展生产力,根据自身实际实行渐进式改革,"不管黑猫白猫,抓住老鼠就是好猫","摸着石头过河","加强顶层设计",独立自主地参与全球化,等等,无疑是中国贡献给世界的一笔宝贵财富。

---

① 王静:《人权话语权助力中国话语复兴》,《学习时报》2017年7月19日。

四、文化自信是提升中国国际话语权的根基

中国是大国中历史最长的国家,中华文化对世界的影响也是深远的。中华优秀传统文化是中华民族历史上各种思想观念、意识习俗经过长期发展而形成的总体表征,包含在流传下来的思想意识、精神风貌、行为方式和风俗习惯中。中国传统文化以儒、道、佛为主要精神内核,通过多样化的艺术形式传承,集中体现了民族特色和时代精神。中华人民共和国成立以来,对于传统文化的概念经历了一个愈辩愈明的过程,对这一概念的内涵理解也越来越明晰,对于其本身所蕴藏的巨大能动作用也逐渐有了新认识,中华传统文化是中国的一个特色,是中国文化的根基。中华传统文化也是增强话语自信的根基。习近平指出,"在五千多年的文明发展中,中华民族一直追求和传承着和平、和睦、和谐的坚定理念。以和为贵,与人为善,己所不欲、勿施于人等理念在中国代代相传,深深植根于中国人的精神中,深深体现在中国人的行为上。"[①]中华优秀传统文化已经成为中华民族的基因,植根在中国人内心,潜移默化地影响着中国人的思想方式和行为方式。中华优秀传统文化蕴含着我们民族的价值体系、行为准则、精神气概、胸襟风貌,是中国话语的内生要素,为我们的国际话语权提升提供着文化沃土。党的十八大以来,以习近平同志为核心的党中央明确提出坚持中国特色社会主义道路自信、理论自信、制度自信和文化自信,而文化自信是基础。2018 年 8 月,习近平总书记在全国宣传思想工作会议上强调:"中华优秀传统文化是中华民族的文化根脉,其蕴含的思想观念、人文精神、道德规范,不仅是我们中国人思想和精神的内核,对解决人类问题也有重要价值。要把优秀传统文化的精神标识提炼出来、展示出来,把优秀传统文化中具有当代价值、世界意义的文化精髓提炼出来、展示出来。"[②]从提升中国国际话语权的角度看,文化自信为话语权建设提供价值基因,为中国国际话语权提升奠定实践基础。这主要表现在以下两个方面:

---

① 习近平:《中国人民不接受"国强必霸"的逻辑》,《论坚持推动构建人类命运共同体》,第 107 页。
② 习近平:《自觉承担起新形势下宣传思想工作的使命任务》,《习近平谈治国理政》第三卷,第 314 页。

第一,文化自信奠定了话语权提升的心理基础。中国国际话语权提升的动力是中华优秀传统文化的创造性转化与创新性发展。一个文化自信心缺乏、不知"从哪里来又到哪里去"的民族,必定显现不出自己的存在和力量;只有具备了对本民族文化深刻的认知、高度的自觉与坚定的自信,才能科学地构建有本国特点又为世界所接受的话语体系,并使话语权的提升成为大众共识与自觉行动。中华优秀传统文化是中华民族在绵延 5000 多年历史长河中创造的,是炎黄子孙割舍不断的民族血脉、人民群众无法舍弃的民族魂魄,也是我们在世界民族文化冲撞、在全球话语权争夺中站稳脚跟的牢固根基,必将为中国国际话语权的提升奠定坚实而厚重的民族心理基础。

在历史上,中华传统文化就曾通过西方耶稣会士对欧洲国家产生过影响。明朝利玛窦进入中国,开始了中西文化交流的新纪元。从 17 世纪开始,中国的一些儒家经典如《论语》《大学》等,就翻译成拉丁语并传到了欧洲国家。法国 18 世纪的启蒙思想家有些人就受到了中国文化的影响,这种影响或直接或间接地影响了法国的启蒙运动,影响了德国的辩证法思想。费尔巴哈在《幸福论》中也提及孔子,他说:"中国的圣人孔夫子说凡一个人心地诚实,他保持对他人如同对自己一样的思想方式,他不离开人的理性所赋予人的那种义务的道德规律,所以他就不把自己不愿别人向他做的事施诸人。"他认为这个朴素的通俗的道德原理是最好的最真实的,同时也是最明显的,最有说服力的。[①]"己所不欲,勿施于人"确实与西方强国强迫其他国家和民族接受自己的社会制度与价值观有实质性的不同。中华优秀传统文化有其独特的思维方式、知识结构与话语表述,在现代生活方式与文化环境中,特别是在西方普世价值理论与话语霸权体系下,中华优秀传统文化中的核心价值通过有效的话语体系进行转化与表述,完善丰富核心价值的话语体系,凝练话语核心,突出核心价值的人文性、普遍性与现实性,就能够以亲切的话语表述吸引人,以及时高效而又覆盖面广的传播征服人,为中国国际话语权的提升提供有力支撑。

第二,坚持文化自信,有助于为中国话语权植入独特的价值理念。中华优秀传统文化源远流长、博大精深,有着独特的价值理念和价值体系,蕴含着丰富的哲学社会科学内容、治国理政智慧及实事求是、崇学向善、勤劳勇敢、开拓

---

① 转引自鲁博安:《中国文化对欧洲的影响》,《学习时报》2017 年 8 月 7 日。

创新、牺牲奉献的精神因子。在中华优秀传统文化的经典文本中,既有崇仁爱、重民本、守诚信、讲辩证、尚和合、求大同的思想理念,又有自强不息、敬业乐群、扶正扬善、扶危济困、见义勇为、孝老爱亲的传统美德。其中,"大道之行,天下为公"的大同理想,"民为邦本,本固邦宁"的爱民思想,"言必信,行必果"的诚信品质,"路漫漫其修远兮,吾将上下而求索"的探索意识,"出入相友,守望相助"的善举德行,"苟利国家生死以,岂因祸福避趋之"的责任担当,"天下兴亡,匹夫有责"的爱国情怀,"为有牺牲多壮志,敢教日月换新天"的奉献精神等,为人类发展做出了重要贡献,也为人们认识及改造世界、构建人类共有精神家园提供了重要依据,显示出永不褪色的时代价值。

新时代的文化自觉与文化自信,还在于以中华文明的发展理念丰富人类可持续发展观,从理论上阐明中国道路及其作为"人类文明史上的伟大创举"和"中国对世界的历史性贡献",探讨中国应对可持续发展挑战的经验,为那些后发展国家提供借鉴。长期以来,人们都把西方的价值观看成是世界性的、普遍性的,而把中华民族的传统价值视为历史性的和地域性的。实际上,中华优秀传统文化中的许多价值具有强大的包容性特征,对于当今世界发展与人类共同命运弥足珍贵。中华优秀传统文化所倡导的"阴阳和合""辩证统一""仁爱亲民""内圣外王""美美与共""合作共生""己所不欲,勿施于人""穷则独善其身,达则兼济天下"等理念可以为当今各国人民应对国际纷争、生态危机、霸权主义、恐怖主义等问题提供丰富的思想源泉。由于近代以来中国的落后,使中华传统优秀的价值观和精神文化的优势不被世人所重视。在中国发展起来后,其他国家和民族对中华传统文化的兴趣也在提高,孔子学院在世界各地迅速发展、汉语成为许多青年选修的语言,就很能说明这一点。总结中国经验和研究中国问题的话语体系,只有扎根中华传统文化的土壤,才能开出灿烂的花朵,结出丰硕的果实,在国际话语权的竞争中显示出旺盛的生命力。

经济全球化对文化的影响愈来愈大,文化帝国主义与霸权主义对民族文化带来极大挑战,优势文化利用先发优势强行推销自己观念、价值与产品,使许多民族原有的特色文化逐渐边缘化,甚至陷入消失危局。我们增强文化自信,提高国际话语权与竞争力,必须进一步推动中华优秀传统文化的创造性转化与创新性发展,在价值实践中昭示亲和力,使别人真诚认同、理解和亲近,促进世界多彩文化发展繁荣。这种文化自信的科学态度,体现着对外来文化的开放包容,凸显出对自身文化的理性把握,特别有利于向世界传达中国构建人类命运共同体的文明底蕴。"中华文明是在同其他文明不断交流互鉴中形成的开放体系。从历史上的佛教东传、'伊儒会通',到近代以来的'西学东渐'、新文化运动、马克思主义和社会主义思想传入中国,再到改革开放以来全方位对外开放,中华文明始终在兼收并蓄中历久弥新。"[①]进入新时代,需要充分发掘中华优秀传统文化资源,切实提高中国国际话语权,让全世界都能听到听清听懂中国声音。

"文明因多样而交流,因交流而互鉴,因互鉴而发展。我们要加强世界上不同国家、不同民族、不同文化的交流互鉴,夯实共建亚洲命运共同体、人类命运共同体的人文基础。"[②]进一步探讨发掘中华优秀传统文化资源与提升中国国际话语权,就是要引入"找共通"的文化传播与话语建构范式,就是要立足中华优秀传统文化,要在中国本土、西方经验与全球实践等看似不同的实践场域之中寻找彼此的共通性和联系性,将传统文化的解释边界扩大开来。中华优秀传统文化资源本身就具有更强的解释性和吸纳能力,其核心在于能够解释自身发展与实践的同时,也能通过对他者的解释能力乃至在被他者接受过程中所产生扩散效应,壮大自身的力量。因此,基于中华优秀传统文化而提升的中国国际话语权不应该仅仅是中国的"土特产",更应该成为促进世界文化繁荣的价值实践推动力。

当代中国正经历着历史上最为广泛而深刻的社会变革,也正在进行着人类历史上最为宏大而独特的实践创新。这种前无古人的伟大实践,有力地回击了国际社会对于中国发展道路的质疑,中国的成就需要充分借助中国话语体系传达给世界。要积极回应国际社会对中国话语的质疑,发挥中华优秀传统文化在构建国际话语体系中的作用。

[①] 习近平:《深化文明交流互鉴 共建亚洲命运共同体》,《人民日报》2019年5月16日。
[②] 同上。

结 束 语

左凤荣

在本书即将付印之际,新冠病毒正在"全球大流行",这既是一场人类社会面临的前所未有的公共卫生危机,也是一场人类与病毒的大战。这场战争的规模和影响超过了人类历史上的任何一场战争,全球200多个国家和地区,3000多万人受到病毒的侵袭,而且疫情还在蔓延,多国相继宣布进入紧急状态。人类抗击新冠病毒之战已在全球范围内打响,尚不知何时结束。在这场人类大灾难面前,大国仍然没有停止争斗,争夺舆论话语权的斗争仍然激烈,俄罗斯媒体充斥着对美国的不信任,美国媒体则不断指责中国,中国不得不对各种不实的报道和攻击进行回应。在这一过程中,我们更是看到了全球治理的危机,在这场大灾难面前,联合国、世卫组织、西方七国集团、二十国集团、上合组织等,都没有起到团结各成员国共同抗疫的作用。中国付出了巨大代价,遏制住了新冠病毒,并为遭受病毒侵袭的其他国家提供了大量援助,有治疗经验的分享、医疗物资的提供,还有医疗队的直接救治,但是,中国仍然受到右翼政客和某些西方媒体的攻击,突显了中国在国际话语权方面的弱势地位。从本课题的研究角度看,这些现象并不奇怪,反映的就是当今世界的现实。

第一,中国在世界大变局中地位突出,自然会引起其他国际战略力量的警觉和防范。中国与历史上那些崛起的大国不同:一是中国是非西方文明、非基督教国家的崛起;二是中国是社会主义国家的崛起。苏联也曾是作为一个社会主义国家崛起的,但其文明传统还是属于西方的,东正教与基督教、天主教属同根同源。在对华问题上,我们经常看到国际社会存在的双重标准。例如:2019年12月,为了反击西方在舆论上对中国新疆治理的各种噪音,CGTN发布了一个新疆反恐的中英文双语纪录片,首次把新疆恐怖主义分子制造的恐怖事件的大量视频曝光,让人们看到了恐怖分子对平民的残忍。新疆的事态发展证明,中国对新疆的治理是成功的,新疆已经连续几年没发生暴恐事件了,新疆的经济也因为治安迅速好转而开始快速恢复。但是,这个视频在西方主流媒体上却看不到。欧美强国对中国的崛起感觉不安与焦虑，担心中国的发展冲击他们的价值观和发展模式，对其不利。同时，由于历史与文化的差异，双方在话语沟通上的障碍更大。因此，中国要增强自己的国际话语权，面临的障碍还是比较大的。

第二，"人类命运共同体"等新理念具有强大的生命力。新冠病毒的"全球大流行"，让人深切感受到人类社会已结成休戚与共、利害相关的命运共同体。传染病没有国界，任何国家都跑不掉。与各种疫病的斗争贯穿人类历史，人类经历过黑死病、天花、埃博拉、"非典"等的肆虐，但从规模和影响来看，任何一次都无法与此次相比。越是发达的国家和地区，人员流动性越大，受到病毒感染的人也就越多。纽约、罗马、马德里、巴黎、伦敦等世界知名的大都市已经难以应对。这也充分说明，全球化把世界各国紧密联系在一起了，"一荣俱荣""一损俱损"成为当今的现实。各国只有树立"人类命运共同体"意识，团结协作应对各种风险与挑战，人类社会才会有美好的未来。

第三，中国要享有与国力相称的国际话语权还有很长的路要走。1840年鸦片战争后中国才被迫面对千年未有之大变局，逐步被纳入世界体系之中，但在"中学为体，西学为用"的意识作用下，中国并没有真正进入世界体系。中国真正主动融入世界体系，接受国际通行规则，是在辛亥革命之后，但此后中国和平发展的时间不长，日本的侵略以及战争与革命等都影响着中国与世界的关系。改革开放后，中国才真正融入世界。在中国走向富强的进程中，我们主要是接受国际社会既有的规则和话语。随着中国经济实力和国际影响力的增强，中国的国家利益也扩展到了海外，自然需要增强自己的话语权。在国际舆论上，我们既要回击各种攻击和歪曲报道，说明中国发展道路的合理性；也要阐明中国对重大国际问题的立场，伸张正义，提高发展中国家的话语权。同时，对于一些不能反映当今现实的国际机制中国也提出了改革的要求，并适时建立了一些新机制，这些都有助于提高中国的制度性话语权。中国作为一个成长中的大国，增强国际话语权是很自然的事，但是我们也要注意不能操之过急。国际社会接受中国崛起需要一个过程，中国融入国际社会的时间还不长，缺少国际交往的经验和相应的人才，也需要有一个学习的过程。

第四，中国需要以大国的心态对待国际社会的负面舆论。世界上的主要大媒体都掌握在欧美国家的大传媒公司手中，虽然它们声称媒体是独立的，但实际上也是为其国家利益服务的。西方媒体作为第四权力,本国政府和政要也是它们批评和监督的对象,对外国政府和政要也会有许多评论。在一国国内发生重大事件或国际社会发生重要事件时,它们也会跟进发声,中国自然也是它们关注的对象。主流媒体经常戴着有色眼镜看中国,常常在报道中妖魔化中国,甚至不惜扭曲事实来抹黑中国。我们要争取话语权,解决"挨骂"的问题,对不实或污蔑中国的舆论自然要进行回击,同时,要努力掌握解释中国模式和中国道路的话语权。但也应该看到,无论我们怎么努力,要想彻底解决"挨骂"的问题是不可能的,因为"骂"是西方媒体生存的需要。

第五,做好自己的事还是最重要的。中国有句成语:"桃李不言,下自成蹊。"这虽然说的是人,其实也同样适用于一个国家。中国特色社会主义就是帮助民众实现对美好生活的向往,提高人民生活的质量。此次抗击新型冠状病毒的过程,充分体现了中国共产党以人为本,不惜付出巨大物质代价也要防止疫病扩散,对所有被感染者进行全力救治。这与有些国家的漫不经心,或把发展经济放在第一位,形成了鲜明的对比。甚至"美国之音"对中国的抗疫做法也给予了正面报道,遭到了白宫的谴责。此事也说明,做得好也会得到有影响传媒的肯定,实际上帮助中国做了宣传。中国用了短短40多年的时间,就解决了绝大多数人的脱贫问题,中国解决贫困问题的成就也被国际社会广泛认可。因此,专注做好自己的事情,解决本国的问题是提高话语权、赢得国际社会尊重的关键。

我们处在世界面临百年未有之大变局的时代,世界变化太快,风险与挑战常常难以预料。新型冠状病毒的暴发与全球大流行,给世界带来怎样的变化,现在还难以估量,但此次危机将远超1929年至1933年的世界大危机,应该是可以肯定的。这次危机对大国关系和国际话语权问题会产生严重冲击,对这一问题的研究还需要继续。

后　　记

　　本书是2015年立项的中共中央党校校级重点课题（国家开发银行资助）"世界格局变动下的中国话语权问题研究"的成果。虽然这个课题的研究时间不算短，但对我本人和课题组成员而言，这是一个新问题，是新的研究领域，因此，我们的研究也还是初步的。这本著作，实际上是一本论文集，不够系统和完整。参加本课题的成员主要是中共中央党校（国家行政学院）的老师和中国外文局当代中国与世界研究院的科研人员。本人负责对全书进行编排和加工，并写了导言、各编导语、结束语及一些专题（书中已注明）。《苏联丧失"话语权"的历史教训》和《提高我国的国际话语权需发挥哲学社会科学的作用》曾在学术刊物发表过，因本书内容需要，又收入其中。在此书即将付梓之际，作为本书的主编，我特别感谢参与此项研究的各位作者，同时也特别感谢中共中央党校（国家行政学院）科研部的信任和中共中央党校（国家行政学院）国际战略研究院领导与同事的支持。感谢本书的责任编辑郑殿华及商务印书馆的支持。书中肯定存在不少缺点与不足，敬请同行批评指正！

左凤荣

2020年春于大有庄